新知
文库

103

XINZHI

Out of Eden:
The Surprising
Consequences
of Polygamy

Copyright © Oxford University Press 2016

Published in the United States by Oxford University Press, New York, New York

告别伊甸园

多偶制怎样改变了我们的生活

［美］戴维·巴拉什 著 吴宝沛 译

生活·讀書·新知 三联书店

Simplified Chinese Copyright © 2019 by SDX Joint Publishing Company.
All Rights Reserved.
本作品中文简体版权由生活·读书·新知三联书店所有。
未经许可，不得翻印。

图书在版编目（CIP）数据

告别伊甸园：多偶制怎样改变了我们的生活／(美)戴维·巴拉什著；吴宝沛译．—北京：生活·读书·新知三联书店，2019.5（2022.3 重印）
（新知文库）
ISBN 978-7-108-06341-0

Ⅰ.①告… Ⅱ.①戴…②吴… Ⅲ.①性学－通俗读物
Ⅳ.① C913.14-49

中国版本图书馆 CIP 数据核字（2018）第 131755 号

责任编辑	李　欣
装帧设计	康　健
责任校对	张国荣
责任印制	卢　岳
出版发行	生活·讀書·新知 三联书店
	（北京市东城区美术馆东街22号 100010）
网　　址	www.sdxjpc.com
图　　字	01-2018-5883
经　　销	新华书店
制　　作	北京金舵手世纪图文设计有限公司
印　　刷	北京隆昌伟业印刷有限公司
版　　次	2019 年 5 月北京第 1 版
	2022 年 3 月北京第 2 次印刷
开　　本	635 毫米 × 965 毫米　1/16　印张 22
字　　数	264 千字
印　　数	08,001－10,000 册
定　　价	49.00 元

（印装查询：01064002715；邮购查询：01084010542）

新知文库

出版说明

在今天三联书店的前身——生活书店、读书出版社和新知书店的出版史上，介绍新知识和新观念的图书曾占有很大比重。熟悉三联的读者也都会记得，20世纪80年代后期，我们曾以"新知文库"的名义出版过一批译介西方现代人文社会科学知识的图书。今年是生活·读书·新知三联书店恢复独立建制20周年，我们再次推出"新知文库"，正是为了接续这一传统。

近半个世纪以来，无论在自然科学方面，还是在人文社会科学方面，知识都在以前所未有的速度更新。涉及自然环境、社会文化等领域的新发现、新探索和新成果层出不穷，并以同样前所未有的深度和广度影响人类的社会和生活。了解这种知识成果的内容，思考其与我们生活的关系，固然是明了社会变迁趋势的必需，但更为重要的，乃是通过知识演进的背景和过程，领悟和体会隐藏其中的理性精神和科学规律。

"新知文库"拟选编一些介绍人文社会科学和自然科学新知识及其如何被发现和传播的图书，陆续出版。希望读者能在愉悦的阅读中获取新知，开阔视野，启迪思维，激发好奇心和想象力。

生活·讀書·新知三联书店
2006年3月

目　录

第一章　扫盲多偶制　　1
第二章　狂暴的男人　　39
第三章　忭事面面观　　82
第四章　妈妈更爱你　　117
第五章　一夫一妻的奥秘　　154
第六章　通奸的逻辑　　200
第七章　天才、畸恋与上帝　　228
第八章　龟兔赛跑　　262
第九章　抛弃幻想　　288

后记　305
注释　307

第一章
扫盲多偶制

罗密欧与朱丽叶,泰山与简[1],欧吉与哈丽雅特[2],当然,还有亚当与夏娃,他们的故事令人羡慕、值得颂扬、引人入胜……但还有一点,我不得不说,这些不过是传说罢了。以这样或那样的形式,两名异性结为伉俪,自然而然成为一夫一妻,过着快乐幸福的生活。长久以来,这种标志性形象就伴随着我们。但事实上,这些形象从来都是虚构的。当人类最初的夫妇接受《圣经》式的祝福(虽然跟性无关)时,的确有些令人激动的东西:最初,他们身居伊甸园;随后,他们被赶了出去,手牵着手,大步迈出,打算在这个世界上做一对忠贞的夫妻。但进化生物学家和进化人类学家都知道,现实可不是这样。首先,我们是进化的产物,而非某种特殊的作品(真相1)。其次,人类从一种盛行多偶制的择偶体系中进化而来,而且,这种进化的印记至今还保留在我们身上(真相2,这也是本书的主题)。

---

[1] 电影《人猿泰山》中的男女主人公。泰山是一只人猿,在爱上他的探险队员简的帮助下,重返人类世界。(本书中的脚注,除非特殊说明,均为译注。)
[2] 美国情景喜剧《欧吉和哈丽雅特的冒险》中的角色,丈夫名欧吉·尼尔森,妻子名哈丽雅特·尼尔森。该剧最初在电视台播放,大受欢迎,后来由斯皮尔伯格拍成了电影。

对亚当和夏娃的《圣经》记载，早已被我们事实上来自某处的进化解释所取代。同样，相偎相依的一夫一妻制这种伊甸园式的神话，也正在被一种生物学的解释所取代。它告诉我们人类的性自我实际上如何进化而来，也告诉我们男人和女人因此而具有了这么一种倾向：在有机可乘时，他们会跟不止一个异性交配。说实话，我们从来就没在伊甸园里待过，而我们的许多老祖先，不久前也都过着多偶制的生活。这一事实，还有我们继承的多偶制倾向通常伴随的隐秘后果，给人类带来了很多意想不到的影响，让他们麻烦不断，痛苦不堪。

但直到最近，人类学家、进化生物学家和心理学家才理解到底发生了什么，以及为什么人类变成了这个样子。我们不只是在性生活上如此，在其他貌似无关的事情上也一样。生物学的事实就是，我们并非"适合于一夫一妻制"，虽然这是传教士的爱好，他们为人刻板迂阔，也多半虚伪；但同时，我们也不适合无拘无束的性冒险主义，虽然这是某些人的口味，他们热切地想要为某种"放荡"的生活方式辩护。《告别伊甸园》这本书不是要为你树立规范（它不会告诉你该做什么），也不打算为你设立禁忌（它也不会告诉你什么不能做）。出于同样的考虑，它也不提倡任何一种具体的生活方式，无论是坚定的婚姻忠诚还是淫荡的多夫多妻。我想要告诉大家的是，[1] 顺其自然，坦诚直率，选择你的老路子。简而言之，我严格遵守科学告诉我们的东西，因而不会告诉任何人他们该怎么做。

一言以蔽之，这本书谈科学，不谈建议。在写作时，我不只会利用自家的研究，也会利用最近发表的文献，只要它合适。我也不会羞于提及某些旧文献，哪怕它们发表于数十年前；在这个即时在线发表、信息超载和公众热情都极为短暂的时代，这些老文献没有得到它们应得的关注。在很多类似的情况下，尽管这些发现很久以前就被科学家纳入了他们的研究工作,但在很大程度上,它们的重要性(甚至它们的存在)都鲜为人知。

以前,我跟妻子朱迪丝·伊夫·利普顿(Judith Eve Lipton)合写了一本书,名叫《一夫一妻的神话:动物和人的忠与不忠》(*The Myth of Monogamy: Fidelity and Infidelity in Animals and People*)。² 在这本书中,我们第一次对基于 DNA 指纹图谱的发现做了通俗介绍,告诉读者,性行为的一夫一妻制(跟"社会化的一夫一妻制"不同)[1] 格外罕见,无论是在人类还是在动物中。而在你正阅读的这本书中,我基于这一发现,总结 2001 年之前的诸多研究,明确指出,对人类的亲密关系来说,多偶制通常是一种背后的默认设定。同时,我也探讨了这种对人性的新认识导致的广泛影响,提供了大多数生物学家和人类学家都普遍认可的素材,虽然它们是第一次为普罗大众呈现。

不只是旧习惯难以改掉,旧信条至少也一样顽固。想想就知道,让你换一件衣服,比让你换一种思路容易多了。谈及人性的本质时,这一点格外真实;在人性这个领域里,科学发现通常会遭受抵制,我们不愿接受跟曾被灌输的观点不同的东西,这与自我形象有关,也涉及一厢情愿的思维模式,更不用提(正如在我们这种情况下)伦理、道德和宗教教条以前赋予我们的信念了。但真理有个习惯,它总会出现。

两千多年前,古希腊人流传的一句格言"认识你自己",传说来自苏格拉底,也常被他人引用。这句格言镌刻在祭祀太阳神阿波罗的德尔菲神庙入口处。眼前的这本书,就是要为提供这种跟自我

---

[1] 性行为的一夫一妻制(sexual monogamy)是指在有性生殖的动物中,个体终其一生只跟一个异性交配。社会化的一夫一妻制(social monogamy)则指个体在一段时间里只跟一个异性结合(不排除它在另一段时间里跟另一个异性结合),它更多是在描述一种生活状态。这样,个体终其一生可以有多个配偶。

有关的知识做贡献。这么说可能有争议。在很大程度上，这种争议跟后现代主义者的主张有关。他们认为，"人性"（以及其他大多数的客观现实）仅仅是一种社会建构。而我的观点，尤其会引发某些人的愤怒，他们认定几乎所有的男女两性差异，除了"基本管道"[1]之外，都是社会化的，而非基于生物学。而且，这些差异来自相互竞争的"叙事"，反映了不同权力结构间的冲突。因而，它们不过是言语的建构，代表了其使用者的利益和幻想，绝不是真相。

我不能斩钉截铁地宣称，[3]本书谈及的东西就是人类性行为倾向、择偶体系、暴力、养育等的最终结论，这么做有些不礼貌。但我可以毫不客气地说，本书所写的内容准确反映了相关科学领域的现状。也就是说，现在，关乎我们自身，我们知道有哪些东西是"真相"。

在波兰华沙，整个城市最佳的观景点位于科学文化宫的顶层，但这是一栋最蹩脚的斯大林式建筑。为什么？因为这栋建筑恰好是在这个城市，几乎唯一看不到科学文化宫的地方！这里的寓意就是，当你跟某些东西极为接近时，就很难把它看清楚。对任何不喜欢蹩脚建筑的人来说，这是个极为有用的信息。但对于要理解人而不是理解建筑的人来说，真正的难题降临了。想要对人类这一物种（也就是我们自己）有一种接近客观的正确看法，格外艰难。然而，进化生物学提供了一种特别明白的视角。

认识自我是一回事——更确切地说，了解要求我们追求知识，即便这一过程跟寻找圣杯相比更像是在追逐地平线，因为哪怕我们覆盖了广阔的地面，最终的成功还是很渺茫。但在这一追求的过程中，要求我们放弃自己极为珍视的某些观念，就是另一回事了。在接下来的篇幅中，我不会争辩说"生物性不是宿命论"，而是恰恰

---

[1] 这里的"基本管道"（basic plumbing），貌似是指跟生殖系统有关的解剖结构。

相反，我们越能理解进化赋予我们的倾向和好恶，就越能挣脱生物性带给我们的限制。

长期以来，有人认为由于拥有不同的生物性特征，男女存在某些行为差异，这种论证甚至是暗示很难被人接受。而在很多领域，现在的情况依然如此。不过，正如人类学家、灵长类动物学家萨拉·赫尔迪（Sarah Hrdy）所言："在女性主义学者中，现在允许说男人和女人有不同，只要说话者也承认女人更乐于合作、更关心他人、更支持别人，更不用提她们具备独特的道德感受了。"[4] 在某种程度上，这确是实情：女性更热爱合作，更关心人，在跟人交往时会给人更多的支持。很快，我们就会明白为什么会这样。事实上，这种现象有相当完美的埋由，也就是有生物性的根源。

无论如何，认识自我要求的绝不仅仅是获取知识本身；我们必须抛弃虚假的教义、错误的信条，而我们所要模仿的，也不只是古希腊人的知识英雄苏格拉底，还包括肌肉发达的大力士赫拉克勒斯。他最棘手的任务，就是清理奥吉斯国王的牛舍[1]。当我们这一物种告别伊甸园，走进 21 世纪，我们必须得准备几把趁手的铲子。

然而，跟对大力士赫拉克勒斯的要求不同，我们的任务需要的不只是身体的力量，还包括求知的勇气。我从启蒙时代——那是一个令人激动的时代，特别是当时的欧洲人意气风发，满怀希望，他们想要通过理性和科学揭示自然的奥秘——找到了一句格言，它来自哲学家伊曼纽尔·康德。他说的是一句拉丁语，叫作"敢于知道"（Sapere aude）。我很高兴，自己现在就能让这句话复活，无论是作为挑战还是作为希望，它都能运用于我们某些最个性化的倾

---

[1] 在希腊神话中，厄里斯的国王奥吉斯有一牛舍，养牛三千头，三十年未打扫，粪便堆积如山，臭气熏天。赫拉克勒斯引俄尔浦斯河水入舍，一日内将其冲洗干净。

向，也是迄今为止难以被承认的倾向。

人哪，你要敢于知道！

多偶制不仅在道德上、社会上、经济上和法律上是个麻烦事，而且就其自身而言也很复杂。它有两种形式：一夫多妻制，也就是一个男人有一"后宫"的妻子，他跟她们交配，通常都会生孩子；以及相反的一种形式，即一妻多夫制，即一个女人会跟多个男人保持配偶关系。一妻多夫制极为罕见，至少作为一种制度性的择偶体系而言，它需要具有普遍承认的婚姻，其中一个妻子拥有多个合法的丈夫［这种模式存在于中国西藏、马克萨斯群岛（Marquesa Islands）以及巴西热带雨林的某些部落中，其他地方几乎没有］。相反，一夫多妻制，无论在地理上还是在历史记载中都广泛存在。更重要的是，它的印记在我们某些最隐秘的倾向中也可以察觉到。"多偶制"通常被认为是"一夫多妻制"的同义词。大家这么说，主要是因为一妻多夫制极罕见，而一夫多妻制几乎跟多偶制是一码事。但它们并不一样。事实上，尽管一夫多妻广为人知（因为它很常见，还代表了一种被文化鼓励的婚配模式），但一妻多夫其实也不少见：虽然不是作为一种正式的婚配制度，而是因为女人跟男人一样，同样倾向于拥有多个性伴侣。原因很简单，在父权制的社会传统（也就是说，在大多数社会）中，一妻多夫通常藏在暗处，而一夫多妻则更为公开。

这两种择偶模式，无论是一夫多妻还是一妻多夫，对于人之为人而言，极有趣也极根本。总的来说，多偶制，也就是一夫多妻加上一妻多夫，政治上错误，情感上混乱，经济上糊涂，而且还非法（至少在现代西方的大多数国家，包括美国，都是如此）。然而，无论喜欢还是不喜欢，这是我们每个人身上都有的一种生物倾向。

特别是一夫多妻制，它被各种迷思和误解包围着，即便它深深地植根于我们的进化史。而它的影响，也不只是在我们的解剖结构和生理特点中能看到，还展示在我们的许多行为倾向中，包括性倾向、暴力倾向，以及许多其他的倾向。同时，一夫多妻制也跟某些貌似和生物性无关的特征有关，比如养育和创造性，甚至包括同性恋和一神论。

智人的多偶制本性，尽管得到了生物学的证明，但很可能备受争议，而且"政治不正确"。但这也无法把这种本性变得不真实，或使它成为某种没必要知道也没必要理解的东西。还记得吗，敢于知道？如果一个来自火星的动物学家拜访地球，毫无疑问，他或她立马就会得出结论，说智人有多偶制倾向。进化生物学家也很清楚这些发现，但到目前为止，普罗大众一直都被蒙在鼓里，大概是因为这种情形让人不安，充满危险。到了该把遮羞布扯掉的时候了。对初学者而言，下面是对多偶制主要证据的总结（基于男性的后宫制度）：

> 发现1：在所有一夫多妻制的物种中，雄性在体格上都比雌性强壮。本质上，这是因为一夫多妻制导致了这样一种情形，雄性会为了雌性彼此竞争；而在生物界中，这种竞争通常表现为身体的直接对抗，结果便是高大强壮的雄性胜出。如果某一物种明显是一夫多妻制，也就是说，一夫多妻制是唯一的交配系统（比如在麋鹿或大猩猩中），那么一小撮雄性就足以留下为数众多的后代，而大多数雄性则在繁殖上沦为失败者，成为无配偶的单身汉，备受挫折，充满怨恨。一夫多妻的程度越明显，也就是说平均的后宫规模越大，单身汉的数量就越多。

这种有配偶雄性和无配偶雄性间数量的不平衡可以预测，它事实上是一种难以避免的结果。也就是说，通常在任何一种有性生殖的动物中，雄性和雌性的数量是一样的。假设有这么一种野鹿，它们的一夫多妻程度居中，平均而言，每个后宫主人获取、捍卫和用以交配的雌性有 4 个。在这种情况下，几乎每个雌性都会成为母亲，但平均起来，对每一个后宫主人而言，都有 3 个不成功的单身汉在它背后。把这种情形跟一种想象中超级一夫多妻的物种加以比较：比如，平均每个后宫有 100 个雌性。在这种情况下，平均每个后宫主人背后都有 99 个单身汉。一个不可避免的结果就是，每个后宫主人每年都会留下大概 100 个孩子，而那些被剥夺了交配机会的雄性则在繁殖事业上一无所获。相比之下，因为每个雌性都能成为某个后宫中的一员，实际上所有的雌性都能繁殖，只要她成了某位后宫主人的妃嫔。

在一夫多妻制的动物中，对这种雌雄两性繁殖成就模式差异的发现格外重要。另一种更学术的说法是，在一夫多妻制下，雄性繁殖成就的"变异"更大，而雌性繁殖成就的变异较小。[5] 举个例子。设想有这么一种麋鹿，附上一种比较现实的情形，即每一个后宫主人平均会留下 20 个后代（他跟自己的每一个女伴都留下了一个孩子），而这就意味着同时存在 19 个没有配偶也没有后代的单身汉。相比之下，每一只雌鹿都可能因后宫主人的临幸而受精怀孕。面对这种情形，假设你是一只雄鹿，那么成为一名后宫主人的报酬就很丰厚，而成为一名被排除在繁殖事业之外的底层单身汉就很悲惨。繁殖成就（用进化论的术语说叫"适应度"[1]）带来的这种回报很直

---

[1] 适应度（fitness）是用来衡量个体在进化意义上成就大小的尺度单位。简而言之，它代表了个体传递基因的效率高低。如果某一个体能更有效地传递基因，那么它的适应度就高，成就就大。总体适应度（inclusive fitness）包括两个部分，一是直接适应度，一是间接适应度，前者代表通过自身传递基因的效率，后者代表通过其他亲属间接传递基因的效率。

接,这是后宫主人取得的辉煌成就,而后宫的规模越大,适应度的回报也就越多。同样的道理,单身汉是进化意义上的失败者,他们的整体适应度格外低,恰好跟后宫主人的适应度格外高形成了鲜明对照。

这一结果导致了深远的影响:自然选择青睐那些身强力壮、因而能在同性竞争中获胜的雄性,他们的基因传递到了未来,其他雄性则没有,而在雌性这边就没有这种相应的收益不平衡。对雄鹿来说,这种情形类似于胜者通吃(所有的雌性都在自己的后宫里,而所有的繁殖成就也都发生在那里)。而对雌鹿来说,或多或少,人人都是优胜者,没有任何一个人格外成功。顺便说一句,由此导致的一种有趣结果就是,雌性在很大程度上远离了同性竞争的种种灾难,因而获得了一种奇特的好处:在体格方面,她们更可能处于一种生态上的最优状况。另外,雄性则因为受制于惨烈的同性竞争,更可能长得过大,从而对自身福祉带来不良影响。[6]

人类学家、灵长类动物学家萨拉·赫尔迪指出了这一点。

> 身材高大带来的好处并不是无边无际的。尽管大多数雄性并没有生活在瓷器店里,但他们依然要为自己的身材支付高昂代价。雄性身材的限制包括食物是否容易获得,以及地心引力的约束。猩猩是一种最喜欢树栖的大猿,然而一只完全成熟的雄性(体重高达165磅)可能显得太重,以至于森林里的树冠都无法支撑他们的体重,于是他们只好在遍布水蛭的地面上长途跋涉。除了比雌性体重多25%到50%,雄猩猩还受制于他们的觅食需要,最终变成了一种近乎独居的物种。慢慢地,这种粗暴而冷淡的红色巨人耐心地消化大量未成熟的果实、成熟的树叶以及很多挑剔的雌性留下来的垃圾食品。他们嚼起来没完没了。而雌猩猩

呢，因为她个子小，就可以当个挑剔的食客，选择有营养的叶芽和新树叶，以及最成熟的果实。[7]

问题来了，为什么雄性会被逼迫到体格超标的地步？假如我们问另一个问题，在一个一夫多妻制的物种中，面对雄性竞争这一场景，谁会胜出，那么前一个问题就很好回答了。获胜者（也就是受自然选择青睐的家伙）几乎总是那些更高大、更强壮的雄性，于是在那些把持后宫妃嫔的性别中，更大的块头就在激烈的同性竞争中得到了选择，保留了下来。这样，在任何一种动物中，假如雄性总是比雌性更高大也更强壮，那么我们就能自信地猜到，这种动物实行一夫多妻制。雄性体格更庞大，这一事实本身并不是一夫多妻制的证据，但它指对了方向。

此外，一夫多妻的程度跟后宫规模有明显的关联，也跟两性间的体型差异（这种差异用专业术语讲就是"性别二态性"[1]）有明显的关联。在一夫一妻的动物中，雄性和雌性的体型几乎一模一样，因为获得配偶不需要参与激烈的同性竞争，男女皆然。比如，在现存的大猿中，长臂猿的择偶系统很接近于一夫一妻制，而雄性的体格跟雌性很接近，几乎没有差别。

在适度一夫多妻制的动物中，雄性稍微大一点，而在高度一夫多妻制的动物中，雄性比雌性要大得多。谈及智人这一物种，男人多少要比女人高大（大概超过对方20%），跟其他中度一夫多妻制的动物相比，这个数值在它们的差异范围内。但是，我们得小心，无论是在这种还是在其他情况下，我们说的都是统计学的概括，即

---

[1] 性别二态性（sexual domorphism），也叫性别分化，说的是同一物种的不同性别在身体形态上的差异。差异越大，性别二态性越明显。

便某些男人比某些女人矮小，也无法推翻这个发现。事实就是，通常而言，男人比女人高大，也比女人强壮。顺带说一句，无独有偶，女人的"强壮"之处是她们活得更长久，这件事在很大程度上要归功于男人，归功于他们之间激烈的同行竞争，这种竞争的持续时间更长，也更激烈（见第二章"狂暴的男人"）。

在体质人类学家、古生物学家和其他研究性别二态性的专家中，我们人类祖先的性别二态性达到了怎样的程度存在争议，特别是南方古猿，"露西"则是其中最有名的代表。但这些研究者也有共识，他们认为人类祖先的性别二态性很明显，从而强烈暗示一夫多妻制曾广泛存在，或许发展到了跟当下在大猩猩中发现的情形一样极端的状态。[8]另外，尚无证据表明犬齿的性别二态性在种系上导致了现代人（专业术语称为"人族"）的出现。犬齿很重要，不只因为它能捕杀猎物，还因为它能发出威胁，事实上还能用于跟择偶成败有关的暴力竞争。

因此，原始人缺少犬齿的性别二态性这一事实类似于一场表决，暗示我们的祖先（从前实行一夫多妻制，类似于大多数哺乳动物）积极地朝向另一种系统进化，或许是类似于现代倭黑猩猩和黑猩猩那样的多雄多雌的群伙组织，或许是类似于现代长臂猿的一夫一妻制。[9]也有科学家认为，犬齿的性别二态性对人类的择偶系统而言不是一个有用的指标，因为在像人类这样主要的双足行走动物中，雄性间的同性竞争通常都不会借助于牙齿（毕竟，人类的颚部明显凹陷，而不是像猫、狗甚至像狒狒和大猩猩那样凸出向外），而是借助于胳膊和手，也可能会使用一些粗糙的武器。

我们知道，男人比女人重了大概20%。但值得注意的是，在任何一个现代社会中，男人总体的肌肉重量大约是27.4千克，女人大约是17.9千克，[10]这样就产生了肌肉重量方面的性别二态性，比值为 1.53，而他们在身体重量方面的比值只有 1.2。在涉及肌肉量时，男女的两性差异会扩大。这要么反映了性选择在某种一夫多妻制择偶系统中的作用，要么反映了自然选择青睐擅长狩猎的男人，要么反映了自然选择偏爱有能力抵御陆地捕食者和人类劫掠者的人，或者这些可能性都有，只不过在不同的当地人群中有不同的组合方式。这种现象还有一种解读方式：扣除了脂肪（女人身上的脂肪更多，因为它能在怀孕和哺乳时带来诸多好处）之后，男人比女人重了 40%，肌肉量比女人多了 60%，而他们手臂上的肌肉量比女人更多，数字惊人，高达 80%。[11]

另外，我们目前还不清楚，为什么对抗捕食者或劫掠者需要的安全保护，会在一夫多妻制而非一夫一妻制的系统中选择出来，尽管性别二态性在前者中比在后者中通常更明显。

灵长类动物学家艾伦·迪克森（Alan Dixson）在《性选择与人类择偶体系的起源》（*Sexual Selection and the Origins of Human Mating Systems*）这本书中做了详细的探讨，得出结论说：

> 智人很可能是从一种主要的一夫多妻制非人灵长类动物中进化而来，而最早的古人类成员实行某种程度的一夫多妻制……在智人中，多种性别二态性特征的发生（体重、体型和身体构造，面部特征，第二性征的装饰物，喉结和嗓音频率，以及到达性成熟的年龄）都表明，人类的祖先是一夫多妻制物种。[12]

这里，迪克森不仅谈及了总体的性别二态性（即身高和体重），还包括其他众多具有强烈暗示性意味的特征，比如跟更低沉的男性嗓音（这是一夫多妻制雄性具有的特征）有关的身体适应物，以及面部特征，诸如胡须和长下巴，它们会夸大"阳刚气质"。而且，这些特征在一夫多妻制的非人灵长类中很典型。这些以及其他的发现，促使生物学家爱德华·威尔逊（E. O. Wilson）得出了这样的结论，即人类具有"中度的一夫多妻倾向"，[13]而这得到了研究繁殖的生理学家罗杰·肖特（Roger Short）的呼应："我们基本上是一种一夫多妻制的灵长类，而通常采取连续性的一夫一妻制这种形式。"[14]

然而，这种情况，即便有强烈的暗示性，也还不能说是"证明"了什么。[15]有些专家认为，通过检测某个貌似无关的因素能给人带来洞见，即同一只手的食指和无名指长度比。这个因素看起来是胎儿期激素雄性化（出于某种神秘莫测的原因）的一个指标，而男性通常拥有更低的比值，也就是他们的食指相比无名指更短。通常而言，某个物种的一夫多妻制倾向越明显，这个比值就越低，因为在雄性与雄性的激烈竞争中，较高的睾丸酮水平能带来进化优势，从而被自然选择青睐。不管怎么说，化石中的食指与无名指的长度比表明，古类人猿在进化史上的确是一夫多妻制，即便其现代表现早已弱化。[16]但一夫多妻制的南方古猿很可能是一个例外。最近的一篇学术论文描述了这一情形，题目是《手指长度比预测早期类人猿、地猿、尼安德特人和早期智人的一夫多妻倾向，但不能预测南方古猿的这一倾向》（Digit Ratios Predict Polygyny in Early Apes, Ardipethecus, Neanderthals and Early Modern Humans but not in Australopithecus）。[17]真想不到。

发现2：在所有的一夫多妻制动物中，雄性不只是比雌性更高大，他们也更有侵犯性，更喜欢诉诸暴力，特别是针对其他雄性的暴力。在许多情况下，雄性也配备了富有威慑性的解剖学特征，从而有助于他们的成功：犄角、鹿角、巨大的犬齿、锋利的爪子，等等。但我得再次强调，这些装备只有在它们的拥有者倾向于使用它们时才有意义。

无论多么强大，多么有威慑，假如一头公牛（或雄鹿、雄海豹、雄狒狒）在跟其他公牛的竞争中不使用它的大块头，那么这个东西就没用。在公牛中间做一个费迪南德[1]，没有任何进化的回报。无论多么可怕，费迪南德都会避免斗争，为他自己节省时间，保存精力，而他的同伴则要花费这些东西以威胁其他公民，挑衅对方，必要时大打出手，更不用说在这个过程中被伤害或被杀死。无疑，费迪南德会活得更长久，也会过上安逸的生活。但临死时，他的基因就会跟他一样灰飞烟灭。要么新生，要么消逝。

这样，如同一夫多妻制产生了体型上的性别二态性一样，它以类似的方式，基于同样的理由，产生了行为上的性别差异。跟雌雄两性的体型差异一样，它们在暴力行为上的性别差异，也会随着一夫多妻制的程度而发生变化。（一夫多妻制的程度，可以被更精确地操作性定义，不仅要看平均的后宫规模，还要看两性在繁殖成就方面的比值。在真正的一夫一妻制下，这个比值是 1。随着一夫多妻制程度的加重，这个值会大于 1；而随着一妻多夫制倾向的增强，这个值又会低于 1。）而在一夫一妻的动物中，谈及暴力倾向，雄性几乎跟雌性完全一样，因为暴力自身带给他们的繁殖报酬也相同。

果不其然，雌雄两性在侵犯和暴力方面的差异，在一夫多妻制的动物中格外明显。那么，中度一夫多妻制的动物又如何呢？毫不奇怪，其中的性别差异也居中。

在人类中，男人（一开始是男孩）比女人更有侵犯性，也更

---

[1] 费迪南德（Ferdinand）是经典儿童绘本《爱花的牛》（*The Story of Ferdinand*）的主人公。他生性温柔，喜欢鲜花，不爱打打杀杀。

容易诉诸暴力。我发现，男人和女人在暴力犯罪肇事者中的比例是10∶1，在美国的任何一个州这个值都差不多，而且在任何一个有类似数据的国家，情况也都是这样。此外，当犯罪的暴力程度从不那么暴力到比较暴力时，这种差异会加剧。比如，男人和女人在轻微犯罪中的差异非常小，而涉及抢劫的话就变大了，殴打方面则更大，谋杀方面的差距则无以复加。即使在不同的国家，实际犯罪率有明显差别，但这个结论依然适用。比如，冰岛的凶杀率只有洪都拉斯的1%，但犯下谋杀罪的男人和女人的比例几乎没什么变化。整体而言，冰岛和洪都拉斯的文化差异非常大，这无疑能解释凶杀率的整体差异。然而，参与凶杀的男女比例几乎不变，就像人类生物学方面的男女差异不会在冰岛和洪都拉斯之间变化一样，这一差异实际上也不会在任何人类能找到的地方有所不同。[18]

发现3：在所有一夫多妻制的动物中，跟雄性相比，雌性性成熟和社交成熟的年龄都较早。这个事实表面上违反直觉，因为谈及繁殖时，根据定义，雌性要承担更多的生理和解剖层面的负担：卵子比精子大得多；在哺乳动物中，发展出胎盘的是雌性而非雄性，接着通过她们的血液，把营养输送给自己的后代。承受怀孕和分娩负担的也是雌性而非雄性，她们也必须通过喂奶给自己的婴儿提供所有的能量。此外，大多数人都不知道的是，喂奶事实上比妊娠还消耗能量。

根据这些事实，我们预测，假如有可能，女人会延迟她们的性成熟，直到她们比男人更高大、更强壮。因为涉及生孩子的话，生物性对男人的强制性要求相对而言不值一提：就是一股子精液。但事实上，如前所述，女人不只是比男人矮小，还比男人性成熟得早而不是晚，而这跟另一个由一夫多妻制导致的结果有关。同性竞争（如前所述，这对拥有后宫妃嫔而言是一个强制性的前提）使得雄性在太年轻、太弱小或太幼稚的情形下踏入惨烈的竞技场时处境极为不利。一个想要在繁殖上追求性早熟的男人，事实上会被比他更年长、更高大以及更聪明的对手打得一败涂地；而较早生育的女人则不必遭受类似的惩罚，她们不必像男人那样应付人际性行为方面的激烈对抗。

因而，在一夫多妻制的动物中，雌性比雄性成熟得更早，无论是性还是社交。这一现象在学术上被称为"性双熟"（sexual bimaturism）。任何人，只要观察过八年级、九年级和十年级的学生，或仅仅看见一个青少年，他都会立马发现这种现象，即12—16岁的女孩不但可能（暂时）比她们班里的男生高，而且无论在性还是在社交方面，也更为成熟老练。

再一次，我们的预期得到了支持。在动物中，性双熟的程度也会随着该物种一夫多妻制程度的变化而发生同方向的变化。在一夫一妻制的灵长类动物中，比如拉美狨猴和枭猴，雌雄两性性成熟的时间几乎一样。而在一夫多妻制的动物中，比如猕猴、松鼠猴以及事实上所有的灵长目大猿（既包括人类也包括非人类），雄性都成熟得更慢。因而跟雌性相比，他们达到成熟的时间表更晚，他们也显然比"他们"的雌性同伴更年长、更高大。毫不意外，跟那些不怎么成功的雄性同伴比起来，他们也更年长、更高大。对于观察西方青少年的人来说，甚至对于他们年轻时的自己来说，性双熟很常见；这是一种跨文化的普遍现象。[19]

在巴拉圭的阿契人（Aché）[1]中，"十几岁的女孩变成了女人，不久就变成了年长男人注意的对象，而相同年龄的男孩依然身材瘦

---

[1] 阿契人是一个狩猎采集部落，因经常作为人类学的研究对象而广为人知。——作者注

小，跟成年男人相比显得不够成熟"[20]。

假如需要，这里还有进一步的理由，能让我们对前三个发现产生信心：在某些极为罕见的一妻多夫制动物中（即逆向的"一夫多妻制"，其中一个雌性无论在性行为还是在社交上都会有多于一个的雄性伴侣），前面谈及的性别二态性在体型、行为和成熟年龄方面的差异就会发生可预见的逆转，即雌性长得更高大、更好斗，她们性成熟的年龄也比雄性更晚而不是更早。

这些极罕见的一妻多夫制动物包括几种鸟类，比如北美的斑鹬，还有几种拉美沼泽地的居民，它们被称为水雉或睡莲行者[1]（它们脚趾细长，能在睡莲上行走）。雄性在池塘边保持着各自的小块领地。雌性的块头是雄性的两倍，彼此间会激烈竞争，以捍卫自家的更大领地，通常包括好几个雄性在内。雌性一般会在她们每个"丈夫"的窝里下四个蛋，对方则负责孵化，并在雏鸟出生后照料它们。[21] 在任何一种大猿中都没有发现一妻多夫制，而在哺乳动物中，通常来说一妻多夫制也很罕见。

发现4：最后，在搜集人类一夫多妻制的证据时，我们找到了简明的历史记载，它们为现代人类学研究所证实。[22] 涉及哺乳动物时，一夫一妻制格外罕见，一妻多夫制更是闻所未闻，而一夫多妻制则极为普遍，虽然确切的数字很难获得。至于人类，我们被再次证明是一种极为典型的哺乳动物。

伟大的法国人类学家和社会理论家克劳德·列维－斯特劳斯

---

[1] 英文原名 Lily-trotters。trotter 意为"快步行走的人"。

(Claude Lévi-Strauss)[1]，很长时间都认为，婚姻是一种社会和经济的安排，跟性欲或生物性无关。在某种意义上，他是对的。因为如前所见，有无数理由认为我们在自然状态下是一夫多妻制，而一夫一妻制被强加给了我们的生物性而非起源于我们的生物性。然而，列维-斯特劳斯也承认："即便在任何一个严格的一夫一妻制社会……男人中间总是有一种根深蒂固的一夫多妻制倾向。""谈到一夫多妻制，"人类学家韦斯顿·拉巴尔（Weston La Barre）同意说：23

> 情况极为普遍。事实上，尽管在任何情况下都无法实现，但一夫多妻制在北美和南美的印第安人部落中一直都被允许，只有少数例外，如普韦布洛人（Pueblo）。在阿拉伯人和非洲的黑人中，一夫多妻制也很普遍，而在亚洲和大洋洲它也并非罕见。当然，有时它是一种受文化约束的一夫多妻制。根据《古兰经》的戒律，穆斯林只能有四个妻子；而西非的阿散蒂（Ashanti）王则被严格限制为拥有3333位妻子，而且必须满足这一数字。

一项对849个社会的跨文化调查发现，在西方进入帝国主义阶段和对全球殖民之前，犹太教和基督教的婚姻戒律还普遍强加给世人，有708个（占83%）人类土著社会都倾向于一夫多妻制。在这些社会中，大概一半通常是一夫多妻制，而另一半则偶尔为之。在剩下的社会里，137个（占16%）是法律上的一夫一妻制，24 而只有不到1%的社会是一妻多夫制。25

这些数字有可能会误导人。请注意，我写的是"倾向于一夫多

---

[1] 法国人，现代人类学的奠基人之一，结构主义人类学的创始人，作品有《忧郁的热带》等。

妻制"而不是"纯粹的一夫多妻制"。事实上，大概超过四分之三的人类社会倾向于一夫多妻制，这不意味着身在其中每一个人（更具体地说，是每一个男人）要么是后宫主人，要么是单身汉。相反，在几乎所有的情况下，一夫多妻都跟一夫一妻和单身状态共存。事实上，在人类大多数的进化史上，大多数男人到了最后还是跟一个妻子待在一起。

对巴西沙万提人（Xavante）的详细考察为我们提供了一个案例。有人调查了184名已婚的沙万提男性，其中110名是一夫一妻（更确切地说，他们每个人都有一个妻子），而另外74人则有多个。某些位高权重的男人甚至拥有四五个妻子。毫不意外，跟同龄人相比，他们拥有的后代数目是前者的两到三倍。到了40岁，6%的沙万提男人将陷入没有子嗣的境地。相比之下，在195个沙万提女人中，到了20岁，只有1个没有子女。繁殖成就的变异值在沙万提男人中是12.1，而在女人中有3.9。[26]

基于对化石中人类DNA提取的遗传学研究，则进一步证实了我们的原始祖先实行一夫多妻制。[27]从人类化石记录的中期来看，Y染色体的多样性水平较低（Y染色体只会遗传自父亲），而线粒体DNA的多样性水平则较高（只会遗传自母亲），两者间有差异。研究者得出结论说，最简单的解读就是，很可能"在最近之前，只有一部分男人……在每一代人中对Y染色体贡献了很大一部分库存"。换句话说，我们的祖先通常是一夫多妻制，而女性有效的繁殖人口远远多于男性，这是因为大多数女性都能繁殖，而只有一小部分男性才能这么做。于是，随着时间的推移，"他们（即男性）繁殖成就的变异降低了，随着最近人类由一夫多妻制转换到一夫一妻制"，更多的男性开始在基因库里为Y染色体的内容做贡献。纯粹基于DNA的证据，研究者得出结论，说"在人类大部分的史前时期，一夫多妻都是规则，而非例外"。

他们的估计是，从一夫多妻制到一夫一妻制倾向的不断增强，这种转变发生在距今10000年到5000年前。假设这是对的，考虑到即便进入了现代社会，很多传统社群还都保留着一夫多妻制，这一事实明确支持了这样的观点：我们这一物种有着根深蒂固的一夫多妻制倾向。简而言之，人类从一夫多妻制转向一夫一妻制，仅仅是一个最近的进化发展，而且还在进行中。

这里（还有几乎其他所有地方）使用的"一夫一妻制"都应该更正为在某段时间内有一个妻子。迄今为止，大多数的一夫多妻制类型（无论对女人还是对男人）一直以来都是"连续性的一夫一妻制"，其实也可以叫作"连续性的一夫多妻制"。我在后面会讨论，人类同样表现出了配对结合的强烈倾向；当然，这跟一夫多妻制倾向的存在也不矛盾。无论对男人还是对女人来说，在自己的一生中只有一个性伴侣，这种情形都很罕见。几乎所有的男人都想要多个伴侣，无论是明媒正娶合法婚姻，还是非正式的私下约定，仅仅由于他们个人行为（纳妾、嫖娼和不忠）的影响，就会导致事实上的一夫多妻制。

男人的一夫多妻和女人的一妻多夫，若要对我们的祖先以及我们自己产生深远的进化影响，也不需要很普遍。某些情况并不常见，但其影响却超越了它们在统计频次上的不多见。比如，捕食者对人类的危害或许很少见，这一点在今天格外明显，然而恐惧以及对自己作为大型猎食者（或体型较小而致命的毒蛇）口中猎物的"记忆"，依然给人类留下了很深的印记。

残迹的污染不只局限于解剖结构，比如鲸鱼初级的骨质"腿"，或人类过时的阑尾。有一种动物叫北美叉角羚，常被误认为是羚羊，但事实上它们跟山羊的关系更近。这种动物跑起来风驰电掣，让人印象深刻。叉角羚的许多特征，包括它们的社会组织和择偶行为，起源于对要求快速逃离场景的完美适应，最终却成了一个悖论，因为现存的天敌不再能像从前那样威胁它们了。现已灭绝的美洲豹和它的亲属曾遍布北美大草原，而眼下占据它们位置的是速度更慢的土狼、狼和美洲狮，甚至包括速度更慢的灰熊。[28] 即便如此，根据拜尔斯（Byers）的说法，"天敌驱动的选择早已松弛"，叉角羚的奔跑速度依然超过了它们的明显需要，被"过去天敌的鬼魂"纠缠着。同样，我们也被祖先成败的鬼魂束缚着，被诸多一夫多妻制的选择压力驱动着，而它们大多数（尽管并非全部）来自过去。

如果一种生物影响足够大（比如一小部分男人拥有不成比例的伴侣），那么结果就很重要，不只是在统计上而且在实践上，即便受影响的个体依然是少数人。只要有一些男人成功实践了他们的一夫多妻倾向，而且因此在他们的进化资产负债表上赢得了更多的回报，就会在男人中造成相对偏态的繁殖成功变异，还会促使某些男人继续这么做。

男性的繁殖能力会持续到中年甚至老年，这一事实也跟一夫多妻制相吻合，因为人类的一种普遍模式就是男人随着年龄的增长而积攒妻子，但女人却不会积攒丈夫。（同样值得留意的是，在整个西方社会，赤裸裸的一妻多夫制是非法的，但离婚的中年男人要比中年女人更可能再婚。[29]）底线很清楚。涉及繁殖表现时，跟女人相比，男人的变异更大，而这种更夸张的同性差别既来自男女对比（制造精子对比制造卵子）背后的生物学，也来自许多人性其他层面的有趣影响。

也只是在过去的几十年里，进化生物学家才开始意识到一夫多妻制的重要，才明白它如何导致了男女在繁殖情形下的差异。尽管如此，但人类对一夫多妻制这种特定影响的认识，其实很早以前就有了。据我所知，第一个明确的论述出现于1710年，是在一篇发表于伦敦皇家学会《哲学学报》的论文中，作者是约翰·阿布斯诺特（John Arbuthnott），文章名为《天意的论证，来自两性出生时观察到的恒常律》（An Argument for Divine Providence, Taken from the Constant Regularity Observed in the Births of Both Sexes）。在这篇论文中，作者认为：

> 一夫多妻制违背自然律和正义法，也违背人类种族的繁衍：因为男人和女人的数量是一样的，如果一个人娶了20个妻子，就得有19个男人保持独身，而这是对自然设计的违反；同时，20个女人也不会很好地由一个男人予以受精，但20个男人就能做到。

阿布斯诺特博士的计算正确，他认为一夫多妻制违背西方人当时的公正观也是对的。但事实上，跟违反"自然律"相反，不管你喜不喜欢，一夫多妻制跟这种"规律"完全契合。正如我们将要看到的那样，大多数情况下，我们都有理由认为，这里20个假想的女人的确会因为一夫多妻制而受伤害，但原因却更复杂也更有趣，绝不仅仅因为她们会不那么容易"受精"这么简单。

冒着听起来很弗洛伊德[1]的风险，事实就是，正如男人的性习惯比女人的更明显、更外露，男人也有性进化的更明显标志，不只是存在于他们的解剖结构中，还表现于他们的行为倾向中。而女性在这些方面则更隐蔽，也更微妙。不过，生物学的事实却是，人类同时参与一夫多妻和一妻多夫。这听起来显得很矛盾，类似于说某种动物既高大又矮小，既水生又陆生，既富于侵略性又缺少攻击

---

[1] 弗洛伊德是精神分析的创始人。他认为，人类的很多现象都有象征意义，通常跟性有关。比如在梦中，长而直的东西，能戳刺人或伤害人的东西，都是阳具的象征。在批评者看来，弗洛伊德的观点是随意联想，牵强附会，很不严谨，也不可信。这里的弗洛伊德是形容词，意为荒诞不经，牵强附会。

性，诸如此类。但诡异的是，一夫多妻和一妻多夫可以共存。男人跟男人的竞争很明显，一个男人占有多个女人（一夫多妻）也很明显。同时，伴随一夫多妻的还有男人间在性事上的不宽容，这一点也适用于一妻多夫。不忠诚的女人以及她们的情夫，倘若被发现，就要承受严厉的惩罚。这种不宽容很容易理解，毕竟后宫主人的进化成就，也就是"适应度"，受到了"他的"女人婚外性行为的威胁；她们可能会被除他之外的其他男人受精，这会给情夫带来巨大的回报，同时给被戴绿帽子的那个男人造成沉重的损失。因此，自然选择不只会青睐男人积攒尽可能多的女人的倾向（一夫多妻），通常还会导致男人强烈的性嫉妒。这反过来会让一妻多夫变得更隐蔽，而不像一夫多妻那么明显和招摇。我们可以换一种说法：父权制让一妻多夫转入地下，但又没法消灭它。

女人养一大群男人（一妻多夫），跟人类以及哺乳动物生物学的某些方面有冲突。再一次，这是因为，制造卵子（雌性做的）和制造精子（雄性做的）有差别。对雄性而言，他的适应度会随着所交配雌性的数量增长而增加，但这一点对跟额外雄性交配的雌性来说，就不那么真实了。正如我们即将看到的那样，女人不遵循从一而终的观念的确有回报（事实上，这样的报酬很多），但这样做代价也很大，绝不只是像刚才提到让男人妒火中烧那么简单。于是，即便女人有时可通过跟其他男人交配来提升自己的适应度，但她们也会受选择影响，只会偷偷摸摸地从事性冒险。因此，一妻多夫不像它的对应形式一夫多妻，更可能是隐而不显，秘而不宣，也不会成为制度。它也不会在盲目而招摇的诸多特征中表现自己，比如体型、攻击性或性成熟年龄的差异这些性别二态性的因素，因为跟男人的情形不同，自然选择并没有对女人中这类格外招摇的特征给出明确的奖赏。

男人很困惑，很难理解女人的性行为到底是什么，一直以来要么高估它，要么低估它。于是乎，女人通常被刻画成要么是贪得无厌，难以满足，要么就是根本没什么性欲。曾几何时，研究犹太教法的学者相信，女人的性欲格外恐怖（因而社会有责任压制它），寡妇甚至被禁止养宠物狗！但正如著名心理学家弗兰克·比奇（Frank Beach）所言："任何一个接受这一幻觉（即女人有无法满足的性欲）的男人，一定是一个记性很差的老家伙，或是一个有过苦涩遭遇的年轻人。"或者用人类学家唐纳德·西蒙斯（Donald Symons）的说法："欲火焚心的女人这一形象，通常只会存在于女权主义的意识形态中，男孩的幻想中，以及男人的恐惧中。"

另一个极端则是19世纪维多利亚时代的一股思潮，来自威廉·艾克顿（William Acton）博士，他宣称："大多数女人（这对社会是好事）从来不会被任何的性感受所困扰。对男人而言习以为常的东西，对女人而言是例外。"[30]

哪怕到了今天，测量女人的性欲也经常是测量她能让其他人唤醒的能力，而不是她自己体验性欲的能力。这一歪曲来自男人，因为他们通常把女人的性欲视作威胁。一个性感的女人会在男人身上引发深层的恐惧，害怕无法满足对方，特别是满足这样一个女人。但男人把女人的性欲视作威胁还有别的原因，那就是女人的性独立和性自主会伤害男人脆弱的心灵，他们原本很有信心孩子就是他自己的。因此，若没有非理性的嫉妒和紧张，男人常常会被这样的神话安慰，即女人就是性冷淡，即便在内心深处，他们也知道这不过是谎言罢了。

谈到这里，值得一提的是，有人类学家开始重新评估这样的民间智慧：一妻多夫极为罕见。他们提出了一个新的婚配模式类型，称为"非正式的一妻多夫制"（informal polyandry），描述了这样的社会：身在其中的女人会跟多于一个男人保持经常性的配偶关系。[31] 除了喜马拉雅山麓、马克萨斯群岛和亚马孙盆地"经典的一夫多妻制社会"之外，这样的社会也存在于很多文化中。非正式的一妻多夫制通常跟一种被称为"父性分享"（partible paternity）的当地信仰系统同时存在。这种信仰系统认为，如果多个男人（尽管很少超过两三个）跟某个怀孕的女人交配，那么他们实际上就分享了由此带来的父亲身份。关于父性分享，我们会在第四章继续讨论。但在这里，我们还是要留意科学家提出的一系列假设，它们试图解释非正式的一妻多夫制为什么会存在，即便很罕见——因为在理论上，一妻多夫制应该更罕见才对。

在这些解释中，有一个跟现有数据最一致。该假说认为，在性别比不平衡因而男人远远多于女人时，一妻多夫最容易发生。这可能跟单方向的杀害女婴有关，从而导致男性过剩，也可能是因为同样的人群同时实行一夫多妻制导致的。假如一小撮男人占有了远超他们对应比例的女人，那么婚姻市场上就会有很多男人被排除在外，进而导致他们不得不彼此"共享"一个妻子，而不是采取完全排他性的性行为和繁殖策略。毕竟，分享妻子还是比没有妻子好。

比如，在因纽特人中，"超级优秀的猎手有能力供养多个妻子；优秀的猎手能供养一个妻子；而技术平平的猎手，或不愿从别人那里抢老婆的男人，就只能彼此共享一个妻子了。在这样的情况下，丈夫们就能一起面对糟糕的处境，同时对新出现的婚姻机会保持警觉"。[32] 前面的讨论聚焦于男性的视角，这么做有一定道理，因为男人的繁殖成就不可避免地受到一妻多夫的威胁；至少跟成功的一夫多妻者甚至是一夫一妻者相比，他的繁殖收益更少。然而，非正式的一妻多夫也可视作女人主动选择的一种策略，即便在这种男多女少的性别比情况下，她们供应短缺，因而有了讨价还价的强硬实力，事实上就能迫使男人接受一种他们在其他时候不会答应的繁殖安排。无论如何，假如女人从未参与（至少在某些情况下）一妻多夫制，那么这样的情形就不会发生。

假如同样的情形发生在现代西方社会，将是一件很有趣的事。在某些地方，男人远远多于女人，比如在大学和学院里，传统上只有男生，它们很晚才开始接收女生；在军队里，男人也要比女人多得多。这些地方都会出现一妻多夫。但在本书中，不管怎么说，我都更关心一夫多妻制及其证据和对男人的影响，而不是关心一妻多夫制及其证据和对女人的影响。这么做的原因很简单，就科学研究的现状而言，我们更熟悉一夫多妻制，对它更了解。假设人类存在一妻多夫制的证据更多的是思辨性而非决定性的，但依然有不少人提出了自己的主张。

观点1：人类在哺乳动物中是个异类，因为女人隐藏了她们的排卵期。大多数雌性动物排卵时都会大张旗鼓地打广告，但我们不是！事实上，即便在医学高度发达的21世纪，尽管繁殖是如此重要的一种生物事件，大多数女人什么时候排卵还是很难确认。女人为什么会把排卵变成这么隐秘的一件事？这方面有很多争论。其中一种有趣的可能性在于，女人处于容易受孕的阶段时，隐蔽排卵能提高女人欺骗她配偶的能力。如果我们的祖祖祖……奶奶在繁殖期会摇晃她们像花椰菜一样粉红色的屁股，我们的祖祖祖……爷爷就会在这样的时候跟她们交配，而在其他时候忽略她们，以便做自己感兴趣的事。（自然，这些事中就包括跟其他女人交配。）通过隐藏排卵期，我们的女祖先事实上就让我们的男祖先不可能总在监控她们，从而使得我们的祖祖祖……

奶奶能偷偷摸摸地跟其他男人交配，他们可都是她精心挑选的情郎，这样就能避免自己的法律伴侣妒火中烧，又能借此获得这种"婚外情"带来的好处。这一点，我们会在后面细说。

观点2：女人在哺乳动物中极不寻常，还体现在她们也缺少明确的行为发情（"性趣"）周期。结果呢，她们就能在很大程度上控制自己的配偶选择，而不像其他的雌性哺乳动物那样，面对自己汹涌澎湃的荷尔蒙发作而无能为力，束手就擒。倘若没有这样的选择权，一妻多夫在实质上就没法跟滥交做区分。"滥交"这个词带有明确的价值判断，还是贬义。然而，在生物学家看来，它仅仅意味着参与性行为的个体缺少跟其他个体的关系绑定。某些动物看起来就是滥交成性。比如，许多海洋动物（像藤壶和牡蛎）把它们的配子喷撒到海水中，通常是要响应某种化学信号，但从来不对配偶做任何选择。但在大多数情况下，滥交在所有动物中都很罕见，特别是在雌性之中，她们选择性伴侣时很挑剔，哪怕她们最终选了很多性伴侣。

一般的雌性特别是人类的女性，聪明地选择一位伴侣或多位伴侣可谓关系重大。因为生物学告诉她，这些决策会给她们带来深远影响，毕竟生孩子需要帮手。而很多因素都会制约她们未来的生物学成就，特别是父母对孩子的照料与关怀，除了伴侣拥有好基因。的确，一般的雌性特别是人类的女人在选择性伴侣时格外挑剔。

观点3：进化心理学家最近的研究表明，处于排卵期时，女人会被某些男人所吸引，这些人的身体和面部特征暗示他们有很高的睾丸酮水平，以及有良好的健康素质（即好基因）；而在排卵周期的其他阶段，她们更喜欢聪明、友善、幽默、有抱负和个人责任感的男人。换句话说，女人遵循的其实是一种双轨策略，而这跟一妻多夫的进化史相一致：假如有机会，就跟这些携带好基因的男人交配，但同时跟那些能彼此相处愉快、乐于照顾孩子的男人建立亲密关系。某些女人很幸运，她们跟能同时提供好基因、善于养孩子的男人结为伉俪。对她们来说，一妻多夫的风险（特别是她们丈夫的妒火、潜在的暴力以及自己可能被抛弃）超过了可能的收益。但对其他女人（她们很可能占大多数）来说，相反的情况才是真的。

观点4：长期以来，女人性高潮的适应价值（进化回报）众说纷纭。在可能的解释中（所有的解释都跟一妻多夫一致），有一种观点认为，性高潮能让女人评估某位短期伴侣作为长期配偶的合宜性。而另一种观点则指出，性高潮不仅对有疑问的女人有帮助，而且也能令她的伴侣安心，让他以为她会是个性忠贞的女人，但这又给了她做出相反选择的机会。

观点5：在动物中，一妻多夫被发现为跟性别二态性的"传统"表现相反。既然这样，为什么人类的一妻多夫没有把女人变得比男人更高大、更有侵略性？一方面，男人比女人更高大（如前所述，我们知道，这最可能是一夫多妻导致的结果），但同时女人比男人更高大（一妻多夫有这样的效果），这不可能。但另一方面，因为精子和卵子的差异以及一夫多妻（以及相应的男人间的同性竞争）的繁殖回报，远比一妻多夫影响更大，这就进而导致一夫多妻成了驱动人类性行为进化的主要力量。当然，这不是说一夫多妻（主要对男人起作用）比一妻多夫（主要对女人起作用）更真实，而是说前者的影响比后者大,更容易被识别出来。

观点6:因为"他们"的女人实行一妻多夫制会给自己的适应度带来不利影响,我们可以预见,男人会被选择为对这种行为难以容忍。事实上,性嫉妒是一种突出的人类特征(当然,在动物中也很常见),它通常都会导致肢体暴力。假如女人,至少在某些时期,不是以对自己有利的一妻多夫制方式行动,那么性嫉妒这种强大而有危险的情感反应就不会被进化选择出来。

可以预见,女人也有性嫉妒,它也肯定会发生,但出于生物学上容易理解的原因,女人的性嫉妒不那么强烈。特别是因为,男人的性关系再荒唐,也不会让"轻蔑的妻子"遭受进化适应度的损失[1],但一个给伴侣戴绿帽子的女人做同样的事,就会给男人带来灭顶之灾。"妈妈的孩子,爸爸则未必。"有一句俗话如是说道。女人从来不用担心她们的孩子是否亲生,但男人就没有同样的自信,因此进化促使他们在性行为方面对伴侣更不宽容。但女人会被男人的胆怯威胁,特别是这会导致她们的伴侣缺少奉献精神,他们很可能不会给自己的孩子多少投资。但这种情形跟男人面临的处境大为迥异;若他们的女人发生婚外恋,遭受欺骗的男人就要承受适应度方面的毁灭性后果。

因此,毫不令人惊讶,父权制的"双重标准"恰恰在很多文化

---

[1] 严格说来,男女两性的出轨都会给伴侣带来适应度的损失。进化心理学家戴维·巴斯发现,男人更介意对方的身体出轨,而女人更介意对方的感情出轨。身体出轨给男人带来的潜在危害更大,他可能要冒险给别的男人养孩子,但女人不会因为男人犯同样的错误而承受同样的代价。假如男人的身体出轨伴随着感情不忠,那么女性的嫉妒同样会极为强烈。

中都很普遍。再一次，我得强调，这是因为女人的不忠有可能导致一个男人为另一个男人养孩子，而男人同样的做法（就这种行为可能对该亲密关系造成的所有问题而言）却不会导致跟自己戴绿帽子一样的沉重代价。

为了明确地了解这个一般过程，把目光移向某些极端案例通常会有帮助。这种谱系现象格外真切，其中一夫多妻是个很好的例子。（如前所述，"一夫多妻程度"有强有弱，恰如一妻多夫倾向有强有弱一样。）因此，让我们来看一看动物界中一种极端的一夫多妻现象吧。这样，当我们做同样的事情时，就能看清自己的面目，哪怕这种事通常只在漫画里发生。

象海豹的块头非常庞大，事实上就像一头大象。雄象海豹能长到16英尺，体重超过6000磅。而雌象海豹要小得多，大概只有10英尺长，体重在2000磅左右。他们体型上的差异很重要，因为这揭示了象海豹的择偶系统：在所有哺乳动物中，这种动物的一夫多妻程度最明显，平均而言，一只成功雄性的后宫中拥有多达40只雌性。鉴于雄性和雌性的数量大致相等（在大多数物种中都是这样），这就意味着，对每一只飞黄腾达的雄性而言，就有39只不成功的雄性跟他们相对应，这些单身汉被排除在了繁殖圈之外。在象海豹的世界里，每一只健康的雌性都有配偶，但只有很少一部分雄性成了进化上的优胜者。平均而言，4%的雄性留下了这种动物后代总数的85%。[33] 因此，为了拥有一座属于自己的后宫，雄性之间会频繁搏斗，大打出手。想要成功，就得有庞大的身躯、火暴的脾气、巨大的犬齿，以及使用这些武器的意愿，还要有厚实的胸甲以保护自己不被敌人伤害，最后还得较为年长、经验丰富。

作为后宫的一名妃嫔，在拥挤的海滨度过了大部分的夏天后，雌象海豹会在夏末秋初给孩子断奶。事实表明，就在她们断奶时，一些年幼的象海豹明显比其他同伴长得更强壮，他们的块头是后者的两倍之多。这些超重的少年被称为"超级幼崽"。它们体形壮硕，这会带来显而易见的优势。就在布满岩石的沙滩上，从夏末到断奶期间，它们曾有过一段俨然田园诗般的时光，整天得到母亲的悉心照料。但现在，这些幼崽必须在海里长期逗留，直到来年春天才能再次回到岸上。可想而知，这对年幼的象海豹来说是一段艰难时期。同样可以想见的是，超级幼崽比其他同伴更容易活下来。雄性的超级幼崽是否更有可能成为未来的后宫主人，这一点现在还不清楚，但这是一个合理的假设。毕竟，在一个高度竞争的体系中，涉及身体状况时，任何有可能提供"帮助"的东西都会带来优势。

对超级幼崽而言，到目前为止，一切都好。然而，一个问题出现了。鉴于超重的回报很大，为什么不是所有的象海豹都变成超级幼崽？事实上，因为象海豹的母亲只能产生有限的奶水，而要成为超级幼崽也只有一个办法：它必须同时从两个哺乳的雌性那里获得奶水。这要怎么实现呢？绝非易事。雌性很清楚，她们只想把自己的奶水喂到自己的孩子嘴里，而不是帮别人喂孩子。这种自私，从进化的角度来说很合理，因为跟不情愿用自家奶水喂养陌生宝宝的母亲相比，那些肆意挥霍她们宝贵奶水的母亲将留下较少的后代（也会留下较少愿意分享奶水的基因副本）。

每一个幼崽只有一个亲生母亲，"可分享的母亲"至少跟"可分享的父亲"一样不现实。即便如此，某个幼崽依然有可能从两个"母亲"身上吮吸奶水。在哺乳期间，象海豹的幼崽偶尔会夭折，要么是因为"自然原因"，要么是因为雄象海豹的粗心。他们热衷于彼此竞争，脑子里想的从来都是泡妞撩妹，而不是什么孩子的安危。毕竟这些幼崽出生于前一年，它们的父亲很可能是另一只雄象海豹。对一只雄心勃勃的幼崽来说，还在吃奶的同伴夭折会给自己提供良机：如果它能迅速找到一个丧子的母亲——快到她的婴儿已死，而她的奶水还没干——那么，它就有可能取代这个刚刚死去的婴儿，从而诱使这位母亲继续分泌乳汁。

这是一个有效策略，但也有风险。在陌生的幼崽吮吸自己的乳汁时，大多数雌性都不会欣然乐意，充满友善。"偷奶者"通常会被咬伤，甚至因此而毙命。但成功的家伙就会成为众所周知的"双母吮吸者"[该领域的学术研究，多亏了象海豹研究专家伯尼·勒·伯夫（Burney Le Boeuf）的贡献]，而它们接下来就会成为超级幼崽。关键在于，所有的双母吮吸者都是雄性！在象海豹的案例中，由于一夫多妻的巨大压力，超级一夫多妻制（因为比同伴更高大、更强壮、更健康的雄性享有潜在的回报）通过双母吮吸的方式造就了超级幼崽。当然，所有这一切需要的是一种冒险意愿，而他显然比雌性幼崽表现出的意愿要强烈。说到底，跟后宫主人相比，对作为后宫妃嫔的雌性来说，她们只要能活下去就有繁殖的机会，这一点有充分的保证。但对一个高度一夫多妻制动物中的雄性来说，单单活下来远远不够。他们必须脱颖而出。

我们将会看到，很多人类的性状，可以跟我们的一段进化史联系起来：当时，我们的祖先实行一夫多妻制，虽然只是中度。自然，人类不是象海豹。我们的指认同伴极少（假如有的话）是双母吮吸者。然而，数据很明确，平均而言，小男孩比小女孩更喜欢冒险。[34] 这种差异在他们的一生中始终存在，而在青春期和成年早期最为明显——这一时期，恰恰就是我们的祖先繁殖竞争最激烈的时期，当然在某种意义上，今天也一样。一夫多妻制的极端案例，比如象海豹，向我们揭示了某些性状的夸张和滑稽，但它们在人类身上也存在。从生物学的角度来说，我们被设计为具有轻微而非明显的一夫多妻制倾向；但在极端情形比如象海豹、麋鹿和大猩猩身上存在的性状，阐明了更轻微但也同样真实否则就难以理解的现实，即什么使人成为人。

为了解读这一现实，我经常会提到人类学家对这个世上许多传统社会的研究。对于任何试图穿透人性核心的努力来说，这些发现格外有趣，但不是因为这样的人群在某种意义上跟我们其他人相比更为古老。所有人都同样是人。对生物学家而言，这仅仅意味着我们能够交换基因，留下能活到成年的后代。在另一方面，很显然，我们的祖先在他们（我们也一样）过去的进化史上长达99%的时间里都生活在相对较小的社群中，只有很少的先进技术，至少以现代西方社会的标准来说是这样。正如贾雷德·戴蒙德（Jared Diamond）[1]强调的那样，这些人特别富有启发性——当我们意识到，在某种意义上，他们代表了"昨天的世界"，35 这样的世界依然在我们所有人的耳边私语，而我们也能瞥见它。倘若我们能意识到，现行社会并不能代表我们祖先生活的环境，于是仔细观察，认真倾听，我们就会发现很多东西。其中，人类学家提到的一套模式格外关键，它们被称为"跨文化普遍性"。

还有另外一种看待它的方式。人类社会的多样性，实质上提供了一种世界范围内的广泛实验。在该实验中，某个东西即人类的生物性保持恒定；毕竟，我们都是同一个物种的所属成员。而全世界的文化传统则大相径庭，就字面而言，包括了地球上所有的地方。倘若在某些情况下，某一模式不断出现，那么合理的推断就是，它

---

[1] 美国著名的进化生物学家、生物地理学家，代表作是《枪炮、病菌与钢铁》（*Guns, Germs and Steel*）。

们来自彼此共享的某个因素：我们的人性，我们都是智人这一物种的成员。这就使得来自不同人类社会的证据格外有用，无论这些社会是传统还是"现代"。

认真对待传统社会还有一个好处，它打开了我们的视野，让人类不再局限于社会心理学家、社会学家和经济学家的研究经常包括的样本。为了方便起见，大多数实验和调查研究都会从西方工业化社会中取样。更糟糕的是，最常见的研究中招募而来的被试都是大学二年级学生，他们是更为受限的一个子集。这些研究中被考察的人，跟实际居住在我们这个星球上各种各样的人相比大为不同，跟那些代表智人倾向范围的人也有很大区别。这些差别导致研究者认定（在某种程度上颇有微词），这样的研究主要针对的是白人、受教育者，他们来自工业化和富裕的民主国家。简而言之，他们很怪异[1]。36

因此，亲爱的读者，假如你发现自己很想知道，为什么这本书会长篇累牍谈论那么多看似奇怪的外国人，比如哈扎人（Hadza）、因纽特人、沙万提人、亚诺玛米人（Yanomami），等等，那么请牢牢记住，你其实就是"怪异"人群中的一个。或者更准确地说，假如我们想要更广泛地理解人类的多样性以及他们的偏好，我们最好就得考虑这些更广泛的人群。这样做有很多理由，其中一个就是你不得不面对的事实，非技术性的传统社会跟我们祖先度过他们大部分时间的场景更接近。

也就是说，目前大多数可用的大样本深度研究，涉及的仅仅是一部分怪异的人群，而这只是因为他们是研究者最容易接触到的研

---

[1] 怪异的英文词（WEIRD）恰好是这些被试特点的首字母组合：西方（West）、受教育（Education）、工业化（Industrialization）、富裕（Rich），以及民主（Democrat）。

究对象。而这些研究者，让我们实话实说吧，本身也是怪异的人。我们目前的结果就是我们不得不努力探究的东西，特别是在性偏好方面跟各种男女差异有关的发现，它们将会在本书随后的内容中呈现。我希望，这样的研究以后能带有更多的"跨文化"色彩，尽管现实是大多数传统社会或多或少都在向"现代"生活方式转变。而这种生活方式，不可能反映我们人类本来的状况。这一点，就其本身来说，引发了新的紧迫感，我们必须在人类这一物种融入完全同质性的文化之前，努力搞清楚人类"真实"的样子是什么。

如上所述，这本书毫无疑问充满争议。而这些争议，绝不仅仅存在于那些认为"人性"仅仅是一种社会建构的学者之中（除了人性，他们也认为大多数作为客观现实留下来的东西同样是社会建构）。这本书也会引起另一些人的愤怒，他们认为所有的男女差异，无论涉及行为还是社交场景，都要归功于文化，而这些方面的生物性无关紧要。但无论喜不喜欢，生物性很关键。特别是有两个基本的生物因素把雌性和雄性区分开来，也把女人和男人区分开来：其一，精子制造者和卵子制造者之间存在根本差异；其二，在参与体内生殖的动物中，雄性和雌性存在根本差异，前者对于"他们"的后代是否与自己有血缘关系缺少信心，而后者根本不需要怀疑这种关系。即便对某些人而言，雌雄两性之间的边界异常模糊，但这一点依然成立。

比如，2003年的普利策奖虚构类颁给了小说《中性人》(*Middlesex*)。该书描述了某些人具有非同寻常的基于遗传的生化异常：5α-还原酶缺乏，或男性化发育延迟。主人公在自己的生活中一开始是女人，接着到了青春期，她发育出明显的男性特征。其实，这样的案例有很多。有时候会涉及这样一个人，他们看起来很

"正常"，无论是遗传还是生化层面都没问题，但他们无疑很确信，自己的身体并没有反映出他们内心的"真实"自我。于是，在某种程度上，激素疗法或性别手术就成了一种必需。貌似简单的男女区分，事实上令人困惑：因为有些女人的性染色体构成是XY，而有些男人是XX，这违背了典型的两性模式。这里，交叉（在制造卵子和精子时，减数分裂之前会有染色体的物种交换）的遗传现象导致了某种重要基因被添加或被删除。这些基因会激活某些影响性别的基因，抑制其他的基因，这样某人最终可能携带一条Y染色体，然而却含有许多其他的女性特征，或携带两条X染色体，但很明显是一个男人。

特别令人欣慰的是，最近几年，不只是医生，连公众也不断意识到，简单地把人分成男女并不能涵盖无数中间状态的存在。比如，有些人患有特纳综合征，有一个X染色体，但没有Y染色体；也就是说，其染色体标记是XO。因为决定性别的DNA出现在Y染色体上，缺少Y染色体的人就会发育成女人。但因为特纳综合征患者只有一个X染色体，缺少雌激素，需要补充激素来治疗这种病。每3000个出生的婴儿中，就有一个会患这种怪病。而只有一个Y染色体的婴儿活不下来。

还有一种克氏综合征，患者的性染色体组合为XXY。大概每600个新生儿之中，就有一个人患病。患有克氏病的个体看起来是男性，因为Y染色体有雄性化的作用。患者会长得相当高，但可能会有部分的乳房发育。与此相反，还有一种人的性染色体组合为XYY，每850个新生儿中会有一例。这种人长得也很高，认知机能多半受损，这可能是因为多了一条Y染色体导致了某种机体失衡。这份名单还能列下去。先天性肾上腺增生（CAH）格外罕见，每16000名新生儿中才有一例，跟暴露于过高的雄激素中有关，因为肾上腺会分泌雄激素和其他激素。当先天性肾上腺增生发生于男性身上时，没多少影响；但发生在女性身上时，就会导致行为的男性化，比如更为吵吵闹闹。肾上腺钝感综合征同样很少见，大概每10000人中有一例。它在染色体为XY的个体（即遗传上是男性）身上更明显，患者的肾上腺受体丧失功能或功能异常。患这种病的人看起来像女人，青春期时会长乳房，还有女性生殖器，看起来是女人，但遗传上是"男人"。他们缺少女性的内部生殖器：没有子宫，没有输卵管，也没有卵巢。

此外，自然，还有"性别弯曲"刻板印象的案例，更为人熟知：某些男人（因为我们的生物构造，以某种现在还没有被理解的方式）选择跟男人发生性行为，而某些女人则选择跟女人发生性行为。然而，繁殖就是另一码事了。同性性偏好并不否定男人或女人的性别，后者由生物学上精子制造者或卵子制造者的身份来确定，跟一个人的色欲或情爱倾向无关。这同样也适用于胡须、乳房或生殖器的存在与不存在：尽管性别（即一个人的社会角色，被界定为男人或女人）令人着迷，也值得令人着迷，但它并不强迫我们再次思考性的生物意义或进化影响，也就是作为男人和女人代表什么。事实就是，除此之外，某些人很容易就被归类为男人或女人，但这并没有让男性或女性变得不再有用或不再重要，或在生物学上变得不再有意义。

一天里的某些时候，很难被轻易地归类为"白昼"或"黑夜"，因此留意到被称为黎明或黄昏的各种中间状态，我们就能更好地欣赏自然界的各种细微差异。但这些中间状态的存在并没有减少白昼或黑夜的意义：在大多数时候，它们的存在就像白昼与黑夜的差别一样不同。我们使用言语，以便让自己能精确说出（以及思考）我们周围的世界，即便总有这样的风险，即我们会错误地认为某些标记（比如"男人"或"女人"）代表它们所指代的东西。但毫无疑问，现实中存在着真实的"事物"，它们需要被识别，即便有时现实比很多人所能想象的还要模糊不清。

另外，随着对生物性所赋予我们或强加给我们的种种内在倾向的了解，我们就能最大程度地摆脱进化的束缚。我倾向于认为，你正在读的这本书建立在牢固的事实基础上，绝非一部大男子主义之作，或心胸狭隘的生物学读本。无论如何，我希望能清楚地把事实跟思辨区分开来，并确定人类自由和个人可能的实际领域，以提供某种帮助超越我们自身大部分生物性的潜能：但前提是我们要敢于知道。

第二章
狂暴的男人

这是一个惊人的事实。如果我们能够消灭男人制造的暴力，那么我们就能完全摆脱暴力。被我们称作"杀人机器"的东西，无论是士兵、刽子手、猎人，还是大屠杀的执行者，绝大多数都是男人。黑社会的打手和杀手，比如暴力帮派，也主要由男人构成。从学校、影院、邮局的捣乱破坏，到遍布世界的恐怖袭击，这些大肆杀戮的肇事者通常都是男人。假如你听说有人杀害或致残他人，那么罪魁祸首几乎总是男人。当然，男人也几乎总是这些暴力事件的受害者（即便程度上稍弱一点）。

同样的情形，也适用于无数私下里发生的暴力事件。它们没有获得举国关注，却是许多个人悲剧的主要内容。诚然，偶尔会有莉齐·波顿（Lizzie Borden）和类似她这样貌不惊人的女杀手，但每一个邦妮背后都会有一百个克莱德[1]。男性的野蛮人和杀人犯是如此之多，他们在当地的报纸上几乎都登不了头版头条，而他们的

---

[1] 邦妮和克莱德是好莱坞电影《雌雄大盗》中的女主角和男主角，两人结伙抢银行，还杀害无辜，最终被警方击毙。该片由真人真事改编而成。

女性同类很容易就能出名。一个男性杀人犯，哪怕是杀了自己的孩子，也得不到多少关注；而一个母亲如果杀了丈夫或孩子，马上就会成为新闻。对一个男人来说，若要获得差不多的社会反响，他一定得犯下格外可怕的罪行，比如像连环杀手特德·邦迪（Ted Bundy）、杀人狂安德斯·布雷维克（Anders Breivik）或食人魔杰弗里·达默（Jeffrey Dahmer）那样，或者他必须是一个大名人，比如遭受谋杀指控的辛普森[1]。暴力对美国人来说就是苹果派[2]，也可能不是，但对男人而言，暴力就是你能想到的一切。

假设有一条聪明的鱼儿，我们向它打听，要它描述自己的周遭环境。可以肯定，我们绝不会知道的一件事就是，"四周太潮湿了"。跟我们这位假想的朋友一样，面对过于常见的情形，我们都会视作理所当然，不予关注。

在任何一种人类社会中，暴力的男性化如此势不可当，稀松平常。因此一般都不会被人发现。它其实就是我们畅游其中的海洋，换句话说，男人过多地成为暴力行为的肇事者看起来如此自然，因而我们需要耗费很大的力气才能评估它有多么重要，多么不可思议。威廉·詹姆斯（William James，既是哲学家又是美国第一位心理学教授）曾大为惊讶。他发现，要跟我们自身的倾向保持足够的距离，才能"从自然中看出怪异"，这件事格外艰难，也格外重要。因此，他问道：

---

[1] 全名 Orenthal J. Simpson，美国著名橄榄球明星。1995 年，辛普森被怀疑谋杀了前妻和好友而被指控，因证据漏洞而被判无罪。这场案件全美关注，加之辛普森聘请了阵容豪华的天价律师团，常被称为"世纪审判"。

[2] 苹果派是一种典型的美式食品，本句中可作"家常便饭"理解，意为暴力对美国人而言稀松平常，格外普遍，就像苹果派一样。

为什么我们受人恭维时微笑，而不是皱眉？为什么我们不能像跟一个朋友交谈那样对众人说话？为什么某个特别的少女会让我们神魂颠倒，丧失理智？一般人只会说，我们当然微笑，我们当然面对众人时紧张，我们当然爱某个少女，因为美丽的心灵穿上了完美的外衣，如此显而易见，如此千真万确，这是为了让人永远被爱！因此，大概每一种动物都会感觉到某个物体出现时它倾向于感觉到的东西……对狮子来说，是母狮子；对熊来说，是母熊。对于一只抱窝的母鸡来说，下面的观念看起来很荒谬，不可理喻：在这个世界上，应该有这么一种动物，对它们而言，一满窝的蛋并不令人目眩神迷，也不怎么珍贵，而且也不是那种你可以安安稳稳趴在上头的东西。因此，我们可以肯定，某些动物的本能无论在我们看来多么神秘，我们的本能对它们而言只会同样的神秘。[1]

倘若人类的暴力真的很奇怪，也就是说，暴力极为罕见，以至于我们平时都难以遇到，也难以想到，那么事情就会很可爱。但实际上，暴力很普遍。同样普遍（在较弱的程度上也被认为理所当然）的是这样一个事实，男人几乎要为所有的暴力负责。为了理解这一现象，我们需要遵循詹姆斯的忠告，让男人犯下的暴力行为从自然转为怪异，以便我们能专心地考察它。

很少有什么说法会像"性别大战"一样陈腐不堪。然而，跟通常发生在同一性别内真实的暴力打斗相比，性别大战简直就是小菜一碟，而这种同性斗争大多数时候都发生在男人之间。此外，还有一个常被滥用而未受正确评估的说法是"愤怒的年轻人"，它首次出现于约翰·奥斯本（John Osborne）1956年的剧本中，名叫《愤怒回首》(*Look Back in Anger*)，接着就被跟一代英国作家联系了起来，这些人对自己的社会地位不再抱有幻想。但实际上，年轻人未必要在英国才会愤怒，才会诉诸暴力，而一夫多妻制跟他们的愤怒有着莫大的关系。

暴力是一个国家问题，也是一个世界问题。大致而言，它是一件男人针对其他男人的事情。在老城区，许多犯罪的肇事者和受害者绝大多数都是少数族裔。同样，绝大多数暴力的加害者和受害者都是男人自己。我这么说，不是要把女人浪漫化或理想化，也不是要否认女人有时候也很恶毒、残酷，甚至凶暴和致命。我这里只想强调，在谈论暴力时，这两种性别绝不在一个数量级上。

汉斯·摩根索（Hans Morgenthau）是20世纪政治学领域的一位巨擘。他曾经说过，政治就建立在男人对权力的竞争上，而这种竞争反过来又受到三种冲动的驱策：生存、繁殖和统治。摩根索教授的话有道理，但他可能有兴趣了解，第一种和第三种冲动本身就是实现第二种冲动的近似手段罢了，真正在生物学上举足轻重的是第二种冲动：繁殖。说到底，为什么动物要生存，它们又为什么要统治，背后的根源就是繁殖。繁殖的终极力量解释了为什么男人特别热衷于统治，偶尔还会因此把他们的渴望推向暴力的极端。我们有理由不觉得奇怪，蛮横被普遍认为（当然很正确）带有男子气概，而相反的倾向即羞怯，被认为是女性气质。（当被告知他的某位高级政府要员在越南问题上成了一个鸽派时，林登·约翰逊[1]咆哮道："该死，他得蹲下去才能撒尿。"）

在我们的行为剧目中，跟其他条目一样，人类的暴力也是种类繁多，提出"暴力都是因为某个单一原因"这样的说法未免显得很

---

[1] Lyndon Johnson，美国第36任总统，在职期间积极介入越南战争，深陷其中而不能自拔，引发民众抗议，声望不断下降。

鲁莽。的确，不是所有的暴力都来自我们一夫多妻制倾向的怂恿，也不是所有的暴力都由男人发起。然而，男人的责任远远多于他们理应负担的"公平份额"，正如他们也不成比例地成了暴力的受害者一样。所有这一切，都使得一夫多妻制成了暴力问题的罪魁祸首。往回拉，能量就被弓所俘获，以便把箭射出去。同样，一夫多妻制引发了大多数的紧张状态，从而导致了暴力的发生。

平均而言，男人的块头比女人大20%，我们有信心将这种差异产生的原因归结为一夫多妻导致男人之间要进行同性竞争。但在某种程度上，女人也要为这种性别二态性负直接责任：在整个世界范围内，女人选择配偶时总是倾向于选高大而非矮小的男人。² 一般来说，无论是男人还是女人，他们都希望自己的配偶比一般人高——这让人想起了乌比冈湖[1]效应，"所有的孩子都高于平均水平"。有这么一个研究，名为《把事实从虚构中分离：对在线约会简介中欺骗性自我呈现的考察》（Separating Fact From Fiction: An Examination of Deceptive Self-presentation in Online Dating Profiles），发现男人比女人更倾向于就他们的身高说谎，从而证实了男人意识到了女人的这种偏好。³ 对那些经常在身高上遭受别人碾压的人（特别是男人）来说，这消息令人沮丧。除此之外，这一发现还为一夫多妻制和性别二态性之间的因果关联增加了另一个原因：男人的块头为什么变得那么大，可能不只是因为有助于他们在同性竞争中获得成功，还因为女人更喜欢大块头的男人。这种偏好的产生，可能是因为大个子的男人更有能力保护女人和她们的孩子，另一个原因则是"性感儿子假设"，我会在第三章中详细讨论。

---

[1] "乌比冈湖"（Lake Wobegone）是美国广播节目主持人、幽默作家加里森·凯勒尔（Garrison Keilor）杜撰的一个小镇名，镇上"女人都很强，男人长得都不错，小孩身高都在平均水平以上"，不过其实这里发生了很多可笑的事，镇上居民也并不聪明。

对于一夫多妻的男人以及潜在一夫多妻的男人来说，他们能获得诸多好处，所有的好处都朝着同样的方向：（1）接触更多的女性；（2）一旦接触，就保持这种接触；（3）避免成为进化的失败者；（4）能够捍卫自己的配偶和孩子。还有最后一个回报，即女人（哪怕只有一小部分女人）会主动追求携带某些性状的男人，而这些性状跟成功的一夫多妻密切关联。诚然，这些行为也有代价，特别是很可能被殴打，甚至被杀死，以及"暴力忽视"——这是一种有趣的现象，即那些格外热衷于暴力行为的男人，因为太沉湎于打打杀杀，很可能无法对他们的伴侣和孩子给予充分的关注。

因此，即便在一夫多妻最严重的情况下，男人也会被塑造为一个战略家，而不是一个只会蛮干和冒险的鲁莽之徒。想一想我们前面提到过的性双熟现象吧：在一夫多妻制的动物中，雄性只有在足够高大、强壮和聪明的前提下，才会进入斗争激烈的竞技场，也才能在打斗中站稳脚跟。

在所有的侵犯和暴力（甚至有更多在酝酿）之中，值得留意的是这样一项著名的研究，该研究调查了世界上37种文化中人类的择偶偏好，在13个因素中排名最高的是"友善和理解"，[4]而这对男人和女人都一样。

然而，这一事实不应该掩盖男人在侵犯和暴力中扮演的令人遗憾的角色。乍一看，我们就能发现它们是很明显的第二性征。如前所述，男人不仅比女人肌肉多，甚至把体型的影响排除之后，他们还是拥有更多的肌肉。面部毛发也有关系：胡须让男人的脸看起来更大，更有威慑性，也使得面部表情变得更隐蔽。（诚然，这留下了一个尚未解决的问题，即为什么某些人群的面部毛发比其他人群少很多。）

无论有没有胡须，那些年轻而相对独立，因此在繁殖上不成功的男人很像我们在第一章中提到的单身象海豹，他们早就被排除出了一片相对和平的稳定领域，而这片领域能带来繁殖的回报，由成功的后宫主人和难以触及的适婚伴侣构成。在某种意义上，这群单身汉已没有什么可以失去，也没有什么地方可以去，因此他们变成了冒险者，通常情愿参与暴力活动，甚至是把它作为自己生存下去的最后手段。对1982年底特律凶杀案的仔细分析表明，有一个时期，该城市的整体失业率达到了11%，这时参与犯罪的人中，41%的肇事者和43%的受害者自身都没有工作。[5] 针对这一现象，心理学家马丁·马戈·威尔逊（Martin Morgan Wilson）和马丁·达利（Martin Daly）[1] 提出了一个恰当的说法——"年轻男子综合征"。

涉及财产的犯罪，也有同样的模式。男人并不总是比女人穷，但他们对贫困的反应大不相同：他们特别喜欢拿走原本属于别人的东西。事实上，女人唯一比男人犯罪严重的领域是卖淫（有些人会说，这并不是犯罪行为，而是一种成人间的交易）和商店盗窃，跟男人主导的抢劫相比，它们被认为具有更少的人身攻击性。

另外一个区别是，当女人使用暴力时，多半是为了防御，比如一个女人杀死一个男人，常常是因为这个男人虐待自己，或虐待她的孩子。有趣的是，在动物中也是这样。比如，一头携带幼崽的母熊偶尔会变得狂暴不已，就跟其他为了保护幼崽而发狂的雌性一模一样。因此，女人的攻击行为通常是一种回应，而男人更多的是挑衅，他们发起暴力，实施的是真正富有"侵略性"的行为。

为什么同样年轻而相对独立的女人就没有类似的问题？可能她们也一样。纵然如此，但这种倾向在女人身上会大幅减弱，部分原

---

[1] 威尔逊和达利是一对来自加拿大的进化心理学家，两人是夫妇，他们最著名的作品是《凶杀》（*Homicide*），出版于1989年。

因是文化规则通常阻碍女人使用暴力。几乎可以肯定，这一社会期望背后有这样一个事实，即女性的生物学针对何谓成败作了相应的微调。否则，倘若侵犯和暴力方面的男女差异仅仅是一种社会期望的随意结果，那么我们就可以预测，至少某些社会存在完全相反的模式。可惜，这样的社会并不存在。为了理解其中的原因，男人跟女人以及精子和卵子的基本区别，再怎么强调都不为过。一个单独的精子制造者可以同时让不计其数的卵子受孕，而在保有后宫妃嫔的动物中，这就是现实。结果，每一个后宫主人的光辉业绩，都建立在一大批单身汉失败的代价上。有多少这样的倒霉蛋呢？倘若平均而言，一个后宫里有 F 个女人，那么每一个后宫主人就对应着 $(F-1)$ 个失败者。比如，假如每一个后宫主人拥有 10 个女人，那就意味着通常有 9 个男人没有配偶。

另外，对于在一夫多妻制下的女人而言，没有配偶是非常罕见的事。几乎所有的女人最终都会进入一个男人或另一个男人的后宫。这就减少了女人诉诸暴力甚至侵犯的压力，因为这样的危险行为不会带来任何特定的繁殖优势。通常，要让自己的卵子受精并不是什么难事，特别是在任何一个时间点，可用的卵子也没有很多，而那些制造精子的男人不仅仅会批量生产数目惊人的"小蝌蚪"，也格外渴望把他们散播出去。如前所述，这种渴望是如此迫切，以至于它会引发男性之间充满侵犯和暴力的竞争。

黑猩猩和倭黑猩猩，尽管它们跟人类有着密切的种系发生学关系，但在谈及我们"自然的"择偶系统时，作为参考模型实际上很不合适。这两种动物都生活在复杂多变、某种程度上甚至是无组织的社会群体中，其中有多个雄性多个雌性，这种择偶系统被称为"多雄多雌"，该术语本身就反映出它同时具有"一夫多妻"和"一妻多夫"的特点。倘若你从前从未听说过多雄多雌的说法，也不奇怪,因为它的确是一种很不寻常的择偶系统,只在一小部分脊椎动物中发现过,而在其他灵长类动物中不存在。

很显然,我们并非"自然而然"的一夫一妻制动物;同样明显的是,也没有任何证据表明,我们会以淫荡的态度对待一切。在《人类的由来及性选择》(*The Descent of Man and Selection in Relation to Sex*)一书中,达尔文写道:"人类很可能曾经过着……多配偶制的生活,或短暂的一夫一妻制生活。"

> 毫无疑问,他们会尽其所能,以保护他们的女人免受各种敌人的伤害,并且会为了她们和她们孩子的生存而打猎。最强大、最能干的男人会在生存斗争中获得最大的成功,也会获得最有魅力的女人。

人类彻头彻尾的性放纵,仅仅存在于某些人头脑发昏的幻想中。比如,存在于凶残的《性在黎明》(*Sex at Dawn*)[6]一书中(我们在第九章还会详细讨论这一点);存在于西格蒙德·弗洛伊德的追随者中,他则对"原始部落"提出了高度臆测和极不科学的解释;存在于某些人类学家之中,他们受了19世纪美国本土文化学者刘易斯·亨利·摩尔根[1]作品的影响,而他却错误理解了易洛魁社会的性质,误认为母系现象(从母亲一系追踪亲缘关系)就是淫荡放纵。但事实上,对人类来说,性滥交从来没有被报告为一种标准的择偶模式。[7]

在少数情况下(其实也不那么罕见),一个实行"入赘"的人

---

[1] Lewis Henry Morgan,美国著名人类学家和民族志家,代表作是《古代社会》(*Ancient Society*)。

类社会意味着，丈夫被期望搬到他妻子家中，跟她和她的家人居住在一起。结果就是，妻子比她们的丈夫能获得更多社会支持。毫不奇怪，在入赘社会中，女人更倾向于表现她们追求多个配偶的倾向：她们更可能参与婚外恋，也更不可能因此而受惩罚。此外，在这样的情况下，她们也更容易离婚。人类学家调查的社会中有大概四分之一都是入赘型，这就意味着四分之三的社会都是从夫居，而这就会导致父权制，以及一夫多妻而非一妻多夫倾向的放纵，不管这种放纵是社会认可还是私下默认。这是因为，在这种情况下，社会生活发生于由丈夫的亲属构成的社交网络中。

黑猩猩可以极富侵略性，甚至会谋杀其他群体中的雄性。而雌性虽然经常跟不同的雄性交配，但有时候，一只雌性会跟某个雄性离开所在的群体，形成"结伴"关系，它们只跟对方发生性行为。有一件跟睾丸有关的逸事值得一提：无论是黑猩猩还是倭黑猩猩，它们睾丸体积就成年个体的体型来说都显得很硕大，这强烈表明在一个群体中，雄性之间的同性竞争极为惨烈，虽然这种竞争主要发生在每个雌性的生殖道内。

相比之下，在大猩猩中，雄性间的同性竞争发生在身体层面而非精子层面。支配性的后宫主人，即"银背"雄性会通过击败和恐吓其他雄性来获得他们的地位。他们不需要制造大量精子，因为没有其他雄性会跟他们的"女人"交配。于是，尽管他们身材高大，力量惊人，但雄性大猩猩的睾丸长得微不足道。人类的睾丸尺寸，跟他们的体重相比，更接近于大猩猩而不是黑猩猩或倭黑猩猩。这一事实进一步支持了这样的观点，即人类的交配以及雄性间的同性竞争发生于跟黑猩猩或倭黑猩猩截然不同的场景下，更接近于大猩猩那样的一夫多妻制。

这里，我要重复前面提到的一个重要观点，即无论现在还是过去，没有任何一个人类社会的交配是按人皆可夫、人皆可妻的模式进行，就像黑猩猩或倭黑猩猩那样淫荡放纵、随心所欲。弗朗斯·德瓦尔（Frans de Waal）[1]是研究黑猩猩和倭黑猩猩的顶级权威，他说道：

> 从女性的视角来看，黑猩猩社会看起来是个更有压力的安排。雄性黑猩猩的确会跟雌性分享食物，而大多数时间里也都能善待她们；但是雄性拥有至高无上的支配性，从来不会帮助照料孩子，因为孩子有时会给他们带来威胁。雄性黑猩猩一块儿打猎，一块儿参与领地纷争，享受一半友情、一半竞争的同伴关系……在雄性结盟和政治方面，黑猩猩在所有大猿中拥有最像人类的社会组织。然而，在谈到照料幼儿时，他们依然跟我们鸿沟巨大；在他们那里，这纯粹是雌性的分内事。
>
> 倭黑猩猩社会也跟我们分享了许多重要的特征，比如雌性之间会结伴，比如有些性行为不是为了繁殖。雌雄两性的关系，看起来在他们那里比在黑猩猩那里更宽松。然而很明显的是，涉及两种性别的稳定的家庭安排并没有出现在倭黑猩猩中……到处都有人坠入爱情，到处都有性嫉妒，我们也晓得什么是羞耻，会找个隐私的地方性交，会在寻找母亲之外寻找父亲，会重视稳定的伴侣关系，这些在人类中都很寻常。我们这一物种，早已在数百万年的进化史过程中适应了围绕着繁殖单位而建立起的社会秩序……而类似的安排，无论在黑猩猩还是倭黑猩猩中，都不存在。[8]

---

[1] 德瓦尔出生于荷兰，是著名的灵长类学家和动物行为学家。他的代表作是《黑猩猩的政治》，该书深刻地揭示了"政治的起源比人性更古老"。其他作品还包括《猿形毕露》《灵长目与哲学家》，等等。

把黑猩猩和倭黑猩猩放一边，把人类放在另一边，两边的择偶系统迥然不同。关键差别就在于，两者跟后代之间形成了不同的关系（我会在第四章细说这一点）。正如德瓦尔所言，

> 雄性黑猩猩倾向于攻击别的黑猩猩的婴儿，以便除掉它们，以增加自身的繁殖成就。而雌性黑猩猩的反击策略就是混淆父亲的身份：如果所有的雄性都是潜在的父亲，那么他们没有谁有理由伤害黑猩猩幼崽。在倭黑猩猩中，雌性把这一策略运用到了更加复杂的地步，她们还借此强化对雄性的集体统治，这种双重手段已成功地消除了可怕的（杀婴）诅咒。

无论如何，显而易见的是，黑猩猩、倭黑猩猩和人类代表了不同的体系，受到了不同进化策略的驱动。雌性倭黑猩猩进化出了社交行为，而雄性之间的同性竞争也异常低调（除了在制造精子方面），因为为了某个特定的雌性而搏斗已丧失了意义，雄性倭黑猩猩的周围总是有大把可以交往的雌性。相比之下，雄性黑猩猩变得更爱竞争，也更爱合作，他们常一起打猎，共同捍卫领地。但正如德瓦尔恰如其分地指出的那样，黑猩猩的社会中充满了"杀婴诅咒"（我会在本章稍后讨论这一现象）。

雄性黑猩猩很容易参与激烈的打斗，有时甚至会因此毙命。这样做，通常是为了跟其他雄性结盟，偶尔会因繁殖机会遭受威胁而降级为一对一的单挑。但雄性倭黑猩猩就不会这么做。雌性的猿类和猴类经常把它们自己组织起来以占据支配地位，但很少伴随在雄性中常见的暴力现象。支配等级，尽管被很多人认为带有侵略性，但通过建立"谁支配谁"的社会规则，这一体系反而在事实上减少了公开的竞争。雄性违反他们的社会等级，通常要比雌性做同样的

事付出更大的代价。在大多数人类之外的灵长类中，假如某个雄性试图跟另一个雄性的伴侣交配，就会遭到攻击，有时还会被杀死。再一次，读者想必都能明白，做出这种"出格"举动的雄性要付出沉重的代价，因为任何这样的尝试假如成功，都会让另一只雄性承担相应的代价，他的繁殖前景将因此而暗淡，所以他会不惜一切代价阻止这样的惨剧发生。一个卵子只能被一只精子进入。

在所有人类携带的表明一夫多妻制的标记中，男性强烈的暴力倾向可能最戏剧化，这体现在很多方面：在任何一种一夫多妻制的动物中，雄性总是更可能发起侵略，更可能升级暴力，也更可能比雌性或更年轻的雄性在暴力中获胜。若是对动物的打斗装置或策略感兴趣，想了解这方面的信息和评论，请参考道格拉斯·埃姆伦（Douglas Emlen）的著作《动物武器：战斗的进化》（*Animal Weapons: The Evolution of Battle* [9]）。在灵长类动物中，雄性会格外积极地保护他们的配偶，而雄性的猿类和猴类就不会做同样的事。此外，倘若他们探测到某个潜在的性闯入者出现，特别是对方又是雄性时，他们就很容易紧张不安。简而言之，男人的性嫉妒很强烈，经常演变为暴力，而原因现已昭然若揭了。

相比之下，在已有的后宫中，一个初来乍到的雌性将遭到其他雌性的抵制。我们完全可以预见，如果雄性跟某个雌性交配，那么其他雌性就会闷闷不乐，主要的原因就在于这会增加额外的后代，而他们会跟自己的后代争抢资源。但在任何通过体内受孕而繁殖的动物中，雌性至少都能确信她们的孩子就是自己亲生的，而无论雄性多么喜欢跟其他雌性勾搭。然而，雌性的勾搭，无论是主动寻找婚外情还是仅仅屈从于某个雄性闯入者，都会对她的合法伴侣构成进化成功路上的直接威胁。把这个场景翻译为进化遗传学的术语就是,那些使得雄性容忍新来雄性的基因,跟那些导致不容忍倾向的基因相比,随着时间的推移,几乎肯定会留下较少的代表。

同样的情形适用于面对配偶不忠而不容忍的情况。而且再一次,尽管丈夫的不忠会给"幽怨"的妻子带来严重的痛苦,但从进化的角度可以预见的是,存在一种泛人类、跨文化的普遍性,即妻子的不忠不只是更可能诱发情感的痛苦,还会导致直接指向妻子和她情人的暴力行为。实际上,发现或怀疑对方不忠,被认为是导致虐妻和杀妻的最常见原因。[10]

直到20世纪70年代,在美国的好几个州,假如丈夫当场抓住妻子和情人通奸,杀死他们也是完全合法的举动。[11] 根据得克萨斯州1974年之前的法律,"杀人合法,只要丈夫采取的这种行动是在通奸行为发生过程中,只要这种杀戮发生于两个人分开之前"。简而言之,不要在得克萨斯州乱搞!然而,如果丈夫为妻子和另一个男人勾搭而做安排,目的就是要"发现"他们在一起,然后杀死妻子的情夫,这就犯法了。得州法律继续指出:"这种情况无法证实杀戮的合理性,因为看起来,在丈夫这边,这么做带有纵容或同意通奸的意味。"这样的行为被认为在法律上合理,恐怕就是认定大家深刻意识到了,当一个男人的"性"权利被损害时,暴力是一种自然的结果。我们不需要耗费多少力气就能明白,在这种情形下,性权利实质上就是繁殖权利的表现。

得州20世纪的一个案件走得更远,同时允许被戴绿帽子的男人杀死不忠的妻子,尽管这种解释后来出现了逆转:

> 1924年7月5日,杰西·比林斯走进他家的客厅,发现妻子多莉正在跟霍利·霍利菲尔德做爱。他一声不吭,拿了一把斧子,

"当场砸碎了霍利菲尔德的脑袋"。接着，他抓住妻子，也把她殴打致死。比林斯因为谋杀了他的妻子而被判罪（但杀死霍利菲尔德被裁定合法）；在上诉中他宣称，根据刑法，他杀死霍利菲尔德和他妻子是合法的。尽管早前有好几个相反的案例，但在比林斯上诉政府（1925）的这件案子中，法律拒绝了比林斯的申诉。法院认定，刑法的语言很具体，它并没有暗示说一个丈夫要是抓住了妻子通奸，就有权杀死她。[12]

有趣的是，得州法院也拒绝把豁免权给予妻子，不允许她们杀死丈夫的情妇。佐治亚州也有类似的法律，一直执行到了1977年，不过该州走得更远，允许妻子杀死丈夫的情人。值得留意的是，得州法律可认为是围绕着男性的怒火中烧而建立，但佐州当局则把杀死性闯入者合法化，认为这是自卫的一种特殊情况，该州法律也允许父亲杀死女儿的情人。（其实，这样的规定更准确的描述应该是"基因防御"。）顺带说一下，性闯入者并没有法律授权可使用致命手段保护自己。

在佐州的一个案件中，有个名叫 J. O. 森索堡的男人被戴了绿帽子，发现自己的妻子正在跟情人通奸。他承认说，自己本可以杀死那个男人，但并没有这么做，而是用枪指着奸夫说"我不想杀了你"。森索堡把那个男人绑了起来，找了一把锋利的刀，割断了他的阳具。而刑事诉讼法庭维持了对这位丈夫加重攻击罪的裁决，罚款300美元，在郡监狱服刑30天。

直到1973年，新墨西哥州和犹他州依然规定，假如丈夫抓住了妻子正在通奸，那么就可以采取致命行动（自然是针对其他男人）。不过，在新墨西哥州，这种行为被视作在生物性上可以原谅，而非在社会性上值得钦佩。

"这一法律的目的，"新墨西哥州法院写道，

> 并非报复。它很人道。它承认，当一个男人面对妻子败坏名声的行为时，会立即产生难以控制的激情。它仅仅是说，在这种情况下，一个男人杀了人并不会受惩罚；这样做不是因为他做了某种高尚的行为，而是因为他以自然而人道的方式行事。

某个貌似琐碎而细节的东西，引发了人们在法律上的极大关注：倘若发现妻子跟另一个男人通奸，丈夫在多大程度上能清楚地知道妻子是在主动投怀送抱？在一种情况下，听到床在咯吱咯吱的响动就够了。而在另外的情况下，发现妻子穿着内衣跟另一个脱了鞋的男人在一起就可以。[13] 在 1974 年从刑法典中被删除之前，得州法律认为，丈夫杀死妻子的情夫合法，从而导致了一些有趣的结果。比如，1971 年，戴维·史密斯惊讶地发现，威廉·萨姆纳居然跟他老婆上床，于是史密斯开枪杀死了萨姆纳，而对方的妻子紧接着就尝试申请萨姆纳 5000 美元"意外死亡"的人寿保险。保险公司否认索赔，指出犯了通奸罪的萨姆纳不能被看作意外死亡；相反，他的死在某种程度上相当于自杀，至少在得州是这样。不过上诉法院推翻了这一说法，指出即便得州法律允许一个"狂怒"的丈夫杀人，但通奸者也不必预期死亡就是他这一行为的结果："通常，大多数丈夫并不会通过杀人来惩罚这样的错误，而是通过向法院申请离婚的方式解决它。"也许，这就是一份对基于生物学启示的法律条目的认可。

然而到了 2007 年，在得州的另一个案件中，有个名叫德文·拉萨尔的男人被杀。肇事者名叫达雷尔·罗伯森，他是特雷西·罗伯森的丈夫。当时，罗伯森回到家，不料发现妻子正在拉萨

尔停在路边的皮卡车上跟他忙着做爱。一看到丈夫，特雷西·罗伯森就大叫她被强奸了，而事实上她跟拉萨尔是情人，因为在早前发给拉萨尔的一段短信中，她说："嗨，朋友，请一定来看我！我渴望你的温暖怀抱！就怕你不能完全理解啊！！！给我打电话。"[14]

罗伯森夫人后来被判定过失杀人罪，监禁五年，因为她诱发了基于虚假指控的一场杀戮。这导致了一条扎眼的头条新闻："据称丈夫杀死了妻子的情人，妻子被指控。"陪审团的结论是，达雷尔·罗伯森杀死德文·拉萨尔时，他以为自己正把妻子从强奸暴行中救回来（否则就会严惩通奸这一行为），事实上却杀了妻子的情人。而此前，妻子脑筋转得很快，在绝望中大喊一声"强奸"以自救——大概没有细想她丈夫会做出怎样的致命举动。

历史上，在很多文化中，杀死一个通奸的妻子或她的情人，不仅会被宽恕，还常常受赞扬。在雅浦岛（Yap Island）[1]，一个被戴绿帽子的男人"有权利杀死他妻子和通奸者，或者把他们烧死在房子里"。在苏门答腊岛一个名叫图巴巴塔克（Toba-Batak）的部落里，"受伤害的丈夫有权利杀死通奸时被抓到的奸夫，就像他在自家稻田里杀死闯入的一头猪一样"。东非的努尔人（Nuer）认识到，"一个男人在通奸时被抓住，就可能受到严重伤害，甚至可能被那个女人的丈夫亲手杀死"。在乌吉欧岛（Wogeo Island）的美拉尼西亚人（Melanesian）中，听到当地的知情人描述说"那个被冤屈的丈夫怒火中烧……他就像一个家里的猪被偷了的人一样"，每个人都能理解那个男人很愤怒，比猪被偷了还愤怒，也都预计那个男人会有这样的感受。这些可不是孤立的罕见案例：但凡有人的地方，就有这样的情况。[15]

---

[1] 位于西太平洋的卡罗林群岛（Caroline Islands）中。——作者注

切记，男人的致命性毫无疑问是存在的，特别是在性竞争的情况下，而且假如这种竞争是即时的，涉及对一个男人性权利和性财产（也就是女人）的直接接触时，就更致命了。一个有趣的问题是，跟一夫一妻制相比，是否这样的暴力更可能发生在一夫多妻制的社会中？在一夫一妻制的动物中，某个雄性的繁殖成败完全取决于他的配偶。因此，如果是百分之百的一夫一妻制，那么任何两个雄性之间都没有区别。于是，我们可以预期，在一夫一妻制情况下，跟他们一夫多妻制下的同伴相比，男人对自己伴侣的性不忠更不宽容，也会对他们伴侣的情人更暴力。

目前，我们还不知道一夫多妻制是否会增强男人的性嫉妒，尽管有一些证据表明会。我们早已留意到，一夫多妻制的一个作用是导致性别二态性，男人被自然选择塑造得更庞大也更凶猛，主要是因为这样的个体在同性竞争中更可能成功，从而成为后宫的主人，最后留下自己的后代。结果，拥有后宫的男人可能已被进化配备了各种各样的身体武器，他们具备更强的侵犯性倾向，也更容易陷入暴力冲突。在他们对"自己"女人的性垄断遭受威胁时，他们更可能做出激烈反应。

保有后宫的男人使用各种严酷手段以保护自己的成群妻妾，这样的事在历史上屡见不鲜。当后宫主人特别强大（无论是在身体上还是在社会上）时，后宫规模就会很大，这些女人就会遭到严密监视，通常由宦官负责。侵犯这样的后宫的确危险，违法者会被处死，首先被阉割然后被杀死的情况也不少见。这可能是因为，妻妾成群的男人格外容易对女人吃醋，就像富甲天下的人特别担心失去他们的财富。在歌剧《乞丐与荡妇》（*Porgy and Bess*）中，我们听到了这样的唱词："人们总是有了还想有，而我却一无所有。给门上一把锁，害怕有人进来偷，嗯，还想着到外面找更多。"

在进化的计算中,"更多"会转变成更多的孩子。偷窃呢?则是偷窃其他人的基因财产。

不管怎么说,无论一夫多妻制是否会比一夫一妻制引发更多的男性暴力,毫无疑问,狂暴的伴侣看护只会发生在这样的一个世界上,即(至少是一部分)女人愿意跟其他男人勾搭上床。社会禁忌不会禁止人们不会做的行为。正如没有正式的规定禁止人们吃狗屎,因为没有人会这么做一样,无数的国内法禁止谋杀、偷窃、觊觎邻居的妻子,等等,因为"人性"就是这样,即有时候人们倾向于做这些破事[1]。倘若女人不是一妻多夫式的(有时会选择跟多个男人保持性关系),那么男人(无论他们是否倾向于一夫多妻)就首先不会倾向于以暴力保卫伴侣。

即便不看守配偶,男人的侵犯和暴力也很容易就能为肇事者带来繁殖收益。得克萨斯大学的进化心理学家戴维·巴斯(David Buss)列举了侵犯和暴力能为个体带来的诸多好处:"剥夺别人的资源,抵御他人的侵犯,建立别人不敢侵犯的威慑名声,给对手带来损失,从社会等级中往上爬,阻止同伙的背叛,除掉影响自身适应的后代,以及获得新配偶。"[16]

重要的是,一个男人杀死另一个男人,这种可能性在财富悬殊的社会更大,因为在那样的情况下,男人会特别有压力,要出人头地,以便得到女人并守住女人。有人可能会说,男人针对男性的凶

---

[1] 严格说来,不是任何行为都体现了人性,否则"你没有人性"这样的指责就丧失了意义。同样,乱伦禁忌的存在和乱伦事件的发生,并不能说明乱伦是人的天性。换言之,不是人类倾向于做的任何事都体现了人性。作者这里提到的"人性"可以理解为习性,即在后天环境中形成的种种行为倾向,它像天性,但到底不是。可以说,人性常在习性中体现,但不是所有的习性都体现了人性,因为有些体现了被扭曲、被损害的人性。

杀如此频发，根源是贫穷而非收入不平等本身，因为越是贫穷的社会在财富分配上也越是不平等。在这个问题上，加拿大提供了一个有趣的准实验场景，因为它的大西洋沿岸省份要比西部省份贫穷，而它们的社会福利政策则比西部省份更慷慨，因而使人与人之间的收入差距没那么大。事实表明，收入不平等能预测凶杀率，但总体的财富或贫穷则不能。[17]

一夫多妻以及它所伴随的繁殖不平等，只会发生在社会经济不平等的情况下。它本身就是不平等的一种表现，也会导致不平等，因为它在适婚的成年人中造成了性别比例的失衡。正如人类学家拿破仑·沙尼翁（Napoleon Chagnon）[1] [18] 曾经强调过的那样，假如一个男人拥有的孩子和女人等于他所"应该"获得份额的十倍之多，那么他必须以十倍的努力去支持、维系和捍卫他们，要么他就必须以十倍的努力从别的男人手里拿到这些东西。

男性暴力的各种收益，从资源获取到地位提升，最终都会转化为进化适应，而它意味着成功地把基因传递到未来。最明显的进化适应直接跟择偶成功有关。除了阻止性竞争者从而使得自身的父亲身份更确定之外，侵犯者还能获得其他人的东西（用学术语言讲叫"资源"），特别是其他男人的东西，从而获益。只要女人有选择丈夫的权利，那么在她们看来，拥有资源的男人总是对她和她的家人来说更有吸引力，而女方的家人通常会把他们的女儿卖掉，以便换取"聘礼"（这跟送给男方的嫁妆恰恰相反；关于这一点，我会在第四章详述）。

在伊斯兰教的法律中，一个男人最多有权享有四个妻子，而数

---

[1] 沙尼翁是研究亚诺玛米人（Yanomami）的先驱和权威，他于1968年出版了《亚诺玛米：暴烈之人》（*Yanomamö: The Fierce People*）一书，反响热烈。

量则严格地取决于他的收入。在传统社会中,男人的地位跟他妻子的数量联系紧密,而前者通常是通过暴力或威胁使用暴力获得的。沙特阿拉伯国王阿卜杜拉于2015年1月去世。他从来没有四个以上的妻子——我说的是同时。但就总体而言,他结过13次婚,留下了至少30个孩子。当然,具体有多少还有争议。而表面上,阿卜杜拉是一个"现代人"。

劳拉·贝齐格(Laura Betzig)收集分析了104个不同人类社会的信息。她发现,男人后宫(这是历史上专制社会的典型特征)的规模,可以根据他们的"等级权力"来直接预测,而这一概念简单地说就是"行使权力……可任意杀戮他们的臣民而不受惩罚的人数"。[19]

小国王的后宫规模通常在100人左右,而大国王的规模达到了1000人;至于皇帝,则是5000人甚至更多。类似的模式存在于全世界,尽管具体的细节有不同。在针对这个主题的最近一篇综述中,贝齐格得出结论,认为越是定居的生活就越要消耗能量,从狩猎采集者到牧民园丁,再到全职农夫,女性繁殖成就的范围和差异都没怎么变化,而男性的繁殖成就则不断提升。[20]

在每个社会中,特别是在男人中,不同个体的繁殖成就方面总有明显差异,这种现象有时被称为"繁殖倾斜"。在巴拉圭的狩猎采集部落阿契人中,一个猎手越是具有杀伤力,拥有的性伴侣就越多,留下的后代也越多。在密克罗尼西亚群岛的伊法鲁克人(Ifaluk)中,男人的财富和地位通过身体能力获得,特别是那种恐吓以及打败其他男人的能力,而这种能力反过来跟他们的繁殖成就密切相关。同样的现象也存在于世界上很多其他社会,比如现代肯尼亚的基西奇人(Kipsigis)[1],19世纪生活在美国的摩门教徒,以

---

[1] 他们的财富主要看牛的数量或土地多少。——作者注

及15至16世纪的葡萄牙人。

人类学家拿破仑·沙尼翁报告说,在委内瑞拉亚马孙丛林的亚诺玛米人中,杀死其他男人(这些人被称为 *unokais*)的男人拥有更多的妻子,以及更多的孩子。尽管这个发现有争议,把个人暴力跟"战争本能"区分开来确实也很重要,但显而易见的是,在亚诺玛米人的部落里,这些杀人者自称"猛人"。这样说很有道理。

沙尼翁说,这种凶残几乎总是跟对女人的性接触有关。他写道:

> 大多数战斗开始于跟性有关的问题:伴侣不忠或怀疑伴侣不忠、试图勾引另一个男人的妻子、性嫉妒、从战胜群体中强制瓜分女人、答应跟某个女孩结婚却毁约,以及(极少数情况下)强奸……对伏击(战争)的最通常解读是为了对以前的杀戮进行报复,而对于他们最初为什么打仗的最常见解释则是为了"女人"。[21]

当沙尼翁教授向他的访谈者解释说,某些人类学家相信亚诺玛米人打仗或偶尔发生"战争"是为了获得动物蛋白质时,教授被这些人告知,他们的确喜欢吃肉,但他们更喜欢女人。

历史学家罗伯特·麦克艾文(Robert McElvaine)写了一本书,名叫《夏娃的种子:重读两性对抗的历史》(*Eve's Seed: Biology, the Sexes and the Course of History*)。[22] 在这本书中,他把目光聚焦于各类现代(特别是美国和欧洲)社会中的男性政治家和军事领导人,对他们跟性和地缘政治有关的业绩进行了大开眼界的论述,指出他们大多数毫无节制的性爱剥削(比如约翰·肯尼迪),主要来自证明自己男子气概的需要。我同意这一观点,但还要补充说,他们的表现绝不只是社会的建构,绝不只是某种带有象征意义的行为,他们也表现了生物性……什么?不是一种需要,而是一种倾向,一种口味，一种嗜好，一种偏爱，在某种程度上，他们就是在用进化的馈赠挠痒痒。所有男人都这样。但它本身就有问题，这种男人挠痒痒的行为会带来更大的麻烦，比如它引发了大规模的暴力和征服。[23]

对雌性哺乳动物来说，她们的繁殖成败主要受到资源多少的限制（或"决定"），即她们能获取多少资源以养活自己和照顾孩子。对雄性来说，雌性本身就构成了这种关键的限制性资源。如前所述，这就是为什么雄性的同性竞争是如此突出，如此富于侵犯性。而雌性之间的竞争，尽管也存在，多半更微妙，也更多地聚焦于对她们孩子的投资上面。相反，雄性更在乎的是，首先要创造条件让自己成为这些孩子的父亲。

除此之外，雄性的侵犯还能为侵犯者提供其他好处，比如提升他在社会等级中的地位，而这反过来又会转化成他的繁殖成就。在人类之外的灵长类以及一般的哺乳动物中，高地位的雄性几乎总是有更多机会接触雌性，特别是在她们处于排卵期时。而研究数据清楚地表明，在人类中，有权势的男人或成功的男人拥有更多的性伴侣，至少在有据可查的大多数传统社会，这些男人留下了更多的后代。[24]

根据吉尼斯世界纪录的说法，女性拥有孩子数量最多的纪录来自19世纪的一名俄国女人。她怀孕27次，先后生了69个孩子，很多是双胞胎、三胞胎和四胞胎。当然，大多数女人拥有的孩子要比这少得多！一个女人生了69个孩子，可谓业绩骄人，但跟一个最"适应"的男人留下的后代相比，还是望尘莫及。我们并不清楚，这个最能生育的女人是酷爱暴力还是生性温柔，但这个留下了很多孩子的男人是什么性格，我们了解得很清楚。他们不只是留下的后代远远超出了这个世界上最多产的女人（回想一下，男人的繁殖潜能差异巨大），毫不奇怪，这些留下最多孩子的男人常常也最为暴虐。（请再次留意，这种繁殖表现必然意味着，在那个社会里有一大批男人繁殖惨败。）

第二章　狂暴的男人

长期以来，有一个最臭名昭著的案例集中表现了人类的一夫多妻、暴力和繁殖成就。主人公名叫伊斯梅尔，是一名传奇的摩洛哥统治者。据说，他留下了888个孩子，而且他还酷爱残害、折磨和杀死对手，即便其中很多人都曾经是他的朋友。这从他的名字"嗜血狂魔伊斯梅尔"上就能看出来。

不过，最近大家发现，伊斯梅尔绝不是最能让女人生孩子的男人。事实表明，在今天，全世界每200个男子中就有一个是成吉思汗的直系后裔，总人数在1600万人左右。[25]这主要通过对成吉思汗Y染色体的丰度评估后确定的，因此它只考虑了男性后裔。这样说来，一个合理的假设就是，成吉思汗留下的女性后裔不少于男性后裔，因此来自他这一父系身份的人数多达3200万。无疑，成吉思汗告诉了世人他个人哲学的精简版，还告诉他们如何实现："幸福就在于征服你的敌人，在你面前驱赶他们，夺走他们的财产，欣赏他们的绝望，强奸他们的妻子和女儿。"[26]

暴力跟一夫多妻制之间的关系很紧密，就像男人跟暴力之间的密切关系一样。至少有两个过程使得暴力行为促进了人类的一夫多妻制。第一个，男人成为后宫主人的可能性随着他们狂暴表现和威慑能力的提升而增加。另一个，实行组织化暴力（特别是参与长期战争）的社会，更可能导致男人短缺，这不仅会减少一夫多妻在社会上的破坏性影响（因为在这样的社会中，少数没有配偶的男人会制造麻烦），还会促进一夫多妻制的发展。原因很简单，过多的未婚女性必须寻找配偶，以便一夫一妻制受到提倡。19世纪的社会哲学家赫伯特·斯宾塞（Herbert Spencer）[1]在他的《社会学原理》

---

[1] 斯宾塞是社会达尔文主义的创始人，著名的口号"适者生存"就来自他。但很多人误以为，这是达尔文的说法。其实，按照达尔文进化论的观点，真正的适应者留下较多后代，而非活得更长久。因此，"适者生存"是对进化生物学的误解。

一书中指出，一夫多妻制在那些因战争而丧失很多男人的社会中更常见。他还建议把一夫多妻制作为一种手段，以便使得这些社会能维系它们的人口增长。现代生物学家却不同意，指出这的确是一种手段，但只对一小部分男人有利：他们利用社会资源，以便留下更多后代。

在某些特别令人厌恶的情况下，特别是涉及儿童"新娘"的情形，女人实际上就是被强制着（换句话说，被强奸）选择了一夫多妻制。对她们自己的繁殖事业，年轻的女人几乎没有多少选择权。在另外一些情况下，女人看起来会主动参与一夫多妻制（详见第四章）。说到底，尽管女人在身体上没有男人那么有威慑力，在社会上也不那么强势，但是在有机会时，她们也倾向于最大化自身的进化适应度。这种假设并不附带要求，不需要女人或男人有意识才能这么做。因此，在一个男人短缺的社会中，许多女人情愿遵循一夫多妻制，这并不令人意外。相比成为一个单身母亲或没有后代的女人，成为某个成功男人的第几任妻子对她们更有吸引力。其实，我们没必要区分这样的"决定"是由社会压力导致，伴随着恐惧，还是来自进化的内在倾向：这两股力量会窃窃私语，怂恿人们走入同一个方向。

无论如何，成吉思汗非同凡响，也很极端，但在留下了比自己公平份额更多后代的人里头，他肯定不是唯一的一个。有一个人名叫爱新觉罗·觉昌安，是中国的清朝建立者努尔哈赤的祖父，现在还活着的160万名男性都是他的后裔。[27] 如果觉昌安只是一个普通的男人，他在现代社会里可能会有100个在世的后代。因此他的遗传影响力（即跟普通人相比，他的适宜度回报）达到了预期的80000倍，假如他不是这种高变异性别中非凡的成功代表，这种情况就不会发生。

第二章 狂暴的男人

这份名单可以长得令人厌烦，但这里我还是想提几个人。据说所罗门王的妻子不少于700个，但我们不清楚他有多少个孩子。在20世纪，斯威士兰国王索布扎二世（Sobhuza Ⅱ）在40多年的时间里，娶了70个妻子，跟她们生下了不少于210个后代。现任南非总统雅各布·祖马结了5次婚，目前同时跟3个女人有婚约，据说已经生了22个孩子。伊丽莎白·泰勒一生结了9次婚。著名的尼日利亚音乐家（现已去世）费拉·库蒂（Fela Kuti）在一场盛大无比的庆典上跟27名女子结婚；但他的名声不是来自这一点，而是来自他的音乐创作，后者无疑给他的一夫多妻伟业做出了辉煌贡献。（对于后宫主人来说，获得他们的地位不是只有暴力这一种选择，但它显然是一条主干道。事实上，位高权重本身就是一夫多妻制的关键。详见第七章，我会考察一夫多妻跟"天才"之间的可能关联。）

在许多传统社会，领袖通常被称为"大人物"。事实上，这些通常都有一座大后宫的家伙，往往也是大块头。人不是象海豹；但如果说我们同这个物种有什么区别的话，我们的一夫多妻制只是不那么严重罢了（至少我们大多数人都这样！）。但某些极端男人的成就，将会让一头雄象海豹妒火中烧。无论是伊斯梅尔还是成吉思汗，他们的块头都没有达到妻子的2.5倍，但他们仍然借助于文化，在暴力和凶残的程度上登峰造极，让象海豹相形见绌。

男人不需要成为伊斯梅尔或成吉思汗，因为他们本身的某些雄性特征就足以带来进化收益，即便这些特征在彬彬有礼的男人那里不怎么突出。不幸的是，在我们的进化史上，些微的自信、进取而非招人厌的大男子主义会受到青睐，即便这样的特征在我们这个时代早就不被欣赏了（至少不是在公开场合）。众所周知的事实是，男人与女人之间的进取心很早就有了差异，他们不到一岁时就有了，这一点在谈及发展心理学家成为"粗暴游戏"[1] 28 的现象时就能看到。此外，这一差异也是跨文化的。29 因此，不能简单地认为这样的性别差异来自社会化作用，或来自当地的家庭传统。

通常来说，男孩的发育比女孩慢。他们在认知发展、语言获得以及其他方面往往也落后。这对于其他一夫多妻制物种也适用，主要是跟性双熟有关，在进化上也讲得通（参见第一章）。可以预期，越是倾向于一夫一妻制的动物，比如灵长类中的狨猴、长臂猿和伶猴，它们在雌雄两性的发展速度上也越是平等。有证据表明，在一夫一妻制最明显的枭猴中，雄性和雌性的幼崽，事实上以相同的速度发育。30 但在人类之外的灵长类中，就我了解，至少在一种接受测验的动物中，年幼的雄性更愿意跟塑胶卡车玩耍，而年幼的雌性更愿意跟布娃娃玩耍！31 这其实是一个一般原则，即跟那种一夫一妻制的动物相比，一夫多妻制动物中的游戏行为带有明显的性别二态性。32 不必谈论细节，一个"稳健"的发现是，在人类中，在多种多样的文化下，谈及各自偏爱的游戏类型时，男孩和女孩有明显而一致的差别：男孩更喜欢身体对抗类的暴力游戏，而女孩更爱玩布娃娃，或对需要表现关心、照料的游戏感兴趣。33

早在大概半个世纪前，坚信社会学习理论[2] 很重要的研究者就指出，如果年幼的男孩（而非女孩）因为他们的侵犯行为受强化（即获得"奖赏"），那么这种行为差异将受到他们独特经历的影响。34 有一项来自挪威的学龄前儿童研究，发现小男孩更可能因为他们的侵犯行为受训斥，可他们还是会表现出更多的侵犯性。35

---

[1] 粗暴游戏（rough-and-tumble play）指男孩经常参与的追逐打闹，涉及明显的身体对抗，故名"粗暴"。
[2] 社会学习理论由心理学家班杜拉提出。他认为，孩子的很多行为来自观察和模仿。

男女两性在儿童期（甚至在更年幼时期）的差别，也表现在其他场景下。比如，早在 12 个月大时，男孩就倾向于在新异环境下离开母亲，而女孩更可能被代表丑陋人脸的人造面具给吓着。[36] 男孩不会想要成为第一章中提及的双母吮吸者，但他们会争取在人类中扮演同样的角色。

无数研究一个接一个不断证明，早在很小很小的时候，男孩跟女孩、男人跟女人就有了基本的差别：前者有更多的大男子主义做派。这样的发现貌似很无聊，却是真的。正如人类学家和生理学家梅尔文·康纳（Melvin Konner）描述的那样：

> 许多研究者使用各种方法，包括直接观察、父母报告、老师报告、实验观察、人格测试、自我描述以及想象戏剧，以调查为数众多的研究对象，从两岁大的婴儿到成年人。在关怀他人和人际亲和方面，52 个研究中有 45 个发现女性表现得更明显，两个发现了相反的情形，还有 5 个没有发现任何差别。但对于明显的身体侵犯，女孩和女人在所有研究中都表现得更少。对过去四十年里，涉及数百个研究的综述和元分析，都明确支持了这些结论。[37]

这些研究测量的身体侵犯，从明目张胆的拳打脚踢到扔石头，也包括言语威胁。这种男人和女人、男孩和女孩在侵犯性上的性别差异，从童年期一直持续到了青春期。而在成年早期，大男子主义做派上的男女差异表现得最为明显。[38]

在一个非常有名的研究中，研究者比较了六个国家（印度、日本、肯尼亚、墨西哥、菲律宾和美国）中男孩和女孩的行为，该项目的主持人是发展心理学家比阿特丽斯（Beatrice）和约翰·怀廷（John Whiting）。她们考察的行为事件包括，"寻求帮助"和"抚触"（关怀的表现），以及"谴责"或"打架"（侵犯的表现）。结果发现，男孩比女孩更自我中心，更有侵犯性，而女孩则（令人惊喜地）更会关心人。[39] 有趣的是，在某些情况下，某种文化下的女孩整体比男孩还有攻击性，这表明了文化条件作用和社会学习的影响。更有趣的是，在任何一种文化下，女孩总是不如男孩有攻击性，也总是比男孩更关心人，这表明无论处于什么样的社会场景下，生物学都把女孩跟男孩分开了。

行为发展的过程很复杂，生物性和社会经历交错在一起，几乎很难分离开来。比如，在有机会时，基本上所有文化下的孩子都倾向于根据性别而自我隔离：在他们不再蹒跚学步后，男孩通常跟男孩玩，女孩通常跟女孩玩。此外，成年人对待男孩和女孩的方式也不一样。而这些方式会强化业已存在的男女差异。[40] 因此，出现于生命早期的男女差异是真实的，几乎可以肯定它们根源于某些生物因素，比如早期暴露于荷尔蒙的影响下，这会塑造大脑和随后行为的发展。但同时，文化习俗也会起强化作用，从而使这些差异变得"更真实"。

顺便说一句，需要强调的是，男孩跟女孩、男人跟女人的差异不能简单地理解成来自睾丸酮水平的差异。这只是因为，对年幼的孩子来说，无论男女，睾丸酮水平都很低。在睾丸酮水平跟侵犯性之间，并不存在简单而一一对应的关系，[41] 虽然通常来说，两者存在普遍的关联。其次，即便一般的雄性激素，特别是睾丸酮，要为男性的侵犯行为负直接责任，但这种行为差异的进化层面，依然需要本书中提到的额外解释。让我们想象一幅现实的漫画吧：某种特定的化学物质"引发"了某个行为。这种解释，运行于生物学家称之为当前原因的水平上，关注的是直接的诱发因素。但它没有解释终极原因，也就是为什么一开始，进化会创造以这种方式运作的一套系统。为此,我们需要理解的不仅仅是行为背后的"如何",还得了解"为何"。

内燃发动机如何运作?靠汽油或柴油。但为何运作?因为这恰是它们设计成的样子。它们可能被设计成另外的样子:比如,靠电力发动。汽油或柴油,对大多数车辆来说,仅仅是它们的"当前"燃料。

这一章提及的问题,不仅仅是男孩和男人如何变得比女孩和女人更有侵犯性,无论他们由柴油、汽油还是电力驱动,也就是说,无论引发这些差异的荷尔蒙、脑机制、反应性和社会经历的特定组合是什么,我们还想知道进化为何会制造出这种差别。也就是说,无论实现形式是什么,这些现象的"设计"考虑是什么。睾丸酮本身没有什么内在的性质要求它促进人类的侵犯性;它也可以促使某个动物追求和平,倘若这就是进化目标的话。

毫无疑问,经验也很重要,而男女之间的差异也有经验的影响。完全有这种可能,刚一出生,男孩只是比女孩稍微多了一点侵犯性,但随后他们被区别对待,于是这种差异就随着时间的推移被不断放大。这种差异跟自然选择导致的差异是一致的,即便它可能仅仅是个意外,但不管怎么说,假定有某种真实的关联存在,对科学家来说很划算。同样可以想象,假设父母恰好也会对男孩和女孩区别对待,从而强化了男孩的侵犯倾向;这种差异整体而言会促进男人的生物学成就,而这一系列的偶然恰好在很多文化下都出现了。但是,这是不可能的。

令人惊诧的是,某些观念,即便被证明为错误,依然能顽强地流传下来。比如,1949 年,玛格丽特·米德(Margaret Mead)[1]

---

[1] 米德是著名文化人类学家,其代表作是《萨摩亚人的成年》(*Coming of Age In Samoa*),描述了一个没有性嫉妒和性暴力的人间伊甸园。但澳大利亚人类学家弗里曼后来亲身去往萨摩亚,与当地人共同生活了二十年,得到的结论却和米德的描述截然不同。

提出了这样一个宽泛的观点,[42]基于她从前对某些部落社会的研究,她认为,男女在行为上的差异完全来自不同的文化传统,而不同社会之间的文化传统则存在随意的差别。在很大程度上,这一观点依然是今日人类学、心理学和社会学中的传统智慧,尽管事实表明,跨文化证据不断发现,男孩和女孩不只是受到区别对待,跟性别有关的不同特征对这些差异而言从来都很重要。男孩性别角色社会化的方向是强调类似这样的行为,"积极、冒险、进取、傲慢和自信",而女孩社会化的方向是"温柔、友好、谦逊、善良、敏感"。[43]

无论在加拿大、秘鲁、巴基斯坦、尼日利亚还是在挪威,研究者都发现,性别角色的刻板印象很相似。在不同的社会,年幼的儿童接受精确的社会化,从而具备了特定的行为角色,而它们恰好跟把男人和女人区分开来的生物结构相一致。再一次,这可能是一种巧合。但更可能的是,这些社会化操作独立地产生于这些社会,因为结果(即男人和女人有不同的行为倾向)早已证明跟儿童的生物倾向以及他们在生命后期觉察到的有利结果相容,无论这些结果是社会性的,还是生物性的。

这可能会吓着你。这是一个单个基因,得到了明确的标记,名叫 SRY,它会缩短其携带者的寿命,让他或她更可能死于"意外",也会增加他们使用暴力以及被暴力伤害的风险。这个基因的影响是这样的,事实上超过一半违反法律、身陷囹圄的人都携带它,尽管公平说来,需要注意的是,近乎半数的非携带者同样也受到了制裁。有些人很不幸,被迫跟这样一种沉重的遗传禀赋打交道,祝他们好运。尽管我们了解了很多跟这一段 DNA 片段有关的烦恼,但面对背负这一负担的人,目前还没有有效的医学或心理治疗。SRY 基因位于 Y 染色体上,如果你猜得到的话,这条染色体会让其携带者成为男人。（SRY来自英文，意思是"Y染色体上的性决定区域"。）[44]

虽然很多社会（甚至大多数社会）都有性别歧视，即相比女孩和女人，男孩和男人在社会、经济和政治领域都更受优待。即便女人在分娩时还要面临额外的死亡风险，但几乎放之四海而皆准的一个事实是，男人通常比女人活得短。

一个可能的解释是，因为男人的性染色体是XY，而女人的性染色体是XX，又因为Y染色体中遗传物质明显更少。这样看来，女人有寿命长的优势，可能就是因为她们有更大的遗传库存。（这里，我们可以说，男人患了"X染色体缺失症"。）但这无法解释，为什么同样的两性死亡率差异会出现在鸟类和哺乳类中，尽管在鸟类的世界里，雌性才是发育不全的"杂合子染色体"性别。同样的模式是，在鸟类和哺乳动物中，雄性死得早。通常，这对一夫多妻制动物更为明显，而在一夫一妻制动物中，雄性和雌性面临相似的死亡率。[45]

在那个被称为智人的动物中，在每一个有文字记载的社会中，刚成年和青春期的男性都更容易因意外而受伤（通常是因为在人前炫耀）。[46]另一种跨文化普遍性的现象是，尽管女孩和男孩都会经历典型的成人礼，但这些仪式对于精子制造者而言，无一例外更严格。女孩会参加社交舞会，拉美女孩会有15岁仪式；但男孩却要参加义务性的使命追寻，杀死一头狮子，等等。许多（或许是大多数）传统社会都规定，作为月经初潮（第一次来月经）的一部分，女孩要么需要被特地隔离好几天，要么需要经历确认她们已长成为女人的过程，但这种转变通常不会很痛苦。

女性割礼是一个明显的例外，但这种极为野蛮的做法，也总是发生在女孩很年幼时，因此不是作为成年开始的标志。此外，显而易见的是，女性割礼（一种令人恐惧的做法，包括切除阴蒂到缝合阴道）主要是男人为了控制女人的繁殖，而不是跟男性经验相对应的女性社会启蒙（对这种现象的讨论详见第六章）。

但不清楚的是，精力旺盛、充满暴力的男性成人礼是男性生命中更普遍暴力的一种结果，还是这种试验促使年轻人变得更暴力？但无论是哪种可能，两者之间的联系都不容否认。

此外，男人在性起始阶段的严酷考验，看起来都是同性竞争导致的结果。换句话说，年长的男人在社会上对年轻的男人加以审判，让他们体验磨难。有一篇综述文章很好地解释了这一现象，名叫《男性割礼：对性冲突的一种适应》（Male Genital Mutilation: An Adaptation to Sexual Conflict）。[47]毫无疑问，更高的男性死亡率，以及男人对暴力的嗜好，不会来自任何一个单独的基因，而是来自更深层的进化倾向：男性本身（遗传上跟 SRY 基因关系紧密），以及这一性别跟一夫多妻制及其附属物的一种必然联系。我们早就留意到，男孩跟女孩存在某些早期的发展差异。我们也知道，就像树枝会弯曲一样，在发展的过程中，树干会弯曲，甚至整棵树都会弯曲。与此同时，身为男性这一天然优势也为他们打开了一扇门，有助于进化生物学家理解自己正打算考察的一系列现象。

有一项研究考察了监狱中男人的性攻击，发现强奸其他男人的典型男人"并不认为自己是一个同性恋，也不会认为自己参与了同性性行为。这似乎是基于他对性关系的一种原始的理解，即性关系中富于侵略性的那个就是男人，而被动的男人才是同性恋"[48]。看起来，这种案例中的行为动机很大程度上是暴力、侵犯和寻求支配，它们至少跟性一样重要。而且，考虑到强奸也是性行为，这便强调了通常在男人、暴力和性之间存在的令人遗憾的联系。

让我们更近距离地观察一下男人发起的致命暴力吧。先从战争开始。没有谁会严肃怀疑男人是战争的制造者，他们也是战争中主要的搏斗者。对参与战争的75个人类社会进行的调查发现，跟女人有关的冲突是最常见的起因：34个案例中都有。而跟资源有关的冲突在剩下的41个案例中提到了29次。值得注意的是，资源通常被当作获取女人，进而获得繁殖成功的敲门砖（谁有资源，谁就有机会通过提供钱财的方式娶到新娘，或借此娶到额外的妻子，获得新的交配机会）。[49]可以肯定，世上也有女战士，特别是现在，许多国家都努力提供跟性别无关的"平等机会"。但无论是历史上还是现实中，男人（特别是年轻男人）构成了发动战争的主体，这绝不是什么意外，年长者会鼓励他们这么做（可能的寓意将在第五章讨论。）

战争是件足够糟糕的事，尤其是当它涉及平民伤亡，妇孺跟男人一起死去。把这放在一边，纯粹的日常凶杀是什么情况？在2014年末，一份联合国报告得出结论：

> 凶杀和个人暴力行为致死的人数超过了战争，在15岁到44岁的男人中，这是排第三位的死因。2012年，世界各地发生了475000起凶杀死亡案件。而从2000年以来，已有600万人因凶杀丧生，这使得凶杀成为这一时期比战争还要常见的死因。[50]

在《凶杀》一书中，[51]心理学家马丁·达利和马戈·威尔逊给出了一大堆人杀人数据。两个人发现，男人（特别是年轻男人，他们正处于建立自己繁殖事业的关键时期）不只是成了加害者中压倒性的大多数，也同时成了被害者中压倒性的大多数。绝大多数凶杀案（超过95%）都有一个典型模式，即某个年轻男人杀死了另一个年轻男人。实际上，在人类漫长的文明史上，这也是最常见的模式，无论这些时代是否能找到合适的数据。而且，现代社会的各个国家也都是这种情况。

通过回顾凶杀广泛的历史记录，以及考察凶杀在世界各地的情形，达利和威尔逊最后得出结论，"两性之间的差异巨大而普遍。没有任何一个已知的人类社会，女性参与致命暴力的水平居然开始向男人看齐"。

达利和威尔逊还发现，男人杀死男人的可能性比女人杀死女人的可能性高19倍。无论社会差异有多大，无论是在现代的美国城市，如费城、底特律和芝加哥，还是在巴西农村以及印度、扎伊尔和乌干达的传统村落，这一结论都适用。这当然不是说，实际的谋杀率在这些不同的国家和地区都一样。在现代化的冰岛，每100万人每年只发生0.5起凶杀，在大多数欧洲国家，这个数字为每100万人中接近10人，而在美国，这个数字超过了100人。倘若有什么区别的话，那就是这些结果低估了男人之间同性竞争的普遍程度。毕竟，许多大规模样本中报告的女性间的凶杀案件，其实就是杀婴而已。因此，达利和威尔逊重新校正了这些数据，使其只包括加害者和受害者年龄差距不超过10岁的样本，结果发现，男人和女人之间的凶杀可能性差距变得更惊人了。

这里，我们目标的要点是，虽然不同国家间差异很大，但基本的男女模式依旧稳定：男性之间的凶杀发生率远远超过女性，两者有天壤之别。此外，男性间和女性间暴力的比率在不同地区依然保持不变，这一事实支持了暴力具有生物性根源的观点。同时，人类男性间的暴力也跟其他中度一夫多妻制动物中雄性竞争的模式一致。

同样的趋势也存在于历史上。因此，即便一名13世纪的英国人被谋杀的可能性是今天英国人的20倍，但这个英国男人死于另

第二章　狂暴的男人

一个英国男人之手的可能性依然是一个英国女人被另一个英国女人杀死的可能性的 20 倍。不仅如此，而且在各个时期的世界各地，这些男性凶手绝大多数的年龄段都相对恒定，也就是在他们 20 多岁时。虽然近年来，女人也越来越多地参与犯罪行为，但达利和威尔逊引用美国联邦调查局的统计数据，把这一增长归因为有更多女性因为盗窃而被捕，而女性由于暴力犯罪特别是凶杀而被捕的人数反而出现了轻微下降。

1958 年，社会学家马文·沃尔夫冈（Marvin Wolfgang）[52] 出版了一部经典之作，以费城的近 600 桩谋杀案为基础研究美国的凶杀现象。为了解释为什么超过 95% 的凶手都是男人，沃尔夫冈像许多支持学习理论和文化解释的社会学家一样，写道："在我们的文化中（整体而言，女人）……不像男人那样，很少被期望要参与肢体暴力。"我们据此理应推断出，在其他文化之下，事情会不一样，但根本不是这样。比如，作家和旅行家彼得·马蒂森（Peter Matthiessen）报告说，在新几内亚高地的丹尼人中：

> 一个人若无勇气就被称作"柯普"，也就是没有价值的人，一个尚未被杀死的人。一个柯普男人跟其他人一起上战场，但他们一直留在大后方……除非他们有强大的朋友和家人，否则他们想得到的任何妻子和猪都会被其他男人从他们手里夺走，这些人相信他们不会反抗；极少有柯普男人拥有一个以上的妻子，而他们中很多人连一个都没有。[53]

曼努埃尔·桑切斯（Manuel Sanchez），一个来自墨西哥城的 32 岁男人，总结了他们那里的情形：

我相信，墨西哥人，还有全世界的每一个人，都会钦佩"有种"的男人，这是我们那里的说法。这个家伙热衷于拳打脚踢，从不爱思考，会在将来出人头地。那个有足够勇气反对一个更年长、更强大家伙的人，也更值得尊敬。如果有人对你叫骂，你要回应得更大声。如果有某某人走到我面前说："浑蛋！"我会回答："你浑蛋一千倍。"但如果他向前走一步而我往后退一步，我就丧失了尊严。但如果我也往前走，还占了上风，羞辱了他，别人就会乖乖地尊重我。在战斗中，我永远不会放弃，也不会说"够了"。哪怕对方要杀死我，我也会从容赴死，面带微笑。这就是我们所说的男子气概，也就是像男人一样活着。[54]

大多数的学界中人都有强烈的偏见。许多著名心理学家、人类学家和社会学家倡言，说男女差异完全是由教养和社会期待的不同导致的。结果，无论是因为出错还是因为预定的偏差，社会科学家已经帮着制造了一个巨大的神话：也就是说人类是等势的，每个人在任何方面都会以相同的倾向行动。等势论（Equipotentiality）能引发心旷神怡的感受，它是一种富有魅力的平等主义。但只有一个问题：它并不正确，特别是涉及男女在暴力行为上的性别差异时。

坦率地说，等势论的假设悍然不顾我们提到的所有发现：无论是行为还是生命本身，都有明确的生物学根源。为此，达利和威尔逊发明了一个很恰当的术语——"生物学恐惧症"，以描述这样一种信念：很多人相信人与人可互换，彼此都一样，还相信学习和社会传统扮演者包括万有的角色。被生物学恐惧症感染的人，继续把暴力层面的两性鸿沟归因于当地的情形和传统，归因于社会期待和学习，就好像进化没有任何用武之地一样。

依靠进化带来的优势，以前似乎是随机而难以解释的现象，慢慢得到了人们的理解。比如，马文·沃尔夫冈对费城的定罪凶手深度访谈，结果发现了 12 种不同类型的动机。最大的一类，包括了 37% 的谋杀犯，被他称为"相对琐碎的争吵；侮辱，诅咒，顶撞，等等"。在这种情况下，酒吧里的男人会因为某些貌似鸡毛蒜皮的事而争论，比如一场体育比赛，谁要埋单，一句随意的话，或某种看似偶然的羞辱，诸如此类。

因为鸡毛蒜皮的事而死，比如一句随意的评价或为了某件远在天边的事而争论不休，看起来是对人类任性的高度讽刺。但在某种意义上，他们争论的这些事并非微不足道，因为它们反映了我们进化的过往，彼时彼地，个人争执便是一种素材，声望和社会成就建立其上，最终导致了生物学意义上的成功。因此，并不奇怪，今天的年轻男人将会为一些貌似琐碎的事而殊死搏斗，比如谁对谁说了什么，谁的名望受到了挑战，诸如此类。

最后，倘若不探讨杀婴（好在比较短），只谈男人发起的暴力就不够公平了。当我们想起男人的同性竞争时，把焦点放在男人对彼此做了什么上很自然。然而，男性竞争发生在很多领域中，有时甚至不需要跟竞争者直接接触。比如，努力积累财富（或一般意义上的资源）的男人，不需要面对人打一架，这不难理解，尽管竞争者依然存在，而这种竞争财富成功的回报的确是真的，而且最终也反映在被提升的适应度上了。

这些回报通常是由交配前的竞争导致的，而优胜者获得的奖励就是交配机会增加了。然而，生物学家最近开始认识到竞争，特别是男人之间的竞争，并非到了交配就结束了；他们又开始有针对性地研究"交配后"竞争。比如，在许多动物中，精液在性交后会变硬，从而变成一个像橡胶塞子一样的东西，防止其他雄性把精子射入雌性体内。而在很多脊椎动物中，雄性的阴茎类似于一把瑞士军刀，有各种刮刀和其他装置，用来扫除上一位雄性留下的精子。但最喜剧性（其实也是最悲剧性）的雄性交配后竞争，发生在一个雄性接管了一群一夫多妻制的动物之后。

一个典型的案例是印度叶猴，由萨拉·赫尔迪在她哈佛大学人类学博士论文中提到。她后来把这写成了一本精美的书，名为《阿布的叶猴》（*Langurs of Abu*）。[55] 叶猴是典型的一夫多妻制灵长类。其中，从前被排除在繁殖圈之外的难以对付的流浪汉，会周期性地推翻占据支配地位的后宫主人。不久以后，胜利者之间又会发生龃龉；而在革命后的混乱形势中，某位雄性横空出世，开始作为一名新主人，独自统治后宫。这也就是事情变龌龊的开端。

新上位的雄性会跟其他成年雌性交配。这的确没什么好奇怪的。然而，令人深感不安的是（虽然跟硬心肠的进化基于基因的算计很吻合），他会杀死还在吃奶的婴儿。这会让婴儿的母亲再次进入排卵周期，从而与这位杀婴的雄性交配。在大多数哺乳动物中，喂奶都会抑制排卵；这种"哺乳性闭经"也会发生在人类中，但程度较轻。结果就是，通过杀死婴儿，这位新后宫主人增加了自身的繁殖产出，同时削弱了他前任的业绩。因此，杀婴的雄性正在采取行动以实现他们自身的适应度，牺牲了被淘汰的那位旧主人的利益。当然，也给这些婴儿和他们的母亲带来了严重的损害。（在她们这一边，丧亲的母亲也只能通过跟谋杀婴儿的凶手交配来实现自身的进化适宜度。人类的道德在此处不适用。）

赫尔迪第一次描述这种大屠杀，是在她的一篇学术论文中，题目叫《作为哺乳动物繁殖策略的杀婴》（Infanticide as a Primate Reproductive Strategy）。[56] 当时传统的学术权威，特别是在社会科学领域里的，要么是不相信，要么是极愤慨。他们声称，这是某种类似于欺骗的东西。或许是因为这些动物生活得过于拥挤，或许是因为蛋白质摄入不足，或许是因为人类的观察惊扰了它们。那时候，很多人相信进化是"为了物种的利益"，这就使得杀婴不仅仅在道德上卑劣，而且对物种适应不利，因而大家很难相信。但事实上，我们现在都知道，进化发生于个体和基因层面上，是为了它们的利益，假如对"物种有利"也只是某种意外的副产物，是平均后计算出来的一个结果，整个过程更多地发生在更低级的功能层面上。而且，无论我们自己怎么想，自然选择既不是道德的也不是不道德的。相反，它就是一个跟道德无关的过程，在这些低级水平上开展工作。当然，杀婴也会如此运作。

杀婴是一个令人恶心的主题，即便是内心强大的生物学家在研究它时也有过一段艰难岁月。但新晋升的雄性杀婴现象，已经在狮子、豹子、老鼠、土拨鼠以及很多人类之外的灵长类中发现，包括黑猩猩。[57] 事实上，到现在为止，在很多一夫多妻制动物中，无论是否观察到了一个新物种，只要发现了有新雄性接管旧后宫，大家通常都会假设杀婴会发生。几乎总是这样。尽管一个还在吃奶的婴儿很难跟一个强壮的成年雄性相提并论，但并不罕见也不令人惊诧的是，这些新来者必须努力奋斗，才能实现他们的目标，杀死幼崽。毕竟，选择使得母亲倾向于抵制杀婴的雄性（至少在某种程度上），而且亲戚经常在保护婴儿时施以援手，特别是那些几乎到了繁殖事业尾声的女亲戚（因此她们即便受伤或死亡，也没有太大损失），以及跟濒危婴儿有亲缘关系的个体。

然而大多数时候，杀婴的雄性总会成功，这又给这个故事增加了可怕的章节，即为什么一夫多妻制下的雄性能从个体间的暴力冲突中获得进化犒赏，他们又是如何做到这一点的？此外，大量证据表明，人类也不能免受这种残忍而病态的杀婴冲动影响。马丁·达利和马戈·威尔逊这对科学家夫妇在这方面再一次捷足先登。他们的调查表明，儿童遭受粗暴对待、严重虐待甚至被杀死，都跟一个非亲父母在身边有莫大关系。他们的发现把大量数据浓缩到一句简单的陈述中，就是归根到底，在已确定的导致这些惨况的因素中，最大的风险就是儿童跟非亲生"父母"生活在一起。[58]

这并不是说，继父母就必然会虐待儿童或杀死他们，而是说跟其他因素，比如家庭收入、种族、宗教信仰、地理分布等相比，生活在一个继父母家庭这一因素更能预测杀婴的发生。正如达利和威尔逊最终指出的那样："在已发现的种种导致儿童遭受严重虐待的因素中，继亲关系依然是单独的最重要因素。"[59]

在《旧约》里，在无数的血腥宣言中，杀死婴儿的要求在现代人耳中听起来依然格外野蛮，尽管它们令人遗憾地跟进化的运作保持了一致。比如，"因此要杀死在小家伙旁边的每一个男人，还要杀死每一个有男人跟她睡在一起的女人。但那些年轻的女孩，没有跟男人睡觉，你就自己留着吧"（新美国标准《圣经》，31:17-18）。

杀婴也会发生在连续性一夫一妻制场景下，但更常见的是在一夫多妻制社会中，这时的舞台属于男人，也属于女人，男人会杀婴，而女人则会制造一个近乎普遍的问题，即"恶毒的后母"。当然，这种情形也不会局限于连续性一夫一妻制社会，正如在灰姑娘和白雪公主的故事中那样。毕竟，在某种非常真实的意义上，在一种连续性一夫多妻制场景下，共同的妻子对彼此的孩子都是后母，这很可能会给女人特别是她们的孩子带来苦难（详见第四章）。

女性间的暴力是什么情况呢？我们知道的很少，除了知道跟男性间的暴力相比，它发生得不那么频繁，也不那么明显。萨拉·赫尔迪认为，女人与女人之间的竞争很微妙，结果常常被人忽视：

试想一下这样一个问题，某位人类习性学家面对这样一种现象，即妯娌之间为家庭遗产而争夺，因为会传给她们自己的孩子，或者不同的母亲之间为地位而争夺，无论多么琐碎，对她们而言代表着自己在"社会上的位置"……这些都会决定她们的孩子成年后进入社会时的层级地位。对自然场景下这些行为的量化研究几乎没有。我们还没有能力测量这些古老主题的细节，它们是我们惊人的发明，是一种扭曲的物种创造的现实……你如何在诽谤中加入一个数字？你如何衡量甜言蜜语的程度？[60]

跟男人间的暴力强调肢体不同，女人间的"暴力"更多地诉诸言语，试图贬低或矮化对手，常见的目标是社会排斥而非肢体伤害。这可以预见，因为女人更可能参与各种社交圈子，不只是跟她们的孩子一起，而且在一夫多妻制场景下，还要跟其他妻子以及这些人的孩子一起去。[61]

在各种文化中，15岁的女孩倾向于使用"间接攻击"的频率是同样大男孩的两倍。最近的一项研究发现，总结起来：

> 人类女性特别喜欢使用间接攻击，它通常是指向其他女性，特别是有魅力的性感女人，这种攻击会发生于多个女人争夺配偶的情况下。间接攻击是一种有效的同性间竞争策略。它让作为受害者一方的竞争意愿降低，而在那些参与攻击的女人中，她们约会次数更多，性行为也更频繁。[62]

同样值得注意的是，当向其他女人贬低某些女人时，这种间接攻击通常会涉及对受害者长相的批评，以及试图制造社会排斥，而在向男人贬低女人时，这种同性别的竞争者更可能宣称她们的对手是个荡妇。[63] 这种策略很有效，但前提是这个男人寻找的是个良家女子。如果这个男人想找的就是风尘女子，这种贬低的效果就会适得其反（很惊讶吗？）。[64]

在下一章中，我们将转向人类性行为本身。跟暴力的情形很像，我们在这些性行为中，也会发现一夫多妻制的幽灵非常活跃。

第三章
性事面面观

在新西兰的某些村落，他们依然在讲这个故事。19世纪末，有个圣公会的传教士拜访毛利人，在当地人的村庄里受到了热情招待。吃了饭，聊了天，参会者打算告别时，当地的头人为了表达对尊贵客人的最高敬意，高声喊道："找个女人陪主教！"他看到传教士一脸的不情愿，于是又喊了起来，声音更响亮了："找两个女人陪主教！"

他是个聪明的裁判，深谙男人的性心理。

在生物学上，男人被界定为精子制造者，女人则是卵子制造者。正如我们在第一章中所见，一夫多妻制通常就是由这一区分导致的。简而言之，一个男人可以让很多女人怀孕，而每一个女人只能在一个时间被一个男人受精。额外的交配，无论是来自同一个男人还是来自不同的男人，都不可能让女人怀上更多的孩子。类似于这一差异，它所导致的男人与男人的竞争，造就了充满暴力的男性气质，还导致了男人对拥有多个性伴侣的嗜好；而在一定程度上，这一嗜好不符合大多数女人的口味。"对这个世上所有的人来说，"

金赛[1]报告得出结论,"大家都理解,男人比女人更可能追求有多个伴侣的性关系。"¹

这种差异的进化基础,就像查尔斯·达尔文脸上的大胡子那么一清二楚。男人的适应——不是身体对环境的适应,而是能成功把自身基因传递给子孙后代这一进化意义上的适应——可通过与新伴侣的交配而提升:其中任何一个女人,从理论上说,都可因此而受精。相比之下,因为女人制造的卵细胞相对稀少,而男人制造的精子不计其数,结果就是这种"婚外交配"并不会同样增加女性冒险者的繁殖成就。然而,借助于DNA指纹图谱技术,人们发现在许多动物中,包括智人在内,雌性比之前认为的更倾向于性对象的多样化,也就是说她们也有多偶制的偏好。²

长期以来,大家都知道一夫多妻会给男人带来怎样的进化收益。但直到最近,生物学家才开始确认一妻多夫会给女人带来的诸多好处,这些好处通常很隐晦。因此,男人和女人(同样是最近)被发现比生物学家以前预想的更相似。另外,尽管一夫多妻和一妻多夫是人类性行为这一枚硬币的两面,但在涉及性行为倾向的细节时,某些有趣的差异就会出现。在本章中,我将介绍每一种性别选择配偶时看重的典型特征,等到以后(尤其是第六章)再解释为什么——鉴于被抓住就要付出沉重代价——一妻多夫倾向依然存在于女人之中。

从科学的角度看,与爱情相比,性比你想象的还要神秘。首先,我们甚至都不知道性为什么会存在!!!令人吃惊的是,最常见的答案,也就是繁殖,这根本说服不了人。这是因为,很多生物

---

[1] 阿尔弗雷德·金赛(Alfred Kinsey),美国生物学家、性学家,以对人类性行为的调查报告闻名于世。

都是无性生殖。而且，通过放弃性别，它们避免了一系列代价，比如在求爱时花费时间，消耗精力；比如各种起性引诱作用的饰物、结构和姿势，这些花里胡哨的东西只会使爱人放心，让它更容易成为天敌的食物；比如找到一位合适伴侣（它必须是正确的物种、相反的性别，还要有相似的爱好）面临的种种麻烦；比如性传播疾病带来的危险；比如交配本身（在很多体内受精的动物中，交配要求雄性的阴茎插入雌性体内）会导致身体伤害，特别是如果这位伴侣跟另一个相比更高大、更强壮也更狂热的话。

但所有这些不利因素，甚至都没谈及几乎肯定是有性生殖最主要的生物学劣势：父亲和母亲都只能把它们一半的基因传给孩子，而无性生殖的亲代能够产生跟它们的整体基因型完全相同的副本。于是，生物学家承认，"有丝分裂的代价"是50%，因为一个卵细胞或一个精子都只携带了父母所有基因的50%；使用更准确的、跟遗传有关的特定语言来说，无性别父母体内的每一个基因都会百分之百地出现于每一代子女中，而以有性方式"做这事"就意味着，每一个基因只有50%的机会让自己保留在进化的舞台上。

但跟大多数"高等动物"一样，我们同样没有摆脱性的影响。为什么会这样？目前没有人知道，至少不能肯定。但大家还是有共识，那就是有性生殖在"减数分裂的代价"这一缺陷的另一面弥补了它的无数不利表现：制造出跟父母在遗传上有所不同的后代。这种更大的遗传多样性，被证实得到了自然选择的偏爱。毕竟，环境总在不断变化。于是，那些只是不断排出它们自身相同副本[3]的父母便受到了自然选择的抵制。无性生殖相当于购买了一百张福利彩票，但每一张的号码都一样，于是你中奖的可能性就大打折扣了。

性还有一个神秘之处。为什么会有两种性别？再一次，无人知晓。倘若有性生殖的适应价值就在于制造基因多样性（通过把某些基因跟其他基因重新洗牌和混合来实现），那么唯一需要的就是两个个体见面并交换基因。根本不需要任何可分辨的性别存在。但事实上，任何有性生殖的动物都会把它们分成不同的"交配型"，其中某种类型的个体能与另一种类型的个体交换基因（也就是说"有性"），只要它们来自不同的品系。嗜热四膜虫，一种原生生物，具有 7 种交配型。裂褶菌，一种蘑菇，则有 28000 种交配型。[4]

倘若我们把性理解成谁跟谁交配以便重组基因，那么从理论上说，的确可以存在大量性别，而这样的世界将会提供令人目眩神迷的大把机会。但不知道为什么，大多数有性生殖的动物都做了相同的进化"决策"，要么专门制造精子，要么专门制造卵子，这便制造了一种狭隘的繁殖景象，身在其中的我们和其他哺乳动物不得不尽力而为。

但我可不想让人沮丧。说起来，进化还有一个令人高兴的习惯，就是用快乐做诱惑，让动物享受对它们有利的各种活动：饿了就吃，倦了就睡，从各种生产活动中获取愉悦……当然也包括性。同时，糟糕的是，我们冥顽不化的生物性坚持把我们自己隔离为两种彻底不同的性别，每一种都有略微不同的日程安排；它还提早做了各种设定，让我们在情欲的天堂里遭受一连串麻烦。无论男女，我们都有进化而来的欲望。在某种程度上，我们想要同样的东西，也就是繁殖成功或"适应度"。但鉴于他们有不同的专业身份（除了每一个人都由不同的基因型构成之外），要么制造卵子，要么制造精子，因而男人和女人并不总是步调相同，而繁殖也并不总是一场皆大欢喜的游戏。

让我们从罗杰斯和哈默斯坦的音乐剧《安娜与国王》（*The King and I*）开始吧。该剧改编自一部小说，主人公是安娜和一位暹罗国王，作者是传教士玛格丽特·兰登，而这本小说来自一本回忆录——《暹罗王宫的英国女教师》(The English Governess at the Siamese Court),作者是安娜·列奥诺温斯(Anna Leonowens),一个英国女人,她曾于19世纪60年代早期担任暹罗国王拉玛四世儿子的老师。在这部音乐剧中,国王和安娜尽管彼此相爱,但在一夫一妻制与一夫多妻制的优点之间,有过时而悲剧性、时而喜剧性的争论。同样,他们对男女性行为倾向的刻板印象也有分歧:

国王:一个女人设计而来是为了取悦某个男人,就是这样。而一个男人设计而来则是为了让许多女人取悦。

安娜:那陛下,你怎么解释许多男人依然对他们的那个妻子保持忠诚?

国王:他们有问题。

安娜:哦,那你预期女人会忠贞不渝?

国王:自然了。

安娜:嗯,为什么会自然呢?

国王:因为这就是自然。它就像古暹罗人的谚语所说的那样:"一个女孩就像一朵花,只为某个男人准备了蜜。而一个男人像一只蜜蜂,他会尽可能多地采花酿蜜。从一朵花飞到另一朵,蜜蜂就是这么自在。但花可不会从一只蜜蜂飞到另一只蜜蜂,这是它们的悲哀。"

安娜:哈哈。哦,我的陛下,在英国,我们态度可不一样。我们相信一个男人要想幸福,他就必须爱一个女人,而且只爱一个女人。

国王:这个想法是女人发明的。

一夫一妻这个想法,几乎可以肯定不是自然选择发明的,至少对人类来说是这样。但正如我们即将看到的那样，女人也不需要有一夫一妻制的"想法"，尽管有证据强烈表明，女人受到了鼓励，无论社会文化还是生物学，都赞扬女人的性忠贞，但她们还是会表现出一妻多夫行为，当然是在私下里。至于女人为什么通常很低调，不愿意谈及她们在性事上的投机取巧，你只要想一想本书第二章提到的内容就明白了：狂暴的男人有着格外强烈的性嫉妒。

男人的一夫多妻制跟女人的一妻多夫制存在激烈冲突，哪怕这些冲突通常表现得很微妙。有一种天真的观点认为，男人和女人的性偏好并不必然有矛盾，两者都可以很容易就被纳入一种无比快乐的多夫多妻制群体，一种受到福佑的性解放组织，其中只要两情相悦，任何一个人都可以跟另一个人发生性关系。但如前所述，我们知道，多夫多妻制根本不适用于人类（或几乎任何其他物种）。

自然选择诱使每一种性别寻求（或至少接受）多个伴侣，同时又激励每一种性别情愿（通常很强烈）他们的指定伴侣不以同样的方式行动。无论正式的择偶系统是一夫多妻、一妻多夫还是一夫一妻，结果都很棘手。这种情形，正如莎士比亚在《仲夏夜之梦》中所说："真正的爱情总要经受波折。"事实上，那些声称性嫉妒不存在或很容易就能被克服的人，以及那些声称多夫多妻制是"自然"而无任何麻烦缠身的人，要么就是在描述人类性行为的正态曲线上偏离太远，要么就是在彻头彻尾地撒谎欺骗。

让我们再一次从一夫多妻制说起。如前所述，男人显然倾向于拥有多个性伴侣。而在绝大多数的人类社群中，一夫多妻制的大门对那些能实现它的男人来说都是敞开的。比如，在中世纪的欧洲，一名农奴结婚时，农奴主有权（初夜权）跟他的新娘共度新婚之夜。历史学家很少会问，为什么是农奴主跟那位羞怯的新娘做爱，而不是农奴主的夫人跟粗野的农奴上床？因为从来就不存在农奴主的夫人对农奴的初夜权。假如有机会、有意愿，跟今天的女人一样，某些皇室女子也会在婚外发展自己的秘密情人，但这种行为作为一项冒险事业，不可能是一种公开的权利（正如卡米洛女王桂妮薇儿[1]发现的那样）。

在现已成为经典的系列研究中，遗传学家贝特曼（A.J. Bateman）得出结论，说"有性生殖一种近乎普遍性的特点"就是"雄性的生育力更大地依赖于交配频率"，而这又会导致"雄性不加分别的狂热，以及女性有所甄别的被动"。[5]结果，雄性通常向雌性求爱，而不是相反。贝特曼还得出了一个结论，说额外的交配对雄性带来的好处比对雌性大，因而"有更多的雄性倾向于一夫多妻制"。此外，即便在进化出了一夫一妻制（至少是社会性一夫一妻制）的物种中，这种差异也存在。

可以肯定，女人也想要性，无疑总想要。但她们绝非对此很急迫，通常会以提供"性惠赠"的方式换取礼物，或作为亲密关系的承诺。这种模式很常见，因为"性惠赠"带有直接的暗示，表明女人会把情色作为礼物送给男人，而不是相反。在公元1世纪时，罗马哲学家卢克莱修写了一本书，书名极现代，叫作《论宇宙的本质》（*On the Nature of the Universe*）[2]，他在里面提到了自己对史前人类性行为的看法：

> 他们生活在太阳下的万千变化中，像野兽一样，在遥远而广

---

[1] 传说桂妮薇儿是英国亚瑟王的王后，但她暗中跟骑士兰斯洛特有了私情，引发了丈夫与情人间的多次争斗。后来，兰斯洛特归还了桂妮薇儿，而后者也意识到自己给国王和国家带来了厄运，遂出家做了修女。
[2] 又常被翻译为《物性论》，这是卢克莱修唯一传世的作品。

阔的地方漫游。爱神进入了森林里情人的身体；他们就被彼此的欲望带到了一起，或是来自疯癫的力量和男人狂野的情欲，或是来自橡子、梨子、野草莓的贿赂。

少有疑问的是，是男人贿赂女人，为她们提供食物以换取性接触。

同样惊人的是，在现代西方社会，每当一个新邪教建立后，那个风度翩翩的男教主通常就会宣称，他"有权"甚至"有义务"跟该教团中的大批女人交配。同样令人惊诧的是，这些女人会默认同意（那些被剥夺了交配权的男人更会默认）：这或许证明了，我们长期以来早就适应了某个蛮横男人充当后宫霸主的安排。在第七章，我们还会谈到这种可能性，即这段漫长的历史可能跟一神教的传播有关。

在解释邪教分子日常生活时，阿尔法雄性[1]的一夫多妻制性动机常常被忽视。但这会让人误以为，掌权的男人并没有呼应他们自身的一夫多妻制倾向。长期以来，信奉耶稣基督的末世圣徒教会（比如摩门教）都为他们自己的一夫多妻史大感尴尬，但他们最近毫不犹豫地承认了这一点。很久以前，世人就知道，约瑟·斯密大概有30个老婆（根据其他人的计算则多达60个），而他的门徒杨百翰有51个老婆。不奇怪的是，这些跟领袖们很少有"精神共鸣"的妻子（跟她们在一起时，领袖们相当活跃）几乎总是年轻女人。可想而知，她们不只是身段优美，漂亮迷人，而且在结婚时生育力旺盛。

---

[1] 阿尔法雄性（alpha male）指的是一群雄性动物中地位最高的那个，通常块头最大，力量最强，威望最高。

大卫·考雷什（David Koresh），在得克萨斯的韦科创立了"大卫支派"邪教，自任教主。同样，他也赋予了自己跟所有女人性接触的权力，甚至包括十几岁的女孩，这些人都是追随他的信徒。就在这个小团体存在的很短时间里，据说大卫跟她们生了 15 个孩子。[6] 吉姆·琼斯（Jim Jones）策划了人民圣殿教最终的集体自杀，禁止他的追随者发展婚外恋，但他自己例外。或许在某些邪教里，领袖不会利用他们的地位，追求妻妾成群的生活，但我想不到任何一个例子。

一夫多妻并不仅仅是人类邪教领袖的特权。希腊神话中的诸神也以好色著称。比如，宙斯与泰坦人交配，生下了许多半人半神的后代。事实上，他甚至会跟任何能移动的东西交配，包括不少人类的女性（尽管总是导致天后赫拉的不满，但她显然在这件事上无能为力）。在古希腊的男神里，我没法找到一个没有多个性伴侣的。在印度的万神殿里也一样，甚至有过之而无不及。在第七章中，我们会简要谈及犹太教、基督教和伊斯兰教的神，他们并不只是高高在上，宣扬自己"好嫉妒"，还符合一夫多妻制动物中阿尔法雄性的特点。

根据作家赫克托·加西亚（Hector Garcia）的说法：

> 众所周知，亚伯拉罕诸宗教（指犹太教、基督教和伊斯兰教）中的神已被女性化了。在《以西结书》中，耶和华被描述为有两个女人，撒玛利亚和耶路撒冷。这里，他将这两座城市完全当成了他生命里的两个女人，我们随后会谈到这个话题。但值得注意的是，是两个妻子而不是一个。此外，在《旧约》中，数十位族长也都是一夫多妻，他们包括：亚伯拉罕、亚比雅、亚哈、阿苏尔、贝尔沙撒、大卫、埃尔卡那、以扫、基甸、何西阿、雅

各布、约兰、约阿施和耶和华。所罗门王胜过他们所有人……他有700个妻子、300个妃嫔(《列王记》, 11:1-3)。[7]

你可以回想一下水门事件调查时的口头禅: "跟钱走。"当谈及狂热的邪教甚至是主流社会的习俗时, 这里的口头禅就变成了"跟性走"。你会发现, 由男人建立的社会体系通常会因此而确保这些男人跟无数女人发生性关系。有些宗教公开在领导层中践行独身主义, 比如罗马天主教和某些佛教分支, 但事实上, 他们可能会也可能不会像宣扬的那样自我限制, 远离人类的繁衍事业。

男人攫取后宫妃嫔的倾向, 并不局限于新成立的宗教或邪教。自然选择为男人的性欲赋予了某种特别的诱惑, 这反映了他们作为精子制造者的现实, 也刺激了这些精子制造者在有机可乘时跟多个性伴侣交配。这种现象被称作"柯立芝效应", 它来自下面这个故事。这故事可能是捏造的, 但涉及的现象绝不是。话说柯立芝总统和夫人陆续来到一个模范农场参观。总统夫人发现, 有一只公鸡频繁地跟母鸡交配。于是, 她问管理员"这样的事经常发生吗", 结果被告知"每天都发生很多次"。于是, 夫人要求管理员把这件事告诉即将到来的总统。听到这样的报告, 柯立芝总统问道: "每次都是跟同一只母鸡吗?"管理员回答: "哦, 不是, 总统先生, 公鸡每次都爬不同的母鸡。"总统回复说: "请把这件事也告诉夫人。"

事实表明, 当跟一只新母鸡交配时, 公鸡的射精量要多于跟一只旧母鸡交配的情形。[8]有一篇学术论文谈到了这些发现, 题目叫《雄性家禽中复杂的精子分配》(Sophisticated Sperm Allocation in Male Fowl)。还有一些证据发现, 人类也参与了相当"谨慎"的精子分配, 他们跟新伴侣在一起时会射精更多, 在性交时比自慰时射精更多。[9]

提出柯立芝效应的是弗兰克·比奇,他是著名的比较心理学家,也是一名动物和人类性行为的早期研究者。这一效应在很多鸟类和哺乳动物中都存在:不只是粗鄙的家禽,还包括马、牛、猪、山羊和绵羊。让一只母羊接近一只发情的公羊,他就会爬到她身上。也许他还会再爬跨。但过一阵子,他对她的热情就消失了。但如果再来一只母羊,他又会兴致勃勃。

同样的事也会出现在人类身上,主要是那些追求一夫多妻的男人和酷爱刺激的男人。但基本上没有女人会有同样的能耐,即便这一幻想依然存在,比如"高大黝黑的陌生人"会对她们很有吸引力。一个夏日的浪漫邂逅或类似的情形绝对可以吸引女人,不亚于对男人的吸引。但需要留意的是,这里的重点在于浪漫邂逅,而不是艾瑞卡·琼(Erika Jong)[1]记忆中所谓的"猛禽"。谈及性刺激,一个新异的伴侣本身就足以对男人产生色情诱惑,但这种情况在女人身上不存在。

这是一种有趣的反讽:男人能获得更多,比如他们能从多次交配中留下更多后代,而女人的身体则能"容纳"更多性行为。这样说来,一个女人可以一晚上满足好几个丈夫,而且可以不断这么做,但一个男人绝对不能同时满足好几个妻子。然而,如前所述,社会体制经常以某种方式组织起来,而其中一妻多夫的情况极为罕见。在《地球来信》(*Letters From the Earth*)一书中,马克·吐温从这个悖论中获得了极大的乐趣。他描述一个魔鬼在拜访了我们这个星球后,报告说他发现了什么:

---

[1] 艾瑞卡·琼是美国小说家和诗人,1973年发表了小说《怕飞》(*Fear of Flying*),这是她最有名也最有争议的作品。在这本书中,艾瑞卡对女人的性行为和性体验做了大胆的描写。

现在，你有了人类"推理能力"的一批样本了，他就是这么称呼他们。他观察到了某些事实。比如，在其一生中，他从来都没有遇到过这么一天，他居然能满足某个女人。同样，也没有哪个女人遇到过这么一天，她居然过于劳累，一败涂地，从而让横陈在她床上的十台男性装备无法正常运转。把这些惊人的暗示和明显的事实放在一起，他从中得出了一个令人惊诧的结论：造物主试图把女人限制在一个男人身上。

现在，假如你跟任何其他真正聪明的人一样安排男人和女人，在他们之间实现公平合理，那么你就会把男人对女人的兴趣减少为原来的1/50，而同时让女人拥有成群的男人。现在，难道你不会这么做吗？我觉得有必要直抒己见，这个破烂的物种恰好安排错位了。

谈及性生理学时，马克·吐温笔下的魔鬼说得完全正确。但从进化角度来看，更符合逻辑的是一个男人想要跟多个女人交配，而不是一个女人想要跟多个男人交配。在这种情况下，进化的生物学逻辑赢了，至少在谈及大多数社会允许的繁殖安排时都是这样。

在这一生物学逻辑的许多其他案例中，不少研究考察了男女两性的行为差异，这种差异最一致的表现通常跟对多个性伴侣的渴望有关。诚然，女人可能也对拥有多个性伴侣感兴趣，通常因为受文化传统的压制，她们不会承认这一点；但在全世界的人类中，男人明显对这事更感兴趣。下面陈述的就是对这一模式的总结，来自一本书，名叫《择偶智力的问世：心智在性、约会和爱情中扮演的角色》(*Mating Intelligence Unleashed: The Role of the Mind in Sex, Dating and Love*)[10]，稍有修改（在这本精彩的书中，下面的每一个陈述背后都有学术性参考文献的支持）：

1．在全球48个国家，跟女人相比，男人都报告说这一辈子想要更多性伴侣。

2．在53个国家中，男人都比女人具有更高的人际性行为水平（滥交的一个指标），而女人在性驱力的强度上跟男人相比有更大的变化。

3．在快速约会时，男人会选择更多的伴侣。

4．在问及在一段关系中相处多久才能上床时，男人回答需要的时间远比女人少。

5．男人报告了更多做爱的理由，而他们的这些理由更多地围绕着伴侣的长相和身材。

6．跟女人相比，男人更可能跟亲密关系之外的某个异性发生性行为。

7．跟女人相比，男人更可能跟不同的女人多次发生性不忠行为。

8．跟女人相比，男人更可能寻找短期性伴侣，而这些女人通常是有夫之妇。

9．跟女人相比，男人更可能在性幻想中出现短期性行为，涉及多个异性伴侣。

10．跟女人相比，男人更可能花钱参与短期性交，无论是跟男人还是跟女人。

11．跟女人相比，男人更享受涉及短期性行为及多个性伴侣的色情杂志和录像带。

12．跟女人相比，男人更渴求多个性伴侣，也更可能拥有多个性伴侣，还能从多个性伴侣中获得更多的繁殖收益。

13．在短时间内，男人比女人更渴望拥有众多性伴侣。

14．男人比女人更可能参与一夜情。

15．在短时间内，男人比女人更快地同意跟对方发生性行为。

16．跟女人相比，男人更可能答应跟陌生人做爱。

17．对于随意性行为和短期交配，男人比女人态度积极。

18．跟女人相比，男人不太因为短期性行为或"约炮"而后悔。

19．跟女人相比，男人更能接受没有承诺的性行为。

20．选择短期伴侣时，男人会降低择偶标准，而女人则会加大对外表好看的重视。

21．跟女人相比，男人更可能误认为陌生人对自己有很多性趣。

这些概括说完了。我需要强调一下，尽管这些发现在统计上成立，但也仅此而已：它们仅仅是概括，意思就是说，通常情况下是这样。大家都知道，个体差异很大，而具体情况不仅受个体差异的影响，还受当地文化规则和各种因素的影响，特别是谈及可以描述为对性自由、性随意的期望时，这一因素更中立的说法是态度。在这个意义上，挪威或许能给我们带来更多启示。跟大多数国家相比，挪威社会在很多方面都男女平等。但即便如此，挪威女人报告说，她们在接下来的一年里想要大概两个性伴侣，而挪威男人想要七个。[11]

在电影《窈窕淑女》（*My Fair Lady*）中，亨利·希金斯（Henry Higgins）教授大声疾呼："为什么女人不能像男人一样？"事实上，在很多方面，女人都能做到跟男人一样，反之亦然。但谈及某些我们下意识中最私密的生物学细节时，女人跟男人的确很不相同。而这些差异远比生殖系统更有趣，虽然如前所述，生殖系统的各个方面导致了很多微妙的行为差别。除了对多个性伴侣的偏好差异，还有一种普遍的男女差别，那就是男人特别喜欢从年轻和漂亮的角度评价女人，而女人则特别喜欢从生物学家称作"资源禀赋"的方面评价男人，其实也就是财富、地位、权力，以及类似的东西。

在坦桑尼亚的哈扎人中，大型猎物是主要的资源，而这里的女人对男人作为猎手的勇猛无畏印象深刻。[12] 这种东非原住民的行为模式，在亚马孙的热带雨林地区也很普遍：在厄瓜多尔科南博附近的一个地区，有一个小型的狩猎和采集部落，女人评估男人的吸引力时，主要看中的就是他们的"战士风范"和打猎技巧。[13]

有这么一项经典研究，进化心理学家戴维·巴斯发现，在包括37个国家和地区在内的一份跨文化样本中，女人选择配偶时会一致看重他们的财富状况、进取心和勤奋，而男人则一致在乎的是女人的身体魅力和相对年轻。[14] "在所有37种文化中，女人都比男人对潜在伴侣的经济前景更为看重"，巴斯报告说，"而全世界的男人都比女人更重视对方的年轻和身体吸引力，这两个因素跟生育力和繁衍价值密切关联。"

随后，为数众多的研究检验了在线约会广告中的男女差异，发现了同样的结果：男人比女人更愿意发布自己的财富状况，而女人比男人更愿意公布自己年轻，长得好看。毫不奇怪的是，代表男人财富的种种线索，会让女人做出热情回应。[15]

有一定年龄的读者可能会想起下面这首民歌，它在20世纪60年代曾一度流行："如果我是个木匠，而你是个淑女，你愿意嫁给我吗？你愿意为我生孩子吗？"把浪漫的幻想抛在一边，在绝大多数文化下的绝大多数的淑女，将会毫不迟疑地回答："做梦吧！"

基本的模式得到了巴斯和他同事无数研究的一再验证，那就是男人比女人更看重配偶的身体特征，而女人比男人更看重伴侣的社会指标。在其中一项研究中，一群女大学生会看到不同的男性照片，有些男人戴着劳力士表，穿着入时，另一些男人则穿着汉堡王制服。在被问及她们愿意跟哪个人聊天、约会、上床和结婚时，结果很一致，大家都能猜得到，我在这里甚至都不必透露了。[16] 如果是这样，为什么还要提这些研究呢？因为有些事实是如此简单直白，以至于有些人会发出"哼，不过如此"的反应，而这就意味着它们过于真实，很可能会被大家忽视。

为什么会有这种男女差别？一种可能的解释是，女人过于看重男人对资源（无论是名车豪宅，还是显赫地位）的控制，不过是因为女人相对贫穷，处于依附状态，而跟某些生物学因素中介的行为倾向无关。但来自瑞典的一项研究反驳了这种解释。瑞典，我们都知道，像所有北欧国家一样，男女在经济和社会地位上格外平等。即便如此，瑞典女人还是比瑞典男人更看重对方的经济状况。[17]

有趣的是，女人不是只看重男人的财富；一个男人的资源是怎么来的也很重要。跟继承财产相比，一个自己挣了大钱的男人更容易获得女人的芳心。[18] 这暗示说，女人关注的其实是男性的人格特质（比如有抱负、聪明、事业心），而不是简单地找个"暴发户"就行了。同样值得注意的是，这种现象主要发生在女人追求长期伴侣的场景下。她们想要找个男人玩一夜情时，就不会这样了。

经过很长一段时间，社会科学领域的研究者才开始承认：除了撒尿时谁蹲着谁站着这样的问题，在几乎所有事情上，生物学都扮演了重要的角色。比如，社会人类学领域的开拓者布罗尼斯拉夫·马林诺夫斯基（Bronislaw Malinowski）[1]，在描述南太平洋特罗布里恩岛民的性关系时，不得不承认说，在谈及性交时，男人和女人之间存在明显不一致，而非彼此平等，即性交是"来自女人对男

---

[1] 马林诺夫斯基出生于波兰，著名人类学家，是现代人类学的奠基人之一。

人提供的服务",而"男人需要购买它"。在讨论这一点时,马林诺夫斯基觉得需要强调,这种男女的不对称性来自他所称的"习俗、任性或这里无关紧要的任何其他东西"的影响。在他的观念里,这种影响武断地"决定"了这一男女差异。[19]

马林诺夫斯基描述了某种性别差异的模式,但却认为它纯粹是由某一群体的特定文化习俗造成的。但显而易见,这种模式具有跨文化的普遍性,在很多地方都一样。倘若这种被讨论的倾向来自于任意和琐碎的习俗,那么它不可能是这样。要知道,不同地区和不同群体的文化习惯很不一样,而社会群体是如此之多,说不定在某些地方,女人会因为跟男人上床而给他们钱。此外,男人在评估女人的性魅力时看重她们的财富和地位,这种另类的可能也应该出现才对。但这些跟普遍模式相反的情形都不存在。

有一篇跨文化的文献综述得到了这样的结论,即便在工业化社会中,不但性是男人花钱从女人那里购买(或强迫她们给),而且一个男人地位越高,财富越多,他就越可能获得多个妻子。也就是说,这样的男人越可能妻妾成群。[20] 但在社会经济地位表现的另一端,情况截然相反。在早年的职业生涯中,乔治·奥威尔[1]在社会底层生活过一段时期。后来,他据此写了一部回忆录,名叫《巴黎伦敦落魄记》(*Down and Out in Paris and London*)。在这本书中,奥威尔看起来就像是个进化心理学家,因为他观察到"任何一个有教养的女人,到了最后,也总能吸引到某个男人",随后他描述了"流浪汉的情形",说他们:

---

[1] 奥威尔是英国小说家,代表作是《1984》和《动物农场》,这两本书也是反乌托邦的经典之作。

受到诅咒将永远单身。当然，这不言而喻，假如一个流浪汉发现没有跟自己阶层相同的女人，这些在他们之上（虽然只是高了一点点）的女人就会像月亮一样对他们来说遥不可及。理由根本不值得讨论，但毫无疑问的是，女人从来没有或几乎从来没有委身于比她们自己还贫穷的男人。因此，一个流浪汉在走上这条路的时候，就开始了一段独身的旅程。他绝没有希望获得一个妻子、一个情人或任何一个女人，除非对方是妓女。这种情况也极少发生，他还得为此攒上几先令。[21]

进化式一夫多妻制主题的回声，依然回荡在现代技术社会中。有人调查了法裔加拿大男人的情况，发现他们的社会经济地位跟繁殖成就之间没任何关系。然而，当研究者更深入地挖掘数据时，他们赫然发现，在一个避孕套发明之前的传统社会里（对大多数的人类进化史而言，这才是真相），有钱而成功的男人会留下更多的后代。他们考虑了交配的次数、性伴侣的数量，还估算了假如没有种种节育措施，那么"潜在的受孕次数"有多少。最后发现了这个秘密。[22]

所有上述内容都符合这样的预测：男人倾向于一夫多妻制，而女人青睐那种能有效提供资源、成为后宫主人的男人。那么，女人对一妻多夫制的偏爱是怎么回事？看起来，这里描述的男女差异反对这一倾向。但慢着！首先，我们需要牢记，男人通常都会公然谈论一夫多妻制。即便在那种没有正式拥抱后宫妃嫔制的社会里，男人也会受文化的鼓励，坦承他们有兴趣拥有多个性伴侣（至少，他们不太可能批评这种安排），而女人则被教育要在性行为上谨慎小心。其次，因为有了这样的文化约束，我们就更需要深入触及女性下意识的倾向和特质,以便探测出一妻多夫制存在的种种蛛丝马迹。

在繁殖生理学和行为内分泌学这些领域,有一种专家学者普遍接受的智慧,那就是女人跟许多其他雌性动物不同,她们没有发情期,不会"发情"。发情(estrus)这个词来自希腊语的 oistros,最初的意思是"牛虻,叮咬,以及疯狂的冲动"。也就是说,发情时动物的表现很疯狂,就像被牛虻叮咬了之后的受害者那样。很明显,女人不会发生周期性的性疯狂。跟所有其他哺乳动物相比,人类的女性对自身有无与伦比的控制力,她们可以决定跟谁交配,而这几乎肯定会为她们自己带来适应优势。

长期以来,有人(比如我[23])认为,人类值得留意的地方(可能也是他们的独特之处)就在于,在她们整个排卵周期内,女人都可以接受来自男人的性爱邀请。这跟一夫一妻制的逻辑是一致的,因为女人具有连续的接受性能力就能服务于伴侣绑定,而这有可能是我们的祖祖祖……奶奶使用的一种适应策略,借以把我们的祖祖祖……爷爷拴在身边,防止他们在性事上犯迷糊。这种观点认为,假如在家里一个月的任何一天,你都能获得性满足,为什么还要朝外面伸头探脑呢?

然而,最近很多发现都表明,跟我们拥抱了多年的这个民间智慧恰恰相反,女人并不是在排卵周期的任何阶段都有同样的接受性。这里的关键信息就是,女人在排卵期也就是她们最容易受孕时,会跟平时表现得不一样。而且,这些差异表明,在排卵周期的不同阶段,女人对男人的口味也不一样。说起来,最不可思议的就是下面这个研究了。在新墨西哥州的阿尔伯克基,袒胸露乳的脱衣舞娘会拿到多少客人的小费,取决于她们身处排卵周期的哪个阶段。令研究者(以及参与调查的女人)惊讶的是,结果表明,当脱衣舞娘最容易受孕时,她们得到的客人小费也最多。[24]这是因为,可能在这些特殊的日子里，她们精力充沛，舞姿迷人，魅力非凡。也可能是男人下意识中觉察到了这些女人的费洛蒙变化。或许还有其他原因，谁知道呢。

无论是因为怎样的当前机制，假如女人从来都处于一夫一妻制的交配系统中，那么她们就不会被自然选择塑造成在排卵期最性感的状态。事实发现，排卵期对女人的性行为有莫大的影响。下面就是一份最引人注目的总结（同样，它们还是来自对《择偶智力的问世》一书中相关内容的摘抄，略有改动）。处于排卵期时，女性会出现一系列变化：

1．参与更多由女人向她们伴侣发起的性行为；
2．对传统上"阳刚"的伴侣表现出强烈的兴趣，这些男人嗓音低沉，胡子浓密，上半身肌肉发达；
3．如果目前正处于一段亲密关系中，更可能发生性不忠；
4．更可能在非正式的社交场合下触碰附近的男子；
5．更可能被身材对称的男人散发的气味所吸引；
6．更可能被表现出创造力迹象（音乐、美术、言语等方面）的男子所吸引；
7．更可能亲身犯险，离家去很远的地方旅行；
8．对情色电影更感兴趣；
9．更喜欢穿裸露性感的衣服；
10．更喜欢跳动作富于活力、带有挑逗意味的舞蹈。

最近有一项精彩的研究扩展了第9条信息的内容。研究发现，至少在西方国家，女人排卵时最可能穿粉红色或红色衣服。然而，这种"红衣效应"仅仅发生在冬天而不是夏天。可能是因为天气炎热时，女人可通过其他方式吸引男人对她们身体的注意，比如穿裙子而不是靠鲜艳的色彩。[25] 反过来，排卵期女性的行为改变也对男人造成了明确的影响，结果如下：

1．如前所述，男人会给处于排卵期的脱衣舞娘更多小费；
2．男人发现排卵期女人的嗓音相对好听；
3．男人发现排卵期女人的体味相对好闻；
4．男人报告说，女人排卵期拍的照片比平时更漂亮。

这些排卵效应的意义颇具争论价值。显然，排卵时，女人经历的变化很微妙，否则她们也不会在进化生物学家发现了这些效应之后才知道这些常识。至少有一些进化心理学家坚持认为，女人事实上有发情体验。[26] 无论如何，有这么一种可能，即这些变化跟一夫一妻制的进化史完全契合，那时自然选择青睐这样的女人：在自己最容易受孕时，她们表现得格外性感。但是，对于某个一夫一妻制下的已婚女人来说，她在排卵期显得很迷人、很活跃，其实对她没有多少好处，因为她们事实上可以跟同一位性伴侣在任何时候交配。还有，在一夫一妻制下，自然选择肯定不会青睐离家远行、跟陌生男子频繁交往的倾向。此外，在她们最可能受孕时，女人若是不喜欢跟她们指定伴侣之外的其他男人做爱（即女人不喜欢一妻多夫制），肯定对这些指定伴侣更有吸引力。但可惜，这些都不成立。

作为一般规则，在大多数动物中，跟雌性相比，雄性会花费更多时间和精力，以追求交配机会，这种模式几乎肯定也适用于人类。然而，这种说法很难进行量化分析，因为两性使用的技术手段通常风格迥异，男人更明显，而女人更隐蔽。当一个女人不化妆就不会"出去"时，是因为她在寻找一个交配机会，还是因为她仅仅想让自己看起来状态最佳？如果是后者，那么让自己看起来"状态最佳"是否暗示的不仅仅是抛头露面？倘若这样，为什么不两个都做呢？

发情的另一面——无论是传说还是现实——就是隐蔽排卵。而在这里，人类虽然不是独一无二，但依然在哺乳动物和灵长类中显得格外奇葩。只要简单地参观一下动物园，你就能发现一只雌性的黑猩猩或狒狒，她们臀部肿胀，像是粘着巨大的红色花椰菜。但别担心，那不是肿瘤；相反，那是雌性的发情肿皮。女人可没有这样的东西。人类的排卵很隐蔽，因此即便到了医学发达的21世纪，一个女人什么时候排卵我们还是很难知道。为什么如此重要的生物学事实却如此保守，隐而不宣？

假设比比皆是，真相可没那么多。[27] 我开始说吧。值得留意的是，在其他灵长动物中，招摇的排卵广告跟多雄多雌的生活方式有关。或许，这是一种引诱雄性竞争的方式。借助于这个办法，某个排卵期的雌性就能发现附近雄性中最棒的那个（他也最善于竞争），并因他而受精。那么，为什么人类的排卵变得如此隐蔽？有假设声称，这是"留他在身边"策略的一部分。毕竟，假如一个男人不知道他的女人什么时候排卵，他就不得不时时刻刻跟她保持亲近，以免错过良机。这一假设符合下面的事实，即在她们的整个排卵周期中，女人都有很高的接受性，能跟男人发生性行为，这更增加了男人的疑虑，因此限制了他勾搭其他女人的可能性。

诡异的是，另外一个假设几乎跟刚才的那个完全相反。或许，隐蔽排卵就是一种策略，允许偷偷排卵的女人悄悄地跟周围的其他男人勾搭，而且就在她最容易受孕的时期。说到底，即便是一个孔武有力、酷爱支配的男人，也无法总是看护某个女人，特别是他的注意力很可能分散给了一群女人。这样的话，倘若某个女人清楚地知道自己排卵了，她就可能在这时留意外面的机会。通过隐藏她们的排卵状态，女人让自己拥有了更多的交配机会。

跟周围的其他男人交配，这样做会给女人带来什么回报呢？回想一下，我们前面谈到了这么个案例：在一夫多妻制动物中，某个雄性接管了后宫，很快就会大肆杀婴。事实证明，这位新上任的雄性不太可能杀死跟他交配过的雌性生下的孩子。从这个雄性的角度说，如此容忍是一种适应性的进化策略。同样有适应性的还有雌性的做法；她们以婚外交配为手段，为自己的孩子购买"杀婴保险"。[28]

隐蔽排卵可以跟一夫一妻制契合，也可以跟一夫多妻制契合。但更惊人的是，它还可以跟雌性的一妻多夫制契合，因为它给女人提供了更多选择，从而让她们自主选择交配对象。"类似发情"的倾向能引发其他男人的性关注。但除此之外，对作为后宫妃嫔其中一员的女人来说，她们在最容易受孕时变得特别诱惑人，还有另一种截然不同的进化解释。

著名人类学家克劳德·列维-斯特劳斯[29]说，在世界各地，婚姻本质上是男人之间缔结的社会契约，女人被作为一种性商品来交换，目的是巩固男人之间的社会关系。这种彻头彻尾的父权制观点，弥漫着大男子主义的气息，实际上是对现实的夸大。不过，显而易见，在各种文化下，男人会努力经营，还会明目张胆地控制女人的生活，特别是她们的性生活。相比之下，男人的性生活跟女人也有利害关系，但女人却没有同样强烈的兴趣，也很少使用身体威胁。（跟女人相比，男人看起来更喜欢拈花惹草。鉴于此，作为平衡，女人有时候的确不那么有自控力。尽管得再次强调，在涉及跟她们性伴侣有关的不忠时，女人不但拥有较少的身体和社会力量，而且在某种程度上，她们面临的进化适应度损失也较小。）

在西方文化的传统下，父亲"给了"女儿婚姻，虽然历史上这通常伴随着嫁妆。但在全世界大多数社会中，特别是在殖民主义和帝国主义迅猛崛起之前，男人通过"彩礼"购买妻子。不仅如此，他们通常还有权退货——倘若买到的妻子因为某种原因让人难以接受，比如新娘不是处女、新娘不能生育，诸如此类。[30] 有人仔细考察了200多个不同的社会，[31] 得出的结论几乎毫无例外，丈夫和他们家人对妻子的生育力表现出极大关注，而对方的"不孕"则会带来可想而知的抱怨。

这种关切，经常被社会科学家理解成基于这一现象的象征性和社会意义，但他们忽略了繁殖的重要，特别是对这些想要娶妻生子的男人。毕竟，女人确信她们生下的孩子是自己的，但男人却可能在这方面被骗，把另一个男人的孩子当成自己的亲生骨肉。

可以说，庞大的后宫妃嫔实质上就是财富和社会权力的展示，但这种理解遗漏了很多东西。比如，后宫成员的选择通常跟她们的年轻和好生养有关，而性接触常常集中于她们最有生育力的时期。据说，弗洛伊德说过这样的话，"有时候，雪茄就是雪茄"。同样，有时候后宫妃嫔就是后宫妃嫔——它是某些男人尽其所能，以拥有最多性伙伴、留下最多后代的方式。

看起来有点儿奇怪，但证据表明，女人的确有一妻多夫倾向，只要考察男人的睾丸和他们的射精就知道了。在高度一夫多妻制的大猩猩中，睾丸占体重的0.02%。大猩猩射出的精液比较稀，每次射精量大概有500万精子。而在多雄多雌制的黑猩猩中，睾丸重量是大猩猩的15倍，占到了他们体重的0.3%，而黑猩猩一次射精含有的精子量则是大猩猩的14倍，每次多达6000万个小蝌蚪。人类呢？我们介乎其间，但是更接近大猩猩：人类的睾丸占体重的0.06%，而精子的浓度为每次射精2500万。这种模式也跟每种动物中雌性平均拥有的性伴侣数量相一致：大猩猩，一生只有1个性伴侣；人类，1.1个；狒狒，8个；倭黑猩猩，9个；而常见的黑猩猩则有13个。[32]

中度的一夫多妻倾向预测，男人不仅会有相对较小的睾丸，同样也会有较少的支持细胞数量（这些细胞有助于滋养发育精子，有时候被称为"护士"细胞）。此外，男人也拥有较小的精子库存。在某些多雄多雌的动物中，精子竞争很激烈，雄性可以一天射精好几次，而不是像人类这样几天射精一次。顺便说一句，在某些动物中，雄性制造的精子会因为射精次数的增多而减少。比如在尖嘴鱼中，精子数量是几十个，而非动不动就数以百万计。[33]这是有道理的，因为尖嘴鱼的雌性把卵子放在雄性的育儿袋里，在那儿它们可以安全受精，而从来没有遭到其他雄性及其精子入侵的危险。

对任何依然被原始人滥交的幻想所诱惑的人来说，精子本身就是一种赠品。精子由三部分组成：头部（包含男人的DNA），中部含有大量的线粒体（亚细胞层面各种结构的供能装置），以及尾部。当一个物种参与大量雄性竞争时，中部构件的比例就会增大，在黑猩猩和倭黑猩猩中就是这样。事实证明，我们的睾丸尺寸相对我们的身体而言比较小，而且人类精子的中间部分在所有灵长类动物之中也是最小的。[34]

虽然跟我们亲缘关系最近的动物是黑猩猩和倭黑猩猩，但很明显，我们从来就不是从一种人皆可夫、人皆可妻的多雄多雌制环境中进化而来的。然而，更多的证据来自对灵长动物免疫系统的研究。有研究者考察了41种动物，观察其白细胞数目。这里的逻辑是，伴随着性交频繁而来的是性病风险的增加，因此也需要更强大的免疫系统。这一假设获得了支持：雌性的性伴侣越多，她们体内的白细胞也就越多。[35]此外，研究人员报告说："人类跟大猩猩靠得最近，而后者是一种一夫多妻制动物，只有很少的精子竞争。除此之外，跟人类关系最近的便是一夫一妻制的长臂猿。"

接下来，我们得谈谈阴茎。

如果你问一个孩子："阴茎是用来干吗的？"他可能会说："撒尿。"问一个成年人，他们将会回答："为了做爱。"或更详细地描述说："为了把精子送入女性的生殖道。"非常正确，但在许多动物中，雄性的阴茎还起着额外的作用：把前面雄性的精液除掉。某些种类的鲨鱼有双管阴茎，能用来提供一管子海水，从而在交配发生前把雌性体内存有的精子冲刷得一干二净。各种昆虫则会炫耀它们五花八门的钩子、铰刀以及各种汲取装置，它们也在交配之前起同样的作用。

有学者提出，人类的阴茎也是一种用于精子竞争的工具，因为它（特别是龟头看起来太怪异，人们难免要对其形状进行解释）作为一种"水管工的助手"在起作用，很适合跟充满活力的抽插配合，以便把从前男性沉积的精子给挤出去。[36]倘若史前时期的女人小心翼翼，除了跟她们一夫一妻制或一夫多妻制的丈夫交合之外，不跟其他男人交配，那么这样一种适应装置看起来就毫无必要了。因此，至少存在这种可能，即人类的阴茎表明（虽然不像精子和睾丸那么明白），女人存在一妻多夫制的交配倾向。

无论女人一妻多夫制的确切程度如何，女人持续的性接受能力对于维系一夫一妻制并无必要。因此，长臂猿（非常接近一夫一妻制，虽然不是100%）只在现有幼崽断奶后才会性交，这种活动只会在短短的几年里进行；这一模式也适用于一夫一妻制的鸟类。事实上，认为跟其他多偶制的动物相比，一夫一妻制的动物（在发情期之外的）在性生活上更活跃，这种假设没有得到明确支持。因此，人类女性相对持久的性接受并不必然指向一夫一妻制；它也很容易被理解成是对后宫成员之间彼此竞争的一种适应。此外，就其自身而言，经常和频繁的性行为并不必然会导致一夫一妻制：想一想以淫荡著称的倭黑猩猩（它们参与各种各样的性行为，包括口交和狂热非常的同性恋活动），它们看到树叶一落就想交配，而且这么做绝不会是为了服务于一夫一妻制的结合。

我们已考虑了某些很明显的生物学因素，它们把雄性的后宫主人跟雌性的后宫妃嫔区分开来，也把前者跟作为独立性行为主体（一妻多夫者，无论是公开的还是隐蔽的，当然后者更常见）的女人区别开来。现在，让我们更仔细地考察一番，探讨这些特征如何跟文化因素和择偶偏好相互作用；换句话说，是时候看一看性魅力和一夫多妻制风格了。

谈及选择一位伴侣时，我们并不清楚一夫多妻制社会跟一夫一妻制社会有何区别，尽管可能是这样：在一夫一妻制社会，存在更多的相互评估。这是因为，对一夫一妻者来说，他们把自己所有进化的鸡蛋都放进了一个篮子里，也就是将希望都寄托在对方身上。此外，当一夫多妻制盛行时，女人只会有很少的选择机会，要么是她们被自己的家庭逼迫，要么是她们被某个霸道的男人强行带入他的后宫。无论如何，当人类的男女寻找一段长期稳定的配偶关系时，他们表现出了明显的差异。

有一项研究调查了美国大学生，[37] 考察他们在参与四种不同程度的亲密行为时，对方的"挣钱能力"对他们的意愿有多大影响。这些行为包括约会、单次性关系、定期性关系、以及结婚。结果发现，在所有情形下，女人对伴侣挣钱能力的要求总是比男人高。有趣的是，其实大家都能想到，涉及婚姻时，无论男女，他们都认为挣钱能力最重要。

下面的事实不需要说，但还是值得一提，因为它太容易被视为理所当然，接着就被人忽略了：在所有的人类历史上，最终能娶到三妻四妾的，从来没有无地的村民、挣扎的劳工、在污垢中努力工作的农夫，或在大部队中地位低下、默默无闻的掷矛手。当亨利·基辛格说出"权力是终极的壮阳药"时，他就成了女人性行为的聪明裁判，丝毫不逊色于我们在本章开头提到的毛利人酋长。他们两个人是同行。

不计其数的研究，调查了为数众多的人类社会，最后几乎都得到了相同的普遍结果：强大或成功的男人最终拥有更多的情人，更多的妻子，以及更多的孩子，"一般"男人难以望其项背。在某种意义上，这起因于一个很简单的事实，前面也说过，即在很多传统的非技术社会里，被认定为"大人物"的男人的确是个大男人。因此，他们有足够的身体优势跟其他男人竞争，并占有女人。但似乎还有其他因素的介入，至少在某些情况下，我们必须考察女人（通常是无意识）的现实偏好或口味。

该花点时间谈谈雄孔雀和雌孔雀了，特别是前者那怪异的尾羽。长期以来，这种精致的装饰就不断让生物学家大感困惑，也让他们欣赏不已。从达尔文开始就这样，但绝对没有从他那儿结束。毕竟，需要大量的代谢能量，才能生成如此华丽的羽毛，这其实就是有性生殖黑暗面的一个典型案例。达尔文提出，雄孔雀高度夸张的羽毛之所以进化而来，是因为雌孔雀的选择，虽然他也不是很清楚她们为什么会有这样的偏好，他只是认为这些鸟类有一定程度的"审美意识"。那时候，生物学家也同意雌性选择无疑起了作用，但我们现在有了更好的理解（事实上，我们有两种相关联的看法），能解释为什么雌性做了这样的选择。（而且，我们很快就会看到，至少女人也可能做出类似的选择。无论怎样，在谈及男性的第二性征时，我们发现它并不像雄孔雀那样夸张奢华。某些男人的确会炫耀他们的东西，但他们的表达跟雄孔雀不同。）

关于雌性选择何以发生，下面是第一个答案：雌性倾向于选择跟带有装饰的雄性交配，这是因为考虑到她们自己的雄性后代也会有类似的装饰这样一个结果，如此，这些雄性后代在择偶时也会得到下一代雌性的青睐。这就是所谓的"性感儿子假设"，它建立在一个有趣的观点之上，即这样选择的雌性最终会适应得更好，因为她们的儿子会被优先选择，从而给他们挑剔的母亲带来更高的繁殖回报，途径就是他们为母亲生了更多的孙子孙女。第二个观点则认为，雄性有很多花里胡哨的东西，不只是拖着漂亮大尾巴的雄孔雀，还包括一系列其他的雄性特征，比如，精致分叉的鹿角、下垂的毛发和皮囊、低沉的嗓音、巨大的象牙，等等，更不用说他们通常很怪异的求偶动作了。这些花哨的特征要求个体付出许多生物学成本，因此只有最棒的雄性才能承担制造它们的代价，也才能在自己的生活中游刃有余地使用它们。[38]

简而言之，这些精致的雄性特征其实就是累赘，而雌性选择的是有了累赘还能生龙活虎的雄性！要知道，言语总是很廉价。雄性很容易就声称他是一个优秀的基因捐赠者，但根据"累赘原理"[1]（乍一看有点儿不合常理），某些雄性会通过自我妨害的方式来证明自身的素质，雌性选择他们就能获得优秀的基因，而最终这些雄性也赢得了胜利。

性感儿子假设和累赘假设，这两个假设并不相互排斥。事实上，雄性之所以性感，原因恰恰就在于他们能够越过障碍，负担累

---

[1] 进化生物学家扎哈维提出了累赘原理，认为某些诚实信号带有累赘性质，即为了向外界传达表明自己有某种优秀品质，个体通常要付出不菲的代价，而这种有代价的行为难以模仿，像是试金石，从而成了这种品质的有效证明。换言之，不诚实信号代价低，很容易模仿和伪装，而诚实信号则相反。

赘。此外，这些身负累赘的性感儿子很可能在雄性与雄性间的竞争中繁荣昌盛，只要他们展示了这些竞争需要的潜在能力。我们可以想象，附近的一只雄孔雀在自言自语："哇喔！看那个家伙。他一定是个非常优秀的家伙——没有寄生虫也没有病，遗传很棒——因此才能长出这么一个花哨而没用的尾巴，还四处炫耀！"当然，雌孔雀自然会印象深刻。（这反过来就让花哨的尾巴变得有用了。）

性感儿子假设也适用于人类。一个男人不需要有意识地评估一个女人，比如她年轻、健美、营养很好，也不肥胖，拥有热爱运动的紧致皮肤，健康的长发，坚挺的乳房，丰满的嘴唇和屁股。男人会下意识地认定这个女人很性感，因为她将会怀上健康的孩子。同样，发现一个男人很"可爱""性感"，或令自己神魂颠倒时，女人也不需要直接告诉她自己，"我喜欢怀上这家伙的孩子"。谈及我们的行为时，进化以多种方式起作用，最重要的就是激活下意识的偏好。

性感儿子假设、累赘假设或两者的某种组合，至少有可能在某些人身上起作用，这种作用不仅包括生理上的，还包括行为上的。女人是否会被自信、偶尔富有侵略性甚至带有暴力性的男人吸引，这是个未定的问题，有很大争议。对此，我有自己的一套想法：毫无疑问，特别是在我们漫长无比的史前时代，富有侵略性的男人（不考虑其他情况）能够为他们的伴侣提供保护，防止其被其他好战和龌龊的男人伤害。

在进化生物学的历史上，到处都是这样的例子：某种性状在中度时有利，但在极端时有害。这就是为什么大多数性状出现在人群中时呈"正态"或钟形分布：相对罕见的在一端，随着这一性状变得越发明显，拥有这些性状的人也不断增加，接着，随着该性状过于明显或突出，拥有这些性状的人则不断减少。新生儿体重的分布就遵循这种规律,比如 7 磅 6 盎司(约 6.7 斤)最常见,而无论是较轻还是较重的婴儿,都会随着体重的减少或增加而变得越发不常见,这算是一种最大适应度的恒温或负反馈过程。

谈及男人的侵略性时,某种类似的情形就出现了。做一个彻头彻尾的软骨头,或走向另一个极端,做一个过于好斗以至于不断陷入麻烦的狂暴者,都有问题。同样,女人不太可能被软骨头或超狂暴的浑蛋所吸引,根本原因就是,这样的人不仅对他们自己是祸害,也会给他们的家人带来灾难。但男人的侵犯性甚至暴力性,可能受到女人偏好的影响,至少存在一种矛盾的反馈过程。因此,至少有这种可能性,随着男人攻击性(它在当地的群体中变得极端,日益丰富)的增加,自然选择并没有因此而青睐较少的攻击性,反而偏爱较多的攻击性,结果就是,女人会偏爱能捍卫她们和她们后代免受另一个暴力男伤害的男人。

目前,我们不可能知道强奸在人类进化史上起了多大作用,但这种威胁会选择出女性对某些男人的偏好,他们能保护自己免受这种暴行的伤害——在这个过程中生下这样的儿子,他们自己可能使用性暴力的门槛很低,以至于很难跟我们前面讨论过的性嫉妒加以区分。

这儿有一个"理论",由西尔维娅·普拉斯(Sylvia Plath)[1]提出,选自一首名叫《爸爸》的诗,我认为它捕捉到了某些真相:

> 每个女人都爱法西斯分子
> 靴子踩在脸上,狂野

---

[1] 美国著名女诗人,31 岁自杀而死,生前只留下两部作品:诗集《巨人及其他诗歌》(The Colossus and Other Poems)和小说《钟形罩》(The Bell Jar)。

一颗狂野的心，像你

对某些女人来说，一个残暴的男人表现出了无比强悍的形象，跟他亲近的好处要多于被他虐待的坏处。此外，粗暴的男人更可能留下粗暴的儿子，反过来，他们又会享有跟自己父亲一样的优势；这是性感儿子假设的阴暗面。如果是这样，那么做出这种选择的母亲生下的儿子更可能存活下来，更可能吸引某些女人，而她们跟他交配的成果就是留下大批粗暴的后代。换句话说，至少有可能独立于直接的男人间的同性竞争，性选择通过女性选择就足以在男人中导致暴力和残忍。通过同样的模式，它早已在其他雄性动物中制造了各种怪异甚至奇葩的性状。

所有这一切都还有争议。比如，女性主义人类学家阿德里安娜·齐尔曼（Adrienne Zihlman）和南茜·坦纳（Nancy Tanner）就提出过相反的看法：在我们的整个进化史上，女人基本上更喜欢正派而友善的男子。

> 女性喜欢跟表现出友善行为的男人交往并做爱，而不是那些相对粗暴、会威胁她们自己和孩子的男人。这幅场景就是，一个两足行走、使用工具、分享食物、爱好社交的母亲选择跟同样具备这些特征的男人交配。[39]

我们祖先事实上可能还是更喜欢友善而温柔的男人。当然，今天很多女人也这样，她们甚至会表现得无以复加。进化心理学家戴维·巴斯做了一项跨文化调查，结果表明，"无论男女，所有人都想要友善、体贴、聪明、健康和可靠的配偶"。然而，如前所述，男女两性间同样存在差异，特别是在看重身材外表（如男人）和看重"资源获取"（如女人）特征有关的方面。此外，可能某些女人被暴力型的渣男给启蒙了，迷恋上了他们这号人。我的猜测是，在前行的道路上，大多数人必须竭尽全力，做他们能做的事，找他们能找的人。

在描述人类一夫多妻制的证据时，我想强调的是，后宫防御能给某些相对强悍和暴力的男人提供报酬（即性别二态性）。如前所述，在某种程度上，这种二态性可能正是来自雌性选择。当然，同样可能的是（尽管我不知道现在还有谁认可这个假设），性别二态性来自通过某种另类途径导致的一夫多妻制：不是说雄性被自然选择塑造得更高大，而是说雌性被塑造得更矮小。这种机制以如下的方式运作：在一夫多妻制的交配系统中，雌性若能更早获得性成熟，就有更多机会进入后宫。因为性成熟较早伴随着体型的矮小，自然选择在使得月经初潮提早的同时，也使得雌性变得更矮小，从而导致了更明显的性别二态性。但为什么某个类似的模式不会在男人中导致性成熟的提早呢？因为我们前面说过，雄性之间的同性竞争使得提早从男孩变为男人的个体处于不利状态，在力量上居于劣势，而这一点在从女孩变为女人的成熟过程中不存在。

无论如何，性和暴力之间存在一种令人遗憾的关联，需要我们面对。同样需要我们面对的，还有性和恐惧之间的某种特殊联系，这种联系和特定性别有关。在许多动物的雄性中，攻击和性完全契合，而恐惧则有抑制作用。一个男人如果担惊受怕，就很难维系勃起状态。而绝非巧合的是，"唤起"这个词既暗示了性动机，也暗示了攻击性。相比之下，恐惧并不抑制雌性动物的性交（虽然它会抑制雌性体会到的性满足）。人类强奸的悲惨现实表明，男人的性行为跟侵犯和暴力经常共存，而恐惧并没有防止女性免受强奸，某个坚定（但她们根本不想要他）的性侵者迫使她们怀孕，成为受害者。

至少在西方文化下，很明显的是，男人发起的性行为跟侵犯有密切关联，偶尔还会导致暴力。即便是非生物学取向的观察者，比如人本主义心理学家亚伯拉罕·马斯洛（Abraham Maslow）也会指出，男人的性行为跟操纵、支配、侵犯、身体控制，以及让前任伴侣臣服有广泛的关系。[40]"肏你"是侵犯，而非爱意；同样，"搞""干""上"之类的词也都被用来表示发起攻击。在人类之外的许多灵长动物中，一根竖起的阴茎就是明显的威胁信号。在传统的人类社会以及史前艺术中，同样的形象和雕塑也都普遍存在于当时的肖像作品中。

苏珊·格里芬（Susan Griffin）写道："许多男人几乎能从所有形式的暴力中获得性快感。在我们的社会中，无论动机如何，男人的性事和暴力之间的关系看起来难以割裂。詹姆斯·邦德交替地甩出他的左轮手枪和他的鸡巴，虽然在开枪的技术跟做爱的技术之间没有任何已知的联系，但绥靖主义看起来会让人怀疑懦弱。"[41]在这段描述中，我们需要明白，男人的暴力和性事之间"已知的联系"是存在的，而这种联系要么因一夫多妻制而产生，要么因它受到了强化。

因此，倾向于建立后宫的成功男人获得的进化回报，至少来自两个不同的方面，两者在结果上则合二为一。一方面，男人跟象海豹没多少不同，他们必须直接竞争（或觉得他们必须竞争），甚至经常要对他人使用暴力。另一方面，成功的竞争者通常很吸引女人，因为他们在这些竞争中成功了或有成功前景，无论是侵犯别人还是自我防御。而这种吸引将会因为某种类似于性感儿子的现象而加速。同样可能的是，累赘过程也会介入，虽然看起来这种可能性不那么大。

在生物界中，有数不胜数的例子表明，作为求偶的一个重要组成部分，雌性会检验她们潜在的雄性配偶。在荒漠白足鼠中，雄性会跟雌性交配好几次，但只在完成第一次交配后射精。随后的爬跨看起来没什么功能，因为精子已输送完毕了。然而，雌性荒漠白足鼠只有在这些反复的"无用"交配后才会排卵，[42]显然是因为只有一个雄性占据了社会支配地位，才能做出这一系列的交配行为；如果他被打断了，就表明他地位不高。所以，只有雄性能较长时间占有一群雌性，通过这种方式证明了他的勇气之后，雌性才会继续投资于她的卵细胞，准备随后的怀孕和哺乳。

这并不是说人类跟荒漠白足鼠一模一样。我想说的是，我们人类的性生活在很大程度上反映了雌雄两性的特征，它们本身是因应一夫多妻制的挑战而产生的，而这些特征同时也强化了一夫多妻制。

到目前为止，我们考察了人类一夫多妻制的基本参数（第一章），它对暴力的影响（第二章），以及对性行为偏好的影响（本章）。当谈及性吸引力时，能讲得通的不仅是男人彼此竞争，以便有机会接触女人，特别是那种能为他们提供潜在繁殖回报的女人，还包括女人偏爱那些能提供互惠前景、从而有助于做出这一决策的女人适应成功的男人。说到底，我们这一物种在哺乳动物甚至在灵长类中都非同寻常，在某种程度上，这是因为人类的婴儿一生下来就脆弱无助，这一状态甚至会持续几年甚至几十年。在下一章中，我们将考虑在涉及养育时，这个充满了魅力、偏爱、向往、竞争、渴望、寻求、吸引、排斥、讨厌和希望的主题如何进一步展现影响。同时，我们将再一次看到，一夫多妻制格外重要。

第四章
妈妈更爱你

这儿有个案例,谈的是人类学家所说的"跨文化普遍性":在任何一个社会中,男人的父爱都没有超过女人的母爱。事实上,在任何一个社会,论疼爱孩子,没有哪个男人能跟女人相提并论。如前所述,这是体内受精难以避免的结果。在漫长的进化史上,男人根本没什么办法能确切知道,他们的孩子事实上真是他们的,而进化自然而然就把同样的保证给了女人。就事论事,这一差异提供了一种强大的生物学理由,使得公然的一妻多夫制遭到了普遍的抵制,因为提升男人对他们父亲身份的确信,不仅跟男人发起的暴力活动有关,还跟男人对孩子的投资有关。这也解释了为什么作为一种制度化的人类现象,一妻多夫制如此罕见,以及为什么它几乎总是秘而不宣(无论在动物中还是在人类中)。

说起跟他们后代血缘关系的确信与否,男人和女人存在明显的差别,[1]这也揭示了为什么是女人而不是男人喂奶这一奇怪的现象。表面上,由母亲而非父亲哺乳看起来天经地义……直到我们后退一步,问一问为什么。毕竟,刚刚生完孩子,女人历经了怀孕和分娩的诸多压力,看起来更公平也更有助于提升孩子适应度的做法,便是父亲投入进来，喂养他们的婴儿。但这对任何地方的任何人来说都不成立，在任何哺乳动物中也一样。我们都听说过游手好闲的父亲；而只要稍微有那么一点儿进化智慧，我们就能理解，为什么极少有母亲游手好闲。这种智慧还能帮我们理解，为什么父亲的不参与在一夫多妻制动物中更明显：一夫多妻制越严重，父亲就越是游手好闲。

有一句古罗马的谚语说，父亲总是不确定的（*pater semper incertus est*）。而在此之前，在荷马的《奥德赛》这部史诗中，我们就无意中听到了忒勒玛科斯和雅典娜这么谈论奥德修斯：

> 我母亲说，他是我父亲，
> 就我自己而言我不知道，
> 因为无人知道谁生了他。

当然，在谈及男人不确定谁是他生的孩子时，这种不知道就更明显了。而说起生物学家称为"亲代投资"的这一现象时，这种不确定就会带来实实在在的问题。问一个男人他是否有孩子，有一种喜剧中常见的回答就是"那我可不知道"——但这也是一种生物学事实。

对大多数动物（包括人类）中的雄性来说，他们需要花很大力气，冒很大危险，才有机会参与交配，但这么做了之后，后代的生产就能以相对较小的成本实现。此外，由于雄性哺乳动物缺少雌性所具有的对亲代身份的确信，他们还没准备好养育这些后代，而雌性就能做到这一点。结果，雄性花费了大量的时间和精力，用于所谓的"交配努力"，通常包括跟其他雌性交配的尝试，而不是投资于他们（或他们配偶）的孩子，因为孩子可能并非亲生。另外，雌性，特别是在一夫多妻制动物中的雌性，通常想要获得性资源没什么困难，因而她们花费更多的时间和精力用于"抚育努力"，投资于她们可靠的后代。

通常来说，繁殖成就跟雌性灵长类社会地位的高低没什么关系。有人回顾了非人灵长类的研究，发现大概三分之一（34%）的高地位雌性生育了比她们份额稍多一点儿的后代（38%）。[2] 在大多数动物中，雄性的相应数据很难获得，尽管我们很容易就猜得出，他们后代的数量分布更为偏态，差异更大。可以肯定，通过提高社会地位，雌性也能提升她们的整体适应度，但这种提升还是无法跟雄性相比。其实，雌性能用另一种办法来提升她们的适应度，那就是着力于养育。对她们来说，毫不奇怪，重点在于质量。而对雄性来说则相反，交配越多，效果越好，他们看重数量。

但获得额外的交配并不容易，倘若你是雄性的话。即便暴力不是问题，雄性的交配努力也是出了名的比雌性的养育努力更危险。这种对比，在马丁·达利的描述中清楚地表现了出来，他是一名进化心理学家，研究我们在第二章提到的凶杀现象。在跟妻子马戈·威尔逊一起把注意力转向智人之前，达利研究沙鼠的行为和生态。这是一种生活在沙漠中的小动物。达利写道：[3]

> 在撒哈拉沙漠里，生活着好几种沙鼠，这是一种小型的啮齿动物，长得很像起源于蒙古的那种常见的宠物沙鼠。大多数沙鼠都是独居动物。在严酷的撒哈拉沙漠里，只要有很少的绿色植物，单个的雌性就能居住下来，捍卫这片足以为她们自己和她们幼崽提供充分食物的领地。因此，雌性的分布跟食物资源有关（养育努力），但对雄性来说关键的资源是雌性自身。雄性沙鼠生存的动力就是到处奔走，呼唤雌性（择偶努力）。雄性努力拜访

尽可能多的雌性,也尽可能频繁地拜访,以便能在每个雌性最易受孕的那一天逮住机会。为了这个目的,雄性经常东奔西走。他们喜欢住在某些几乎没有食物、很难吸引雌性的洞穴里,但这些洞穴位置绝佳,很方便拜访散居在食物充裕地区的多个雌性。

这些沙鼠提供了另外一个案例,表明雄性之间相互竞争有多危险。雌性有很好的机会能活过一年或更久;她坚持住在一个熟悉的小块区域,这里植被众多,而且同时维持着好几个逃生出口。可是相比之下,一只雄性通常要在开阔地带跑上数百米,不断地靠它的爪子谋生活,以便拜访某位雌性,对方肯定会把他赶走,但在赶走之前又可能愿意跟他交配。这实在是个危险的任务。整个地区的成年雄性每几个月就要报废一批,而雌性则安全地生活在她们的领地中。虽然每次断奶时,不同性别的幼崽数量相等,但到了成年,雌性沙鼠的数量常常是雄性的两到三倍。

在此之前,我们回顾并总结了一夫多妻制跟性别二态性之间的关系:一夫多妻倾向越严重,男人就越是比女人高大。然而,生物现象异常复杂,事情不会如此截然分明。在很多哺乳动物中,情况恰恰相反,雌性比雄性高大,而且它们还不是一妻多夫制(一妻多夫的哺乳动物甚至比一妻多夫的鸟类要少,后者据说相当多)。在不少动物中,雌性都比雄性更高大,更威猛;比如毛丝鼠、棉尾兔、小羚羊(一种非洲产的小型羚羊)、狨猴(一种小型的新世界猴),以及更多种类的蝙蝠,你甚至可以把它们装进一座普通的钟楼里。

有一种可能的解释在数十年前就受到了生物学家凯瑟琳·拉尔斯(Katherine Ralls)[4]的强烈支持,现在成了著名的大块头母亲假设（Big Mother hypothesis）：鉴于怀孕和哺乳要求很高，因此一个更壮更重更顽强的母亲更可能把这些任务完成好。还记得性双熟现象吗？雄性的社交成熟和性成熟都比雌性更晚。鉴于繁殖的生物学对母亲的生理要求比父亲多，这种模式就作为"一夫多妻制"套件的一部分出现了，引起了生物学家的关注。

为什么在某些动物中，雌性会比雄性高大？我们根本不知道，但至少有这么一种可能：拉尔斯的"大块头母亲假设"找到了某些理由，而它们如前所述，不包括一妻多夫制。"大块头母亲假设"对某些蝙蝠的解释很有道理：在这些蝙蝠中，怀孕的雌性必须带着她们未出生的胎儿到处飞，这样就能有额外的肌肉，跟身材苗条的状态相比更有适应力。因此，谈及体型的自然选择时，并不总是择偶努力（雄性专长）战胜养育努力（雌性专长）。无论如何，重要的是，在哺乳动物中，雌性比雄性高大的物种从来不会实行高度的一夫多妻制。

同样重要的是评估在谈及养育努力时，雌性哺乳动物会投资多少。让我们回过头来，看一看第一章中说过的象海豹吧。比如一只雌性象海豹重700千克左右，她要生的幼崽体重大概是50千克。也就是说，幼崽的体重是母亲的1/14，相当于人类63千克重的母亲生下了4.5千克重的婴儿。因此，跟人类母亲相比，雌象海豹最初对孩子的投资没什么不同。但在接下来的第二个月左右，象海豹幼崽的体重会翻一番，从50千克长到100千克，这都是因为它吸食了母亲的乳汁。就在这段时期，母亲每给幼崽提供1千克食物，自己就要消耗2千克体重。而在同时，幼崽的父亲却不会为了孩子而让自己2500千克的体重有任何消耗，他们也不会为其他妻妾产下的幼崽（多达30到40头）做同样的牺牲。他们只管交配，准备做父亲，却从来没有承担过父亲的义务。

雄性动物通常聚焦于择偶努力。尽管如此，某些物种，特别是一夫多妻制倾向适中的物种，也表现出了明确的父性行为。毫无疑问，人类的养育主要是"母亲的工作"，但作为父亲的男人也承担了大量的工作，可能比任何物种中的雄性都做得多。在一篇详细的元分析报告中，有研究者考察了186种人类社会的繁殖生态学（这些社会中存在诸多的父亲投资现象），结果发现男人照顾后代非常普遍，能够大幅提升其子女的存活率。[5]

人类婴儿的成长需要大量的亲代投资。因此，尽管我们背负着一夫多妻制的包袱，但依然倾向于双亲照料，这也说得通。对男人来说，一夫一妻和一夫多妻、照料后代和拈花惹草等相互矛盾的冲动和拉扯，反映了生物属性与文化传统的相互作用，个人偏好的背后就是社会责任。同样的道理，女人则面临其他相互矛盾的冲突，一边是一夫一妻制，一边是一妻多夫制，一边是想要拥有多样化的性伴侣，一边还想确保对任何一个自家孩子的双亲照料，同时还得对付文化传统的诸多要求，这些要求严厉、多样而善变。

不管具体是什么样的社会团体，也不管它有怎样的环境特点，在养育孩子方面，全世界的女人都同样辛苦，或者说格外辛苦。相比之下，男人提供的照料和贡献有相当大的差异（通常，他们的底线就是，能少做就少做）。即便在现代西方社会，女人已经在劳动力构成中占了很大比重，进步很大，但跟丈夫相比，她们还是要做更多家务。[6]

找到一种动物，为我们这一物种的双亲照料提供有用的生物学模型，这很难，甚至不可能。因此，找出那些不适合作为模型的动物就很容易，我们也很容易就发现它们为什么不适合，这样做肯定更有指导意义。比如，我们不像非洲犀鸟。在这种鸟类中，雌鸟会在一个空荡荡的树洞里孵化鸟蛋。在此之前，雄鸟会用泥巴把她密封在内，只留下狭小的缝隙，以便自己借此给她喂食。这个缝隙很狭窄，像蛇之类的天敌无法钻进去。雄犀鸟是一个可靠的供养者，在某种意义上，你可以说他是宠爱孩子的父亲，但他并不直接喂养自己的后代。

同样，我们也不像倭黑猩猩或黑猩猩。在这两种动物中，最接近于父母照料的情形就是在黑猩猩中，雄性只做极少的贡献：倘若他们从前跟某位幼崽的母亲交配过，就不会杀死这个幼崽。我们更不像藤壶，雄性和雌性会偷偷把他们的精子和卵子排入大海，没有谁会做任何育儿工作。男人，相比之下，通常"很父亲"，甚至能够作为单亲养育孩子（当然，必须得有人提供乳汁或乳汁的替代品）。父亲很重要，不只是因为在校联盟比赛期间他会站在场边，或偶尔他可以把孩子送到牙医那里去。一些很有说服力的数据表明，特别是在传统社会里，亲生父亲的存在能极大提升孩子的成功率，甚至存活率。[7]

养育的意义甚至超过了父母的意义，后者是指任何有性生殖的物种，都需要雄性和雌性配子的结合才能繁殖。显然，人类对养育的需要来自我们婴儿的脆弱无助，而他们需要很多时间、精力、保护和教育，不只为了生存，还为了发展。而这意味着在进化上，他们要变为成人，独立自主，繁衍后代。呱呱坠地的婴儿脆弱无助，而我们的童年期则漫长而敏感，这些事实强烈影响了另一个重要的事实：人类的一夫多妻制。

首先，让我们考虑这些倾向的一夫多妻制层面，以及它们如何跟养育相互作用。和某位一夫一妻制下的妻子相比，一个住在后宫里的妃嫔从丈夫那里得到的关心和支持都更少。这是显而易见的事。但这并不意味着，一夫多妻制下的女人过得比一夫一妻制下的同伴更惨。或用进化术语来说,更不适应。在萧伯纳的剧本《人与超人》(*Man and Superman*)的附录中,他写道:"母性本能导致一个女人情愿给某个最出色的男人当第十房,也不愿给某个不入流的男人当唯一的妻子。"

简而言之,萧伯纳式的智慧——这是进化生物学家几十年后的说法——就是对许多女人而言,嫁给一个百万富翁,哪怕不得不跟其他妻子分享他的财富,也比嫁给一个穷光蛋成为他唯一的老婆好。换句话说,哪怕嫁给一个普通人,也跟嫁给百万富翁没法比。但我们很快就会发现,来自传统社会的证据强烈表明,实际情况并非如此。也就是说,跟萧伯纳的观点相反,一夫多妻制事实上对很多女人来说不划算。(对男人也不划算,因为它的竞争性后果导致大多数男人都会因此过得更糟糕)但眼下,还是让我们先来谈一谈传统的生物学解释,它跟萧伯纳的见解很接近。

大概半个世纪前,生态学家戈登·奥里恩斯(Gordon Orians)和他的研究生贾雷德·维尔纳(Jared Verner)提出了一种理解一夫多妻制如何进化的模式,而这一模式经受住了很多新兴理论的轮番挑战,也获得了众多经验证据的支持。[8] 它被称为"一夫多妻制的阈限模型"(polygyny threshold model),最初运用于鸟类,后来发现也可运用于哺乳动物,而且稍加修改,用在智人身上也没问题。[9]

这是早春,北美的一处香蒲沼泽地,平常总是能见到一群红翼黑鸟。雄鸟刚刚从它们南方的住处迁徙而回。它们歌唱,相互展示,偶尔会推推搡搡,最终在沼泽地上建立自家的地盘。不久之后,雌鸟开始到达,最初停留在所有领地上,也停留在所有雄鸟的附近。但很快,事情就发生了有趣的变化。试想一下,沼泽地分成了十个区域,每一个区域都由一名雄鸟占据。大概有六只雌鸟到达后,每一只都进入了不同的领地,女七号出现了,并没有跟男七号套近乎，而是打算跟男一号结为夫妇，即便他已经有了一位配偶，因此女七号就做了第二房。

随着移民的增加，总共十只雌鸟都来到了这片沼泽地，但他们并没有形成十对一夫一妻制的结合，而是有一只雄鸟有三个配偶，有两只雄鸟有两个配偶，有三只雄鸟各有一个配偶，还有四只雄鸟没有任何配偶。正如第一章讨论过的那样，在这种情况下，雄性在繁殖成就方面肯定比雌性差异更大。一夫多妻制已然出现，即便也伴随着一定程度的一夫一妻制，但有些问题不能不说。

一夫多妻制的阈限模型有一个特殊的优点，那就是它从雌性视角出发，提出了这样的问题：为什么某些雌性选择成为一夫多妻制下的配偶，加入某个雄性的后宫，结果她们只能得到自己配偶亲代照料的"一部分"，而其实她们可以成为某个单身雄性的单独配偶（甚至是精神伴侣），这位单身汉看起来拥有合格的领地，现在则因为没有配偶而憔悴？

答案涉及很多数学公式和精致的图表，其实很简单。假如某个雌性选择成为一夫一妻制下的伴侣，因为她和她的孩子会得到"丈夫"所有的关心，这自然会给她带来一定的回报。然而，成为后宫妃嫔的一员，对她来说或许是个更好的选择，前提是某个已婚雄性足够"有钱"（也就是说，他能提供充分的资源），能弥补因自己无法专心照料孩子带来的损失。在这个模型中，一夫多妻制的阈限，就是两个相互竞争的雄性（一个是单身汉，一个是有妇之夫）间的资源差异需要达到一定程度，使得雌性选择后者能更划算。

这一模型背后的假设是，从雌性的观点来看，要选择一夫多妻制，[10] 参与竞争的雄性必须提供足够的差异。在动物学的背景下，这导致了这样一种预测：当地的环境差别足够大时，一夫多妻制才会发生，无论这种差别是巢穴的适宜，食物的充裕，还是别的什么。此外,在那些父亲照料相对不重要的动物中,比如某些早熟的动物(像有蹄类哺乳动物),一夫多妻制也会出现。当然,还有一个条件,那就是雌性必须对于这些不同选择有选择权。

实际上,一夫多妻制的阈限模型适用于很多物种,特别是早熟的鸟类,它们通常占据复杂多样的环境。雄性的"财富"实质随着每种动物的生态差异而变化:在欧洲斑姬鹟中,是方便逃避天敌的高峻巢穴;[11]在北美红翼黑鸟中,是香蒲的密度(再一次,一种抗击天敌的优势);[12]而在鹦鹉中,则是阴凉的巢穴,它们能借以缓解开阔大草原上的夏日炎热。[13]

这个模型也很好地描述了某些哺乳动物的情形。比如,在甘氏土拨鼠中,假如在大草原上它们栖息地附近的食物来源丰富与否有较高的均质性,那么这些土拨鼠就会实行一夫一妻制。相反,假如喜欢的食物分布不均时,它们又会实行一夫多妻制。[14]"有钱"的雄鼠拥有丰富的栖息地,会跟多只雌鼠交配。尽管一夫多妻制的雄性在动物界混得不错,但这不意味着雌性会同样受益。比如,在黄腹土拨鼠(东部土拨鼠的西部亲戚)中,雄性可能占有一位、两位或三位雌性,而每只雌鼠的繁殖成就会随着后宫规模的增加而降低。[15]

人类的情况怎么样?一夫多妻制的阈限模型跟萧伯纳的嘲弄相当契合,有钱的男人取代了某些红翼黑鸟,他们占据了特别能提升适应度的资源,类似于鸟类的不动产。我们预期,在收入和地位的不平衡(相当于栖息地的异质性)越明显的情况下,一夫多妻制就越频繁、越极端。同样,有权有钱的男人应该更可能以一夫多妻的方式完成择偶事业。如前所述,情况就是这样,专制主义和收入不平等,以及后宫规模都成正比。前面说过,《古兰经》明确规定,一个男人最多只能娶四个妻子,而具体数量则取决于他的财富:

就看他是否有能力承担她们和她们的孩子。我们会在《古兰经》(4:3) 中发现："你们可以跟中意的女人结婚，娶两个、三个或四个，但若担心不能公平对待她们，那就娶一个吧。"

控制的资源越多，男人的繁殖成就越大，这种关联存在于不计其数的传统社会中，包括但不限于约穆特部土库曼人、[16] 特立尼达人、[17] 太平洋小岛伊法鲁克的居民，[18] 以及昆人（Kung）、蒙津人（Murngin）、努尔人（Nuer）、陶乐恩斯人（Taloensi）、拉其普特人（Rajput）和中国人。[19] 事实上，这种关联如此地一致而普遍，以至于大多数研究者都懒得去提它（这是另外一种"哦，不过如此"现象，就像女人偏爱有追求有资源的男人，以及男人喜欢年轻而貌美的女人一样）。

还有一种可能性，经常被人忽略，它认为一夫多妻制发生于某些场合下，反映了男人避免亲代投资的努力，而不是女人的主动选择，她们拿男人的资源禀赋来弥补他们父亲照料的缺失。有一种动物至少符合这种情况。在树燕中，有的雄鸟是一夫一妻，维系传统的领地，他们在其中交配，并照顾自己的儿女；而其他的雄鸟则是"浪荡子"，他们被认为不能生育，被贬低为"二流子"，因为研究者认为他们体质较差。但令人惊诧的是，有人发现，这些浪荡子不仅能繁殖，通常还比他们的一夫一妻制同胞更成功，他们的身体也不差。[20] 这暗示存在这样一种可能性，即更棒的雄鸟能实现一夫多妻，可能是因为跟这些雌鸟指定的社会伴侣相比，浪荡子对已婚雌鸟吸引力更大，而且他们还摆脱了照料幼鸟的重担，把这些活儿都丢给了尽职尽责的"好男人"。事实上，这些雄性就是宿主，而那些对雌性始乱终弃的浪荡子则是寄生虫。

我们留意到，即便在正式的一夫一妻制社会，一夫多妻的情形也经常发生。重要的是，它的发生，几乎总是源于某些男人的成就，他们能为自己的伴侣提供超过平均水平的资源。比如，卡拉哈里沙漠里住着布须曼人，他们栖居于资源稀少的严酷环境下，这导致了一夫一妻制成了部落里的主流。在这样的情况下，一个男人想要比自己的同伴积累更多资源是件很难的事。即便如此，5%的男人还是想方设法娶了两个妻子。[21] 在这种和其他类似的情况下，男人的成功跟侵犯或暴力没有多大关系，而更多地受制于获取资源的能力，而这种能力很受女人青睐。比如，她们的情人是一个熟练的猎手。在这种情况下，当前的诱惑可能就是定期有肉吃，营养丰富，而终极的回报则是生儿育女，成就斐然。

倘若一小撮男人垄断了所有的相关资源，那么毫无疑问，女人"最好"还是选择一夫多妻制。原因很简单，她们若想实行一夫一妻制，就只能竹篮打水一场空！顺着这样的思路，灵长类动物学家萨拉·赫尔迪引用了19世纪女性达尔文主义者伊丽莎·伯特（Eliza Burt）的观点："在人类中，女人有义务勾引男人，以确保获得资源。"[22] 此外，如果存在由一群满是敌意的人类劫掠团伙或危险的天敌带来的种种威胁，那么一个女人最好还是跟某个强大而可靠的保护人站在一起。在这时，获得安全以及获得资源的方式就是（冒着听起来很冷血的危险），拿自己的卵细胞和生育力做交换。

在其他情况下，它是一种权衡。但不幸的是，在大多数一夫多妻社会中的大多数女人，其实没多少选择。通常来说，决定来自她们的父母或其他亲属，包括她们的哥哥和姐姐。至于她们在一夫多妻制下是否过得更好，结果存在争议。我们留意到，大量证据表明，富有的男人有更多的妻子，更多的孩子，这符合一夫多妻制阈限模型的预测。但另一个预测常常得不到支持，即一夫多妻制下的女人至少跟一夫一妻制下的同类过得一样好。

在某些情况下，女人明显会因一夫多妻制而过得更糟。一个研究较多的案例是西非马里的多贡人（Dogon）。我们对这些人的大多数知识（确实有很多）都要归功于人类学家贝弗利·斯特拉斯曼（Beverly Strassman）。[23]多贡人的社会结构以男人为中心：妻子要搬到丈夫家里居住（从夫居）；财富传给儿子而不是女儿（父传子）。此外，男人控制着社会、经济和政治层面的种种权力（男权制）。

当一个多贡女人来月经时，她就要搬到一个特殊的小屋里。但这也意味着，她的生育状况将受到密切监视。这种生育状况以及她的性行为，进一步受到了女性割礼的约束；她的阴蒂会被切除，使得性行为不那么舒服，这被认为能够削弱多贡女人参与性不忠的冒险倾向。[24]萨拉·赫尔迪留意到，"这样的话，和世上的其他灵长动物一样，拥有好几个年轻妻子的年长男人就能确信他父亲的身份；在多贡人中也是这样"[25]。

即便如此，但事实表明，在多贡人中，作为丈夫的男人并不是称职的父亲，他们大部分时间和精力都花在了择偶努力上。他们寻找机会以提升和维系自己的社会地位，想借此抓住机会拥有更多的妻子，而常常忽视自己的孩子。因此，这里的儿童死亡率非常高。大概一半的儿童五岁之前会死掉。此外，跟生活于一夫一妻制下女人身边的孩子相比，假如一个孩子诞生于一夫多妻制下某个女人的身边，他夭折的风险就会变为原来的7倍到11倍。这大概是因为这样一个关键的事实，即在一夫一妻制下，一个女人跟她的男人休戚相关，荣辱与共，一荣俱荣，一损俱损。因此，一个一夫一妻制下的男人更可能跟他的妻子合作，以便让他们共同的后代活得更好。

另外，从进化的角度考虑，一夫多妻制下的男人很容易因为重视数量（而非质量）受到犒赏。比如，一个有3个妻子的男人，假设每个妻子给他生了 1 个孩子，即便每一个孩子都有 50% 的风险夭折，但平均来说，他最后还是会得到 1.5 个孩子。相比之下，即便孩子的死亡率是零，但一个一夫一妻制下的男人，最后也只能得到 1 个孩子。

不可否认，在多贡人的社会，即便一夫多妻制对占有后宫妃嫔的男人来说是笔好买卖，但至少女人没有从中得到多少好处，她们的孩子也是。但这种情况很复杂，因为这里跟大多数一夫多妻制社会一样，同样是妻子但一开始就不一样，她们也不会得到一视同仁的对待，特别是低等妻子跟高等妻子之间通常存在差距。第一任妻子，几乎总是更有权力，也比其他后来的年轻妻子过得更好。因此，至少对某些身居后宫的女人来说，她们的处境不会因为她们的男人娶了新妇就变得更糟。

比如，在塞拉利昂的门德人（Mende）中，平均而言，一夫一妻制下的女人比一夫多妻制下的同伴生下的孩子更多。然而，在这些一夫多妻制的婚配中，最高等的妻子在繁殖上不仅比她们的低等同伴更成功，也超过了一夫一妻制下的女人。[26] 在同一个男人的不同妻子之间，总是存在支配结构，因此只可能是这些"低等妻子"受损害，而她们如果采取一夫一妻制的话，处境会更好。同时，新来的妻子因为更年轻，她们也更有生育力，但她们的后代处境更危险，因为她们在家中的地位较低，获得的资源较少。

多贡人的一夫多妻制值得探讨，原因很多，绝不仅仅是因为这种生活方式正在快速消亡。贝弗利·斯特拉斯曼指出，在多贡人的社会，大家普遍都知道，在婚姻中，新娘通常比新郎年轻得多。[27] 这种文化上的意识形态明显有利于高地位有钱人的繁殖利益。多贡人不可能是这种现象的唯一案例。文化规则和期望带有偏差，带有物种内的普遍性，通常有利于男人（特别是有权有势的男人）。毫不意外，这样的男人获得了不成比例的收益，既包括暂时的好处，比如财富、权力和声望，也包括进化的好处，比如繁殖。

大家并不清楚，为什么在多贡人中，一夫多妻制下的女人生的孩子会有如此之高的死亡率。但有这么一种广为流传的说法，多贡女人自己常常毒害其他女人的孩子。年幼的男孩特别容易因此而丧生。在一夫多妻制的"大家庭"里，假如这些男孩成了其他人的针对目标，那么原因就是女儿长大后会嫁到外面离开家（回想一下，多贡人实行从夫居和男权制），因而留下来的儿子彼此会竞争他们父亲的财产。这种情况反过来就促使恶毒而自私的多贡女人想方设法除掉自己儿子的对手。

这种情形在《圣经》中有非常露骨的记载。回想一下萨拉的做法，如《圣经》描述的那样。当她无法生育时，就把女仆哈加尔"借给"了丈夫亚伯拉罕，结果生下了以实玛利。他却引起了萨拉的怨恨，因为以实玛利跟萨拉自己最小的儿子以撒相互竞争。结局是萨拉把哈加尔和以实玛利赶走了。这件事正如传说所言，对随后的人类历史产生了极大影响：以实玛利被誉为阿拉伯人的祖先，（至少）在现代的中东，他的后人继续跟以撒的后代犹太人斗争不已。

非亲生父母构成了孩子被忽视、被虐待、被杀害的最危险因素。除了这一戏剧性的发现之外，有证据表明，仅仅是跟非亲生"父母"住在一起就会给孩子带来很大压力；这一现象不只存在于多贡人中。在加勒比群岛的多米尼加，有研究者收集了15000份唾液样本，接着分析了这些唾液的皮质醇水平，它是一种很好的压力指标。结果发现，某些孩子的皮质醇水平高于正常值，他们通常跟继父、跟同父异母或同母异父的同胞或跟更远的亲属生活在一起。这表明，跟那些生活在父母双全的一夫一妻制家庭中的孩子相比，这些孩子面临很大压力。[28] 表面上，没有任何一个多米尼加儿童生活在一夫多妻制的家庭中，但我们可以做出合理的推断，即当非亲生父母构成了自身环境的一个重要成分时，儿童就会体验到较多的压力，即便他们实际上未必被忽视、被虐待，或被杀害。

我们可能以为，在多贡人中，那些作为共同妻子的女人会彼此合作，以便所有人都获利，但这并没有发生。可能是因为这些人继承的土地很少，而按当地的习俗，所有或几乎所有土地都会留给某个或少数几个儿子。考虑到这一点，作为共同妻子的多个女人可能很想合作，但时不时就会发生致命的背叛。这么简单的一种行动，就会为自己的孩子除掉某个竞争对手。这样的选择太诱人了。

多贡人的这种情形绝非独一无二。跟他们很像的其他社会群体比如黄腹土拨鼠，也存在类似的情况。也就是说，与一夫一妻制者相比，生活于后宫中的雌性在繁殖上混得更差。有人在塞拉利昂调查了246名已婚的滕内（Temne）部族的男人，其中有133人实行一夫多妻制，结果发现一夫多妻的男人比一夫一妻的男人更"适应"，他们留下了更多的孩子。不仅如此，他们的"适应度"也会随着后宫规模的增大而相应增加。然而滕内女性就是另一番景象了。在一夫一妻制的女人中，四分之一的孩子会夭折，而在一夫两妻制的女人中，婴儿的死亡率则飙升到了41%。[29]

这儿有另外一个例子：在肯尼亚的基西奇人中，假如某个男人的妻子数目增加了，那么他能存活下来的孩子数目则会相应地减少。平均而言，一个已婚的一夫一妻制基西奇女人有7.05个活下来的孩子，一夫两妻制的女人则有6.82个，一夫三妻制的有5.58个，与更多女人分享同一个丈夫的女人则有5.81个。[30] 简而言之，如果一个男人打算娶第二任妻子，对第一个来说这永远是坏消息。

她不得不分享资源，肯定要跟这个新人（这个女人也会更年轻）以及她的孩子展开竞争。还有另外的证据，令人信服地表明，在撒哈拉以南地区，一夫多妻制的女人比那些一夫一妻制的女人要承受更多的痛苦：她们更容易罹患心理疾病，特别是抑郁，也更容易遭受身体虐待。[31] 除此之外，她们的孩子在各个方面都表现更差。[32] 这种情况对最年轻的妻子来说最有挑战性。她们的繁殖成就有可能最低，因为她们的孩子死亡率最高。

整体适应性理论（也叫亲缘选择理论）指出，一夫多妻制的代价会因为共同妻子间的姐妹关系而降低，这被称为"姐妹式一夫多妻制"。这跟某种类型的一妻多夫制相对应，其中某个女人的多个丈夫之间是兄弟关系。虽然如前所述，一妻多夫在动物和人类中都很罕见，但它在动物界一旦发生，就很可能是"兄弟式的"，即妻子的多个丈夫是兄弟。在一个深入研究的案例中，在塔斯马尼亚土鸡（事实上是一种不会飞的秧鸡）中，雌性通常采取一夫一妻制，但在偶尔的情况下，她们会跟两位雄性快速交配。在这种情况下，这些雄性几乎总是兄弟。[33] 从雄性参与者的角度看，一妻多夫制通常自身没多少吸引力，除非这些雄性是兄弟，在最坏的情况下（倘若某个雄性的精子不能让任何卵子受精），每个雄性都能保证他至少会成为孩子的叔叔，因此他的"整体适应度"也就高于零了。

同样，姐妹式一夫多妻制不只是对妻子有利，也对后宫主人有利，理由是一样的：这些妻子之间会有较少的冲突，因为每一个妻子都是另一个妻子所生孩子的姨妈。所以，即便每一个姐妹式妻子都会偏爱她自己的后代，但她也能在自己侄子和侄女身上获得遗传收益。

目前，很少有量化研究考察姐妹式后宫的繁殖状况。但其中一项最令人印象深刻的研究来自对澳大利亚土著人的考察，他们生活在阿纳姆地的东南部。³⁴ 在这些人中，作为后宫成员之一的女人跟一夫一妻制的已婚女人相比，她们经历的妊娠次数少，生下的孩子少，婴儿死亡率也较高。不过，若妻子们是姐妹的话，这些不利影响就会减弱。

另外，值得一提的是，在某些情况下［比如在尼日利亚的伊博人（Ibo）中］，³⁵ 某个一夫一妻制下的女人事实上会鼓励她们的丈夫再娶老婆，理由不仅仅是她们作为"唯一的妻子"觉得孤单，还因为这被视为耻辱。在伊博人的文化中，只有一个妻子的男人被认为不成功，也不是很理想。同样可能的是，尽管多贡女人在繁殖方面——比如抚养后代的成就——因为一夫多妻制而差强人意，但她们可通过提升自己孙辈的数量来抵消这些不利影响，前提是她们的儿子成功娶了多个妻子。这是另外一种通过"性感儿子"而实现的繁殖成功。就我的了解，还没有谁考察过这一现象。

一夫多妻制对女人的繁殖有不利影响，这样的证据远远说不上"充分"，还有另一个原因。至少有时候，男人再娶新妇是因为他们的第一任妻子无法生育。这种情形导致的结果就是，减少了每个妻子在一夫多妻制家庭中平均存活的子女数量。但也未必，因为这样的安排对每个牵涉其中的女人影响较小，她们的繁殖成就不会因为残酷的内耗而大打折扣。

然而，并不奇怪，假如能自由表达她们的观点，女人通常都不赞成一夫多妻制。在宣布一夫多妻制合法的国家里，印度尼西亚人口最多。现在，该国登记在案的婚姻中，大概5%都是一夫多妻制。在这里，女人通常站在街头，抗议一夫多妻制。很明显，即便符合她们的经济利益（假设是这样），但一夫多妻制通常不符合女人的心理利益——如前所述，只有某些时候它才符合女人的生物利益。而在大多数时候，女人都是被迫接受一夫多妻制，要么是直接来自父母和兄长（以及她们未来丈夫）的压力，要么是来自社会经济体施加的压力，因为她们没什么财富，也没什么权力。

那么，一夫多妻制对女人有利还是有害？这要视具体情况而定，主要看女人拥有多少自由，以及男人所能提供的财富和其他资源有多少。结果有点类似于围绕卖淫的争论。有些人，包括一些女权主义者，认为女人应该有权按市场价出卖她们的肉体，这样她们事实上就能利用男人的需要和脆弱，迫使他们付出很多女人能自由获得的东西。这种说法，对那些挣了天价财富的"高档女孩"无疑成立，但对大多数女人来说显然不成立。对大多数女人来说，她们靠卖淫只会收获很少，更不必提一种男人的支配体系带来女人身体和情感上的双重虐待，这种制度明显是在剥削她们。一夫多妻制就是这种情形。

然而，没有人怀疑，在一夫多妻制社会里，女人更可能最终找到某个有钱有势的男人结婚。但为什么会这样，依然有争论。比如，有人认为，女人倾向于"上嫁"——无论这代表的是加入某个一夫多妻制家庭，还是仅仅找个社会地位比自己"优越"的男人，跟他过一夫一妻制的生活——仅仅是因为，假如想要改善自己的社会处境，这是她们最好的选择。[36]有句话很好地总结了这一观点，它是一篇论文的题目，名叫《性别差异在人类行为中的起源：进化倾向还是社会角色》(The Origins of Sex Differences in Human Behavior: Evolved Dispositions or Social Roles)。它的结论是社会角色。

这一观点在直观上可信。毕竟，从来就没有真正意义上的母系社会，其中女人比男人拥有更多的社会和经济权力，这一点（而不是进化压力）也能解释为什么男人更不容易发生高攀婚姻。女人上嫁，男人下娶。此外，鉴于在一夫多妻制的情况下，男人控制了资源（加上女人几乎没有多少资源的事实），因此他们事实上已经处

第四章 妈妈更爱你

于"上位"了,社会角色对女人高攀婚姻的影响也跟这样的发现一致,即男人不会像女人那样考虑他们配偶的财富和地位。

不过,目前的发现并不支持社会角色理论或"结构性权力缺失"理论。很多研究者考察了不同国家女人的结婚偏好,涉及很多国家,比如约旦、西班牙和塞尔维亚,他们得到的结论是:高地位的有钱女人偏爱的是更高地位更有钱的男人。[37]一系列相似的研究也发现,那些被评价为更有魅力的女人——无论是被别人评价还是她们自我评估——倾向于选择有魅力的男人。在这类情况下,有魅力的意思是拥有较高的社会地位和经济收入,长相英俊,头脑聪明,等等。[38]

另外,一夫多妻制比一妻多夫制更稳定的一个原因很可能是,在大多数社会里,男人比女人更有权力,他们能够离开一个让他们沮丧的体系比如一妻多夫制;而女人通常更为依赖,也没多少权力,因此即便一夫多妻制让人不满,她们也不敢轻易离开。

有这么一个最普遍的自然现象,即男女的性别比是平等的。人们发现,在几乎任何一种动物中都是这样,在某种程度上这违反直觉。比如,在高度一夫多妻制的物种中,性别比跟繁殖体系一致不是效率会更高吗?这样说吧,一个雄性若通常都有 10 个雌性伴侣,那么更合适的方案不是每产生 1 个雄性就产生 10 个雌性吗?恰恰相反,我们发现,无论繁殖体系如何,总是有相同数量的雄性和雌性。在刚才假设的场景下,平均而言,每个后宫雄性占有 10 个性伴侣。那么对每一个成功的雄性来说,都有 9 个不成功的单身汉跟他对应,这会造成麻烦,对物种的繁殖成效没有任何贡献。(事实上,造成麻烦的原因是这些单身汉没有对象,陷入绝望。)

为什么哪怕在极端的一夫多妻制和一妻多夫制下,雌雄两性的数量通常相等？生物学家能解释其中的缘故。他们会从这么一个事实说起，那就是自然选择并非在物种层面上起作用，而是聚焦于个体以及它们的基因。从潜在父母的角度看，制造一个女儿（她几乎肯定会有繁殖机会）恰恰跟制造一个儿子一样划算。即便在我们上面的假想场景下，每一个儿子也只有十分之一的机会成功。关键在于，这位成功的雄性其后代将会中大奖，恰好就能平衡另外九个不育的雄性遭受的惨败，因而使得男性的繁殖成就跟女性打成平手。让我们假设每个雌性每年都能产下一个后代，因此生一个女儿的父母每年的适应度得分为1。那么，那些生一个儿子的父母每年的适应度得分是多少？在9/10的时间里它是0，而在1/10的时间里它是10。平均而言，生男孩给父母带来的适应度才是1。无论繁殖体系如何，不管是一夫一妻制还是一夫多妻制或一妻多夫制，结果都不变。对父母而言，生男生女都一样。不只如此。假如性别比什么时候偏离了（或许因为死亡率的随机差异），那么自然选择就会青睐那种不太多见的性别，从而使得性别比继续维持在50∶50的平衡态。[39]

到目前为止，一切良好。实际上，对进化生物学家来说，情况格外好，因为分析表明，理论和数据完美拟合。

但事实表明，有些情况例外。也就是说，某个基本假设未必总是能满足，即无论一个母亲生男生女，她没有任何"渠道"了解即将诞生的后代在将来跟平均水平相比，到底是更成功还是更不成功。倘若无法获得相关信息，那么如前所述，对这些母亲来说生男生女都一样好。不过，假如某位准父母在某种程度上比一般水平更健康，或在社交时更擅长，情况就变了。在这种情况下，任何雄性后代成为后宫主人的概率都要比预期的随机概率高一点。[40]正如第一章解释的那样，在任何一夫多妻制的动物中，雄性总是比雌性面临更高的风险赌注，因为雄性繁殖成败的变异更大。但那些已有了某种社会性或生物性优势的父母，很可能会扭曲他们后代的性别比，使得雄性更受欢迎，因为每一个雄性的前景都超出了一般水平。同样，相反的情形则存在于另一些父母身上，他们在身体健康和社会支配方面没什么优势，这时生下女孩就会更划算。毕竟，这是一个相对安全的赌注；因为跟雄性相比，雌性的繁殖成就较少依赖于跟其他个体的竞争。

这一假设看起来很合理，却没有在动物界得到广泛支持。在不同的动物，比如海豹[41]、驯鹿[42]以及奶牛[43]中，这一假设都不成立，虽然来自非人灵长类的证据模棱两可，有的支持，有的不支持。[44]

根据人类学家米尔德丽德·迪克曼（Mildred Dickemann）的说法，这一假设甚至在人类中也成立。无论是身体健康还是社会经济地位，它们对婴儿出生时的性别比貌似都没什么影响，但在高度分层的社会（一夫多妻无论在事实上还是法律上都被承认），上流社会确实会更多地投资于儿子，而底层则更多地投资于女儿，符合这一假设。[45]从进化和繁殖的角度来说，这也是合理的。因为上层人的儿子有留下更多后代的潜能，而上层人的女儿因为她们的女人属性，不可能拥有非凡的后代数量。自然而然，相反的情形也适用于底层人：他们的儿子更可能成为绝望的单身汉（不管怎么说，不可能大获成功），而他们的女儿则有更高的繁殖前景。

有趣的是，有一项对佛罗里达儿童的研究（发表于2015年）发现，在社会经济地位低下的阶层中，男孩表现较糟。作者的结论是，同样是面对社会和经济方面的劣势，男孩还是比女孩更容易受到不良影响，这种性别鸿沟跟如下的事实一致：跟女孩相比，男孩有更强的生物性需要，他们需要张扬个性，建立自我，以便在一个残酷竞争的世界里出人头地。[46]

性和繁殖成功之间的关联，导致了一个诱人的替代解释，这个额外解释能告诉我们为什么男人通常比女人高大，也能很好地解释一夫多妻制下的雄性竞争，但它还有别的用途。只要大块头的父母会生下大块头的子女，小块头的父母会生下小块头的子女（通常来说，肯定是这样），那么更重更高的人就可能生男孩，因为块头更大的儿子更容易获得繁殖成功，而体重更轻个头更矮的人容易生女孩，因为在这种情况下，这么做就是更为保守的下注，这一切本身就会强化男人和女人之间的性别二态性。目前有证据表明，这种情况的确存在于人类中。[47]

我们看到，但凡有一夫多妻制的地方，雄性就更容易靠控制资源获得繁殖收益，因为这会导致他们拥有多个妻子，至少拥有多段婚姻。还有另一个预测：在一夫多妻制的情况下，父母若偏爱他们的儿子而非女儿，把财产留给儿子，就会获得生物性的犒赏。无疑，假如一个女人有资源，也会比没有资源的同伴享有更多的进化优势。但若跨过了门槛，即便是一个很有钱、很健康的妻子，也不会比一个中等有钱、中等健康的妻子留下更多的后代。而一个非常有钱的儿子则能凭借他的禀赋，留下为数众多的子嗣。因此，在这种情况下，那些在男孩身上大量投资的家庭就会收获更多孙子孙女的报酬。

和女儿相比，儿子通常能得到更多遗产。进化人类学家约翰·哈通（John Hartung）检验了这个假设。他使用了两个人类学研究的黄金标准：一个是默多克的民族志地图[48]（囊括了1170个不同的社会）；而另一个是标准跨文化样本（简称SCCS，数据来自186个社会）。[49]在两种情况下，这一假设都很坚挺。[50]

对儿子的偏袒投资，特别是在中上阶层，并不只是反映在财产的继承模式中。在大多数人类社会中，妻子通常是由新郎的家庭购

第四章 妈妈更爱你

买的,他们这样做,就是在投资他们的儿子,因此最后就是在投资他们自己的孙子孙女。通常的模式是,跟年长、不那么健康因而也没多少魅力的女人相比,年轻健康因而富有魅力的女人要价更高,她们也必然拥有更好的繁殖前景。[51] 结果就是,跟平庸之辈比起来,有钱有势的男人有更多的妻子,妻子也更年轻,因此拥有的子女也更多。传统社会尤其如此。

在 21 世纪的西方社会,大多数人认为,结婚给嫁妆(一种习俗,新郎的家人要给新娘家提供资源,无论是金钱还是其他物资,作为婚姻安排的一部分)很古怪,早就过时了。但大多数人也还是认为,给嫁妆不仅是一种传统,而且在世界大多数地区很流行。但现实恰恰相反。新娘价格,也就是新郎的家人为新娘支付的东西,在标准跨文化样本中只占 52%(186 个社会中有 97 个),而在民族志地图中只占 66%(在 1267 个社会中有 839 个)。[52] 给嫁妆是少数人的一个传统,主要局限在某些东亚社会,其他的主要来自南欧。

鉴于在任何一种哺乳动物中,对雄性来说,雌性都是限制繁殖的资源因素,因此在人类中,彩礼而非嫁妆才是默认设置,即男人以及他们的家人花钱购买女人给予的繁殖机会。在《投向女人的温柔回声》(A Gentle Echo on Woman)这篇文章中,乔纳森·斯威夫特[1] 说了一段特别恼人的话——它政治不正确,大男子主义(有恃无恐,公然挑衅),但也带有生物学的真知灼见:

"说吧,什么才能让我崇拜的女人保持贞洁?"
——"一扇门。"

---

[1] 英国著名小说家和讽刺作家,代表作是《格列佛游记》(*Gulliver's Travels*)。

"如果音乐软化了岩石,爱情拨动了我的心弦。"

——"骗子。"

"那么请告诉我,回声,面对她我该怎么办?"

——"买下她。"[1]

从进化的角度考察人类的择偶体系,也应该处理貌似例外的现象,比如为什么嫁妆会存在,女方为什么要给男方出钱?根据一夫多妻制的阈限模型,我们预期,假如某些男人控制着远超其公平份额的繁殖相关资源,那么女人就会聚拢到他们身边。另外,无论因为什么原因,假如一夫一妻制度化了,又会怎样?还可以进一步设想,假如制度化的一夫一妻制还伴随着男人财富的明显差异,又会怎样?

在这些情况下,跟有钱男人结婚的女人就会繁殖得很好,甚至跟一夫多妻合法化的情况相比也一样,因为一夫多妻制会导致不同妻子分享她们丈夫的财富。这里的预测就是,当一夫一妻制伴随着男人资源的明显差异时,女人及其直系亲属将和其他女人及其直系亲属相互竞争,以便成为一夫一妻制下的配偶。因此,嫁妆应该出现于一夫一妻制的分层社会,而非其他地方。这一预测得到了令人信服的证明:在994个不该有嫁妆的社会(因为它们要么是一夫多妻制,要么是一夫一妻制但无明显分层),只有1%的有嫁妆;另外,在144个分层的一夫多妻制社会,54个有嫁妆,占比38%。[53] 总结起来,跟其他社会相比,嫁妆出现于一夫一妻制分层社会的概率高了50倍。毫不奇怪,原因很简单:当

---

[1] 在这几句话的英文中,提问者最后用的词分别是"adore""lyre"和"by her",它们分别跟回答者用的"a door""liar"和"buy her"同音,作家巧妙运用谐音表达对女人的看法。

一夫一妻制社会的男人存在财富的巨大差异时，这些男人就类似于一夫多妻社会中的女人。这些男人成了相对稀少的限制性资源，值得女人为此而竞争。

作为社会经济表现另一端的案例，我们可以拿肯尼亚的穆克古都人（Mukogodo）来说明。长期以来，在他们所占据的地理区域中，这些人一直财富较少，声望较低。结果就是他们的繁殖机会相对有限，即便穆克古都人跟邻近部落也有相当的杂交现象。穆克古都人面临的问题是，他们的邻居跟穆克古都的男人在竞争妻子时常占上风，拥有更多的山羊、绵羊以及牛，可以作为彩礼。于是，穆克古都人不怎么看重他们的儿子（他们的繁殖机会很少），更看重女儿，因为她们的繁殖前景更好。在穆克古都人中，女儿比儿子得到更好的医疗保障，她们的生存机会也更大。[54] 出生性别比也倾向于女儿，这就暗示（虽然不是证明）了，在这种情况下，因堕胎而死的胎儿大多数都是男孩。

在这些案例中，有钱有势的家庭更多地投资于儿子，无钱无势的家庭更多地投资于女儿。这种现象本身未必反映了某种进化而来的特质。说到底，虽然自然选择无法预见未来，但它可以（而且肯定会这么做）制造能预见未来的有机体——也就是我们。

现在，需要从女人的角度，更直接地考察一夫多妻制和养育了。在某种意义上，这时一夫多妻制阈限模型具有的美德，尽管它通常都是用在鸟类身上，其中雌鸟会飞到雄鸟的领地上，（就我们目前了解的那样）自由地选择配偶。令人遗憾的是，当"做还是不做"（某个男人多个妻子中的一位）这样的问题产生时，在我们这一物种之中，女人的选择就不那么明确了。

某些观察者（特别是倾向于把一夫多妻制阈限模型运用于人

类的生物学家）认为，一夫多妻制下的妻子跟一夫一妻制下的妻子同样幸福，因为她们的适应度被假设在两种择偶系统中保持了相同水平。然而，一群人类学家借助于标准跨文化样本，找到了69个不同的社会群体，以考察不同妻子之间的合作与冲突。性冲突和情感冲突，通常涉及孩子和资源分配，被发现存在于90%的群体中，而只有25%的社会报告说，不同妻子之间关系融洽，其乐融融。[55]

我早就说过，人类是非常典型的哺乳动物，但我们这一物种（跟其他任何物种一样）有自身的独特性。在《母亲和他人》（Mothers and Others）这本书中，人类学家和灵长类动物学家萨拉·赫尔迪[56]提出了一个强有力的观点，即人们并不适合纯粹以双亲模式照料婴儿和孩子，而我们的进化史表明了"异亲养育"的痕迹，即由包括姑姨叔舅、兄弟姐妹以及祖父母在内的他人帮着一起照顾孩子。按程度来说，即便不是依靠一村人养孩子，但至少也需要一群人帮着带孩子。这样的话，多个成年异亲参与抚养就能让某些男人更自由，他们有权有势，能借此而多娶几个妻子。

这导致了如下的辩解和澄清。在谈及双亲照料的智慧时，我暗示说父母就是男人和女人，通常是丈夫和妻子。就生物学来讲，这是合理的，因为我们的繁殖的确需要一个男人和一个女人的遗传贡献。无论如何，只要能诱使一个人发现背叛一段繁殖伴侣关系代价高昂，于是愿意留下来提供帮助，也就是说承担父母责任，那么这就是一种良好的进化策略。同时，对合作养育的重要角色知道得越多，我们就越能看到，"双亲照料"可以由一系列类似于父母的人提供，按定义来说就包括同性的成人伴侣，他们彼此承诺，不离不弃。

指出这一点，有两个很好的理由。第一个原因是基于对科学事实的坚持：无助的单亲育儿很简单，但肯定也能行。此外，一个单身母亲或父亲是否能得到关键的帮助，存在无穷的变数。第二个原因是，大肆宣传由夫妻构成的双亲照料带有某些政治含义。因此，美国和其他地方的右翼思想家倾向于支持"改善婚姻质量""有助于维系配偶关系"的提案，或其他任何能帮着维系一种基于异性恋的长期一夫一妻制关系的政府议案，他们把这作为最好（甚至在某些情况下是唯一）的方式，认为可借此培养出健康、快乐、富有社会责任感的孩子。相反，认识到世界各地的人类社会中存在各种各样的帮手，一种对人类异亲照料的更广阔视角将打开一扇门，让我们接受、鼓励甚至支持某些照料孩子的项目和体系，它们不同于传统的一夫一妻制异性恋婚姻，可能连婚姻都不需要。

萨拉·赫尔迪指出：

> 曾有一种广为人知的观点认为，只有确信他们父亲身份的男人才会照料孩子。但在这个世界许多彼此远离的角落里，存在着某些习俗和信念，它们能帮助母亲从男人那里获得宽容、保护或帮助，即便这些男人跟孩子之间也只是可能而非肯定有关系。在因纽特人、蒙塔涅斯-纳斯卡皮人（Montagnais-Naskapi），以及其他一些北美印第安人部落中，在像西里奥诺人（Siriono）在内的中美人中，在南美的亚马孙部落中，在远隔重洋的殖民统治前后的西非、中非和东非，女人都被允许或鼓励跟她们丈夫的真实或虚构的兄弟发生性行为。凭借诸多发明创造，许多来自传统社会的女人都会想方设法获得额外的"父亲"投资；这些人包括中国西南、日本中部的民众，以及像巴布亚新几内亚和波利尼西亚部分地区的卢西族。即便在以男权制家庭结构著称的时代和地区，比如中国的清朝、传统的印度，格外贫穷的父母有时候会在家庭中吸收某个额外的男人，通常会给些酬金，以勉力维持生活。[57]

看起来，特别是在艰难时期，女人通常会形成某种被称为"连续性一妻多夫"的关系，因此能从多个男人那里获得资助，即便事实上只有一个男人是孩子的亲生父亲。这可能是一个艰难而愚蠢的选择，毕竟性嫉妒很少会走远。如第一章所述，一些人类社会维系着"共享亲代身份"的信念，即任何跟某个怀孕女人性交的男人都被认为，至少在一定程度上，是这个未出世的孩子将来的父亲。这反过来促进了男人对连续性一妻多夫的接受。正如赫尔迪所说，

> 这种心态跟西方社会有极大不同。在西方，资源通过父系传承有漫长的历史，这让男人专注于遗传上的亲代身份，而孩子的父亲身份不确定会面临严重的劣势。但是在共享亲代身份的社会中，依靠单个父亲甚至比通常的赌博还不利，从而使得拥有多个父亲产生了完全相反的效果。

在这些人类群体中，实行（也就是说，相信）共享父亲身份的是巴拉圭和委内瑞拉的巴里人（Bari）。[58] 无论在阿契人还是巴里人中，跟其他儿童相比，那些被社会认定有很多父亲的儿童发展更好，至少他们经历的死亡率较低。共享父亲身份是一种有用的虚构，就像对圣诞老人的信仰一样（虽然不准确）。这种虚构能带来各种好结果，比如诱使孩子表现优秀，共享父亲身份跟它所导致的非正式一妻多夫制看起来有一种好影响，那就是让男人（即便不是"真正"成为父亲的那些男人）成了好父亲。

赫尔迪讲了一个故事，结束了她的讨论。这个故事既温暖人心，又有矫正作用，能矫正某些人（我得承认，自己也在内）的一种倾向——他们总是用一种过于强烈的生物学视角看世界：

我回想起了很久以前的那个纳斯卡皮部落里的男人，他曾被一位北美早期的耶稣会教士所批评。这个部落里的人性关系很自由，父子关系不确定，教士因此很沮丧。看到这一幕，这个男人回应说："你这人不明事理。你们法国人爱你自己的孩子；但我们爱我们部落里的所有孩子。"说这话时，他就像一位真正的合作养育者。

但上面的论述，不应被认为暗示说一夫多妻制排除了一妻多夫制。[59] 事实上，即便女人没有加入某个有妇之夫家庭的选择权，但涉及让谁成为孩子实际上的父亲这一问题时，她们依然有选择的余地。也就是说，至少在某些情况下（详见第六章），她们可以决定跟谁交配。我们谈到了这种可能性，即隐蔽排卵进化为一种策略，能使女人控制她们的繁殖，或至少能影响这件事。鉴于她排卵的具体时间秘而不宣，一个女人就不会因此在这个时间段受到严密看护，她也就有了更多的机会跟人野合。

与此同时，现实情况就是，传统的后宫以及一般的一夫多妻制家庭有一个更典型的特点：男人醋意满怀，妒火中烧，他们做出生物学家称为"配偶看护"的行为；而妻子或情人出轨时若被他们逮住，就会遭到严厉惩罚。

在哺乳动物和鸟类中，当雄性捍卫领地时，它们保护的几乎都是被雌性青睐的地方。这种"资源捍卫型一夫多妻制"[60]在很多有蹄类动物中都存在，比如非洲水羚[61]、转角牛羚[62]以及叉角羚[63]。必须强调，人类既参与资源捍卫型一夫多妻制，又参与其他类型的一夫多妻制，比如"女性捍卫型一夫多妻制"以旱獭[64]和大猩猩[65]为代表。在这种情况下，女性自身构成了男性需要捍卫的"领地"。

性嫉妒，特别是男人的性嫉妒，是另一个我们人类普遍存在的特征，被视为理所当然而经常被忽视。几乎可以肯定，它来自以下事实：体内受精，以及男人无法知道他们所谓的孩子是否"事实上"（也就是血缘上）就是他们的。

男人诉诸各种社会规定和身体干预，以消除他们对非亲生关系的恐惧。过去的贞操带和现在某些伊斯兰世界还存在的女性割礼，就是明证。当然，一个母亲和她的直系亲属从来都没有这样的焦虑；如果有机会，她们就会想方设法，确保孩子父亲和他的家人相信他没有被戴绿帽子。心理学家在加拿大[66]和墨西哥[67]做了一系列研究，结果发现，母系一方的亲属更喜欢强调，说孩子长得像父亲。

谈到一妻多夫制，让我们考察一下人类社会中的某些案例，其中"经典的一妻多夫制"完全制度化了。可悲的是，即便在那里，女人的选择也服从于男人的利益。差巴[1]生活在中国西藏和尼泊尔北部，他们是人多地少的农民。对他们来说，一妻多夫似乎是一种机制，能防止他们有限的耕地因为遗产继承而被分成经济上无用的小块土地。（相反，在欧洲，人们通过长子继承制来保证持有土地的适当面积。）

每一代的差巴只会结一次婚。兄弟聚在一起，只娶一个妻子，他们分享性生活，因此避免了家庭土地所有权的拆分。但即便如此，女人也没有社会主导性。这位共享的妻子需要做很多家务，基本上把照顾孩子的事给包了。而且，是男人聚在一起购买一个老婆（通过彩礼），而不是女人选择跟多个丈夫构成的多人密切交往。重要的是，当一个家庭的后代由女儿而非儿子构成时，哪怕是差巴也变成了一夫多妻者，姐妹们会嫁给同一个男人，把他当成自己的丈夫。无论如何，土地都不会拆分，而女人的选择都很有限。[68]

在差巴当中，经典的一妻多夫制通常是嫁给兄弟几人，这一

---

[1] Tre-ba，又写作"khral-pa"，指中国西藏的一种使用土地且服劳役的农奴。

事实再一次证明了男人生物利益的社会影响。因此，即便在一个差巴家庭里，一个女人有多个丈夫，无法确认孩子的亲生父亲到底是谁，但他们（就像我们前面提到的塔斯马尼亚土鸡一样）至少能保证自己是个叔叔。兄弟式一妻多夫制，本质上是姐妹式一夫多妻制的镜像，即多个兄弟或姐妹共享一个妻子或丈夫，因此同性之间的冲突会弱化。而作为共同妻子或共同丈夫的陌生人，因为彼此间无血缘关系，因而没有共享的遗传利益，彼此间的冲突就更激烈。

有趣的是，在那些参与"非正式一妻多夫制"的社会群体中（跟差巴不同），年长的丈夫通常会尝试限制年轻丈夫跟他们共同妻子的性接触，而后者不断上升的埋怨通常会促使他们在有新的婚姻前景时另起炉灶。现在我们并不清楚，在差巴中，几个丈夫之间同样的性竞争在何种程度上引发了冲突和不稳定。一方面，这样的艰难是可以预测的，虽然在另一方面，我们也可以预测，这种类型的麻烦将会被下述事实所弱化，即这些丈夫都是亲兄弟。

遗传利益的角色，似乎对另一个被认为是理所当然的人类特征有强大影响。但它就像隐蔽排卵一样，在生物学上非同寻常，有理由予以重视。这里要说的就是更年期，一种全人类的普遍现象。一个女人接近50岁时，她的繁殖能力就会戛然而止。鉴于多生产一个后代的进化报酬很大，这种关闭排卵阀门的现象的确是一种生物学的难解之谜。鉴于过了更年期的女人通常还会继续健康地活上几十年，这件事就更令人困惑了。此外，这种现象在动物中也极为罕见：在几乎任何一种动物中，雌性都是保持繁殖状态，直到她们生命终了。

在其他地方，我回顾了人们提出的各种假设，它们都试图解释这个进化之谜。[69] 而在这里，我只关注其中的一种，它看起来似乎不只是最可行，而且还跟人类的一夫多妻现象有密切关系。我们首先假定，随着人体的衰老，女人承受怀孕、分娩和哺乳的能力会不断下降。即便如此，简单的计算还是表明，选择会青睐坚持到最后的繁殖，即便是由老妇来生，因为发病率和死亡率可被干预而降低。但有一个重要的例外：只要老年女人有机会提升她们自己的整体适应度，更年期就不是问题，她们可以积极协助自己孩子的繁殖成功，途径就是照顾她们孩子的孩子，也就是更年期女人的孙子孙女。

这就是所谓的"祖母假说"。[70] 它认为，自然选择会使得女人停止繁殖，前提是跟她们冒险制造更多她们自己的后代相比，帮着照料孙子孙女假如能有效地把她们的等位基因传承下去，这些女人就会受到自然选择的偏爱而停止繁殖。请注意，女人进入更年期时，通常她们自己的孩子也开始生孩子了。此外，越来越多的证据表明，特别是在传统社会，祖母会为了她们的孙子孙女努力劳作，有时候提供的能量比母亲还多。此外，跟祖母缺失的情况相比，假如家中有一个默默奉献的祖母在孩子身边，幼童的发展明显就会更好。[71]

祖母效应可能既存在于一夫一妻制家庭中，也存在于一夫多妻制家庭中。可以断定，后者不会排斥祖母效应。此外，还有这么一种可能，鉴于祖母假设具备的所有仁慈，一夫多妻场景为祖母的介入提供了额外而致命的机会：她或者把资源不对称地输送给她自己的孙子孙女，或者伤害那些跟她无血缘关系的孩子。

更年期只发生在女人身上。虽然男人的生殖能力多少也会随着年龄增长而下降，但没有跟女人对应的"男性更年期"存在。我们留意到，现代的西方社会是正式的一夫一妻制，本质上则等同于一夫多妻制，特别是考虑有再婚和第二家庭、第三家庭这样的情况。这里存在明显的性别不平等：男人比女人再婚的多，他们在下一段婚姻中拥有的子嗣也更多。[72] 这是因为，在第二次或第三次结婚时，女人通常年龄更大，生育力也随着年龄下降得更厉害，而男人就没有这种问题。

高龄并不总是好事。长期以来，大家都知道，年长的父母更容易生下有缺陷的孩子，而其中绝大多数都是因为父亲年龄大。原因在生物学上很直白：一个女孩生来就带着所有她将要制造的卵细胞，因此它们是一样的年老或年轻。但不同的是，在男人的一生中，精子不断更新，随着男人的衰老从制造精子的组织中产生出来。结果，父亲越老，出现错误介入（突变）的可能性就越大。"一个36岁的父亲，传递基因突变的可能性是20岁父亲的2倍；一个70岁的父亲，传递基因突变的可能性是通常情况的8倍。"[73] 倘若不是因为一夫多妻制以及它所导致的老男人对年轻女人的爱好，我们这一物种产生缺陷儿童的概率将大幅下降。

男人为什么比女人更可能在后半生结婚？"巴尔的摩的先知"门肯（H. L. Mencken）提出了一个精妙绝伦的解释。如果你没有见识过门肯乖戾粗暴的写作风格（它假定婚姻是一种女人渴望而男人逃避的东西），那么你就得接受治疗（不过，这里有个建议：在继续读下去之前，检查一下，看你有没有任何女权主义和进化生物学或管它什么生物学的愤怒在酝酿，准备爆发）。

一流男人的婚姻通常发生得比较晚。最终他也会屈服，但他几乎总是能够把这场灾难推迟得足够晚，比那些可怜的笨蛋或一般人都要晚得多。如果他真的早早结婚，那就几乎总是证明，某些难以忍受的外在压力施加于他了……推动他屈服的原因有些晦涩难懂，但它们中的两三个，已大致被发现了。其中一个是，每一个男人，不管是上流社会的男人还是其他阶层的男人，随着年龄的增长，精神的灵敏性不断下降，即便在其智力实际的范围和深度上他会不断改进，但最终还是会衰老崩溃。显然，正是心灵的灵敏而非深度，在如此尔虞我诈的两性斗争中成了最重要最有效的东西。随着灵敏度的不断消退,衰老的男人受到了女人的挑战,她们因为相对年轻,心灵依然灵敏。不只是跟他年龄相仿的女人渴望诱惑他,而且所有过了青春期的女人都想这么干。因此,他通常或典型的对手总是越来越比他年轻。到了最后,女人单纯的年轻就足以撕开他脆弱的防御。我认为,这就是为什么老男人通常被十几岁的女孩吸引的原因。它并非像诗人说的那样,是年老对年轻的伤感呼喊;而是年老跟年轻不搭配,特别是年老者是男人而年轻者是女人时。

优秀男人经常晚婚的另一个原因,或许跟这个事实有关,即随着男人的变老,他因为结婚而遭受的痛苦会减少,而得到的优势会增加。三十岁时,一个男人会被一夫一妻制的压抑吓住,对所谓家庭的舒适没有兴趣;而到了六十岁,他就会超越情爱的冒险,而需要作为生物的轻松与安全。在这些后来的岁月里,他最经常意识到的就是自己身体的衰弱;他认为,他自己处于一种迫在眉睫的危险中,很容易被忽视而变得无助。这时他就面临找个妻子或雇个保姆的选择,而他通常会选择妻子,因为更划算,也更严谨。事实上,保姆可能想要嫁给他;如果他雇用保姆以代替妻子,通常会以这样的情形告终,即他发现他自己结婚了还少了一个保姆,这让他既困惑又不满,还会让他的继承人和转让者产生更大的埋怨……如果男人在正常的交配年龄,能够获得女人在婚姻中获得的一半东西,所有的男人都会像女人那样热切地盼望结婚。[74]

男人可以继续繁殖,直到年老。这样一个生物医学事实,可能既是一夫多妻制的结果,也是一夫多妻制的一个原因。在公开的后宫妃嫔式社会里,一夫多妻制自然发展的一个表现就是,某些男人随着年龄增长,积攒了妻子,同时也积攒了权力、声望和资源。甚至有这样的可能，男人不经历更年期的主要原因，恰恰就在于这样的积累通常发生于人类的史前时期，因此某些男人（成功的一夫多妻者）有能力一直繁殖到老年。跟那些经历了更年期的男人相比，没有经历过的男人在进化上更适应，留下的后代更多。

最后，我想再宽泛地谈一点一夫多妻和养育的关系。芭比·露（Bobbi Low）[1]来自密歇根大学，在很多不同的人类群体中检验了一夫多妻和养育之间的进化预测。这些预测包括：

1．在所有社会里，儿子和女儿应该[75]受到不同的训练。

2．在竞争性活动中，儿子应该比女儿得到更多的灌输，这些活动将会使人获得并控制资源，以便追求配偶。

3．一个社会越是一夫多妻，男孩就越会被灌输要努力奋斗。

4．在分层社会中，无论是按财富分还是按血统分，努力对男人繁殖成功的影响都会被弱化。也就是说，女人更可能会嫁给高阶层人士，但男人很少有这样的机会。此外，分层社会通常有这样的规则，不仅限制男性的地位，而且限制不同地位的男性可拥有的妻子数量。因此，一个社会越是分层（也就是男人的努力跟他们繁殖回报之间的关系越是弱化），男孩就越是会被公开教导努力奋斗（当然，暗地里的竞争依然存在）。

5．与其他社会相比，女性上嫁的分层式一夫多妻社会会对女儿有更强的性约束，更强调她们要服从，因为对一个高地位的潜在丈夫而言，这会明显增加一个女人的价值。[76]

所有这些预测，都得到了已有跨文化数据的支持。露教授得出

---

[1] 露是进化生物学家，研究方向为人类和他动物的生育行为，有专著《性为何重要》（*Why Sex Matters*）。

结论说，相对于女性训练，男性训练偏向性更明显，会强调侵犯、职责、坚韧、服从和顽强。这些发现，尽管跟我们从生物学中了解的知识一致，却会给人带来麻烦。任何对人类的男权制和性别歧视倾向敏感的人都会感受到这一点，这也反映在某些很恰当但已不再流行的托儿所儿歌中：

>小男孩是什么做的？
>蛇和蜗牛，
>以及小狗的尾巴，
>这就是小男孩的素材。
>小女孩是什么做的？
>糖和香料，
>以及一切美好的东西，
>这就是小女孩的素材。

无论在此处还是在别处，我们都面临着鸡生蛋、蛋生鸡的难题：我们的一夫多妻制背景既是人类很多深层特征的原因，又是这些特征导致的结果。比如，在孩子是否亲生这一问题上的男女差异，反过来会让自然选择青睐于女性哺乳，从而促进了一夫多妻制。因为被解放的男人会为争夺女人打斗，而不是把焦点放在孩子身上。[77]不过同时，一夫多妻制也是这一同样事实导致的结果：因为哺乳动物的生物学特点，男人从强制性的照料孩子的工作中"解放"了出来。

在《亲代抚育的进化》(*The Evolution of Parental Care*) 这本书的致谢中，动物学家蒂姆·克拉顿-布罗克（Tim Clutton-Brock）这么写道："我最大的债务是亏欠了我的妻子，……她抚育我们的孩子，而我只是写了亲代抚育的研究和发现。"[78]

第五章
一夫一妻的奥秘

在诺拉·艾芙隆的自传式影片《心痛》中，梅丽尔·斯特里普扮演的角色向她父亲抱怨，说她丈夫有很多不忠行为。而父亲回答说："你想要一夫一妻制？那就嫁给一只天鹅吧。"但我们现在知道，连天鹅也不是一夫一妻制（至少，不算很严格的一夫一妻制）。

对人类来说，严格的一夫一妻制在生物学上很不自然。既然如此，问题就来了：为什么这种备受推崇的婚姻模式在现代世界如此普遍，甚至带有了法律和社会的强制性？这是一个开放式问题。我将在本章给出一些可能的答案；它们是我思考的结果，仅此而已。

一夫一妻制不是某种或对或错、黑白分明的东西。一夫多妻制和一妻多夫制也是。事实上，这些择偶体系占据了一种可变的范围，什么范围属于什么类型取决于性行为的细节。研究动物时，我们生物学家可以侵扰、窃听，否则就把自己的鼻子贴在它们面前，而不用担心侵犯了这些动物的隐私，也没有这种道德顾虑。但研究人显然不一样，他们的亲密生活通常只能用问卷来调查。同时，人类在自己的性生活上又最爱说谎。这导致的带有反讽意味的结果就是，我们熟悉黑猩猩、倭黑猩猩或北美歌雀在性事上的很多鬼把戏,但对智人了解不多。

即便如此,我们知道的也不像自己认为的那么多。在谈及哺乳动物时(比如跟鸟类相比),我们的无知之处特别多。因为大多数哺乳动物不光害羞,还多在夜间活动,比如蝙蝠或老鼠。然而,仔细考察现存哺乳动物基本的进化史资料,我们就能得出结论,一夫一妻制独立产生了 61 次,导致了 229 个不同物种的出现。[1] 这些物种看起来很多,却只占所有哺乳动物的 9%。跟其他哺乳动物一样,灵长类非同寻常地倾向于一夫一妻制,但有这种倾向的个体依然只占总体的 29%。即便如此,频繁的性骚扰还是会发生。比如,长臂猿是社会性一夫一妻制动物,也被认为在性行为上恪守一夫一妻制,但详细的实地研究发现,雌性会周期性地跟附近的雄性交配,而这些雄性可能会只跟一个雌性交配,也可能不会。[2]

普遍的模式是,在这些多少倾向于一夫一妻制的哺乳动物中,雌性相对孤立而分散,通常是因为她们的食物来源也较为分散。简而言之,该研究得出结论:当雌性哺乳动物主要靠自己生活时,因为任何一个地方都没有足够的食物维持一个"姐妹"的存在,雄性常常最终会在大多数时间里跟一个配偶待在一起,纯粹是因为即便是最热心的雄性也只能在同一时间睡在同一个地方。[3] 雌性当然也一样。

有一项新近研究考察了非人灵长类动物,他们看起来实行一夫一妻制,但研究者得出了不同的结论:这些动物最常见的共同特征是面临杀婴风险。因此,假如他们跟自己孩子的母亲待在一起,就能保护自己的后代。[4] 这时候,雄性和雌性都会因此而适应更好。目前,人类如何应对这类竞争场景还不是很清楚,而生物学家早就为此而争论不休了。然而,不容否认的是,我们这一物种有一点非同寻常,那就是小型的繁殖单位家庭——无论是一夫一妻还是一夫

第五章　一夫一妻的奥秘

多妻——镶嵌于更大的社会群体中。而在非人灵长类动物中,那些接近于一夫一妻制的动物,比如许多种类的长臂猿和狨猴,通常与这样的社会单位分开生活。

除了我们混乱而模糊的进化遗产问题(术语叫作人类择偶体系的"种系发生史"),任何对智人的严肃评估都会面临某个定义问题,绝不只有编辑词典的人才会苦恼抱怨。试想一下,有这么一段人类的婚姻,表面上是一夫一妻制,但事实上丈夫曾有过一夜情、两夜情或百夜情,但这对夫妇依然待在一起。把"丈夫"换成"妻子"也行。问题来了,他们两人的结合不再是一夫一妻制了吗?

为了在生物学上说得通,我们应该理想地评估一夫多妻的程度,为此可计算在繁殖成功方面男女比率的差异。如前所述,比率为 1 代表真正的一夫一妻制,至少在跟进化过程相关的层面上看是这样;比 1 小代表一妻多夫,比 1 大代表一夫多妻。但性伴侣数量的差异呢?(考虑到节育很便利,实际的交配频率跟出生后代多少之间的关联变得越来越弱;前者说的是性行为,而后者代表的是进化意义。)

也许这是一种傻瓜的使命,过于努力,想要考察像人类择偶体系这种难以拿捏的东西,而且自作多情,过于关心我们的亲密关系是否是"真正的一夫一妻制"。有人可能会好心忠告我们,少为一夫一妻制的定义担心,我们自己应该多尝试考虑理解它。毕竟,在某种程度上,我们都知道这个词代表什么意思。

任何对一夫一妻制的考察——特别是当一个人寻找可衡量的证据时——必然要面临令人痛心的现实:即使存在,一夫一妻制也比通常报告的要少得多。一方面,如何定义一夫多妻制已成为一个问题,而其理想化的极端状态(一个人一辈子只拥有一个性伴侣)事实上极为罕见。有多罕见?我们几乎不可能知道。如前所述,谈及自己的性生活时，人类表现得最不诚实，也最不情愿。另一方面，连续性一夫一妻制——至少在工业化的西方社会，这是一种最常见的人类择偶体系——也完全可以称作"连续性一夫多妻制"。这时候，我们只能说，一夫一妻制很稀少。你大概看过电影《帝企鹅日记》，它对帝企鹅之间一夫一妻的忠贞不渝做了温暖人心的描述。但事实上，在这些令人羡慕的造物中，婚姻承诺只能持续一个繁殖季节。它们是连续的一夫一妻制——或连续的一夫多妻制，随你怎么想。下一年，每一个帝企鹅伴侣都将跟别的异性结成新对子。

此外，事实表明，即便在一夫一妻制是官方规定的人类社会中，现实也往往偏离性行为的一夫一妻制。社会性的一夫一妻制是一码事，但性行为的一夫一妻制是另一码事。举个例子，拿古罗马来说，进化人类学家、生物学家和理学家劳拉·贝齐格揭示了其中的很多细节。[5] 社会人类学家克利福德·格尔茨（Clifford Geertz）[6] 提出了"深度分析"，而贝齐格的工作则是这一说法的杰出样板，涉及对历史、逸事、文学和文化诸多信息的综合，只要明确的定量数据难以获得时就这么做。毫无疑问，古罗马社会实行法定的一夫一妻制；至少古罗马的贵族和富豪也只娶一个妻子——每一次。[7] 贝齐格的作品清楚地揭示，尽管一夫一妻制已正式化了，但上层罗马人公然三妻四妾，也有一妻多夫。

这足以令人沮丧，但不应让人惊讶。进化生物学的洞见，加上所有可用的跨文化证据，表明了权力和一夫多妻（无论是法定的还是事实的）常如影随形。正如贝齐格总结的那样：

> 跨文化证据是一致的。在最简单的社会里，比如在博茨瓦纳的昆人或委内瑞拉的亚诺玛米人中，最强壮的男人通常拥有十个女人；在组织水平超过当地的中等规模的社会里，比如在萨摩

亚人和其他美拉尼西亚人中，地位最高的男人拥有一百个女人；而在规模最大的社会里，包括美索不达米亚的"原始"帝国和埃及、印度、中国、墨西哥的阿兹特克和秘鲁的印加，以及在很多后来的帝国里，强大的男人拥有数百、上千甚至上万的女人——以及一个，两个甚至最多三个合法的妻子；而较弱的男人拥有的女人也较少。

贝齐格提供了大量丰富而有深度的性事描写。这些表面上一夫一妻的古罗马皇帝包括裘力斯·凯撒、奥古斯都、提比略、卡里古拉，甚至还有克劳狄乌斯（据说天性善良，性格内向），以及不可能在多伴侣这一事业上落后的尼禄，随后就是一些不怎么出名也不怎么好色的皇帝。马可·奥勒留——信奉斯多亚派的哲学家皇帝，以及韦斯巴芗——被历史学家苏维托尼乌斯描述为"又老迈又虚弱"的一个人，可能是例外。特别值得注意的是，在贝齐格对一夫多妻的罗马人的描述中有这么一段韵文，由裘力斯·凯撒的士兵创造和歌唱，谈到了他们的皇帝和军队领袖："我们把秃头的皮条客带回家；罗马人，把你们的妻子锁起来！所有你借给他的袋装金子，都让他买了高卢人的果馅饼。"这儿还有对罗马不那么知名的皇帝埃拉加巴卢斯相对低调的描述，说他"从来不会跟同一个女人交媾两次，除了他的妻子"。

古罗马实行一夫多妻的择偶体系，新证据来自多种出处，比如奴隶豢养和使用的无数文献。这些奴隶的编号通常有好几百，有时候甚至上千。女奴不只是要洗衣服——她们经常因自己的生育力而被赞美，也因为自家的好身材而被恭维。此外，她们也绝非只是因为在经济上有用而受重视。也就是说，她们有能力跟男奴隶结婚而生下额外的奴隶。就像南北战争前美国南方的奴隶主一样，不只是有可能，绝对可以肯定，奴隶主经常跟他们的女奴交配。事实上，她们之所以被奴役，很大程度上就是因为女奴能提供性和繁殖的福利。倘若这些女人的主要功能就是繁殖，而不介意跟谁的话，那么，可想而知，普通人想跟这些已成为奴隶的女人有性接触就很难，往往要受到传统的东方式后宫模式的限制。正如贝齐格总结的那样，"专制主义解释了不同的繁殖结果，权力预测了一夫多妻，在罗马，也在世界的其他角落"。

让我们回到那个问题上，为什么会有一夫一妻制？

一个令人信服的假设围绕着这样的事实：人类的婴儿诞生时，处于一种娇弱不堪的不成熟状态，需要父母大量的后续投资，而父母的忠诚介入会给他们带来可观的适应度好处。相反，在一夫多妻制的动物中，没有多少父亲投资，因为作为后宫主人，这位雄性必须把他的精力分散给自己的无数配偶和她们的子女。况且，他大部分的时间和精力都要用来对付其他雄性，他们觊觎他的女人，试图接管他的后宫。

此外，跟大多数人想的相反——如上一章所言，虽然对同一个男人的多个妻子来说这是个缺点——一夫多妻制事实上对女人较有利，而对大多数男人不利。因此，在一夫多妻制下，所有女人都能找到配偶（至少在理论上），而只有一小部分男人能做到这一点。如此看来，一夫一妻制是一种平等而民主的体系，对男人来说，它大大增加了他们也能结婚的可能性。

经验告诉我，当男人听说了一夫多妻制后，一个经常的回应就是不由自主地垂涎欲滴，幻想身在这样的婚配体系下是多么幸福。当然，他们假定自己将会成为一名后宫主人。这里的问题跟那些声称要铭记他们过往生活的人很像：这些家伙，几乎总是不自量力地宣称，自己跟拿破仑、凯撒、克娄巴特拉或玛丽·居里是一类人。

而事实上，他们最可能是克娄巴特拉军队中最底层的一名士兵，或她的一个奴隶罢了，再好一点的话，就是睡在玛丽·居里实验室地板上的一个女仆。在一夫多妻制的体系下，大多数男人自己都不是一夫多妻者，因为这个令人绝望的地位只是为极少数人准备的。

因此，亲爱的读者，虽然希望永不止息，但可能不包括你，也不包括我。据说，一夫多妻制的诱惑让人对基督教产生了抗拒，特别在非洲，传道士们举步维艰。[8]

谴责一夫一妻式婚姻是个悠久的传统，至少西方是这样。特别是很多这样的观点都来自丈夫，他们的性自由通常会因结婚而减少，同时责任却会增加。"在我们一夫一妻制的世界上，"著名的悲观主义哲学家亚瑟·叔本华写道，"结婚意味着权利减半，责任加倍。"他终身未娶。

然而，无论在哪一种后宫体系中，总是未婚男人（数量远远多于实行一夫多妻制的后宫主人）成为最惨的失败者。早些时候，我提到过乔治·萧伯纳的看法，他认为一夫多妻制对女人有利，因为她们能跟更富有、更强大（"第一等"）的男人发生关系，而不必把自己委身于"第三等"的男人。同时，萧伯纳还意识到，一夫多妻制是导致种种不满的渊薮，特别是在男人这一边。他写道："一夫多妻制在现代民主社会里尝试时……将因为大量劣等男人的反抗而毁于一旦。他们会因为一夫多妻制而受诅咒，注定孤独终老。"因此，一夫一妻制可能是送给男人的一份小贿赂，能减少单身汉的数量，这是一种不曾明言的社会交易。有权有势的男人放弃一夫多妻的额外津贴，以换取一定程度的社会和平与和谐。也许并非像马克思所言，宗教是民众的鸦片，但一夫多妻制倒是有这种作用。

另外，也有可能（但正如我们即将看到的那样，根本不可能）一夫一妻制是这么一种社会建构，它们带来的坏处多于好处，就像女性割礼，或者像美国的选举团制度。在《文明及其不满》一书中，弗洛伊德指出，文明建立在对本能的压抑这一基础上。其中，他特别强调了"本我"，这是一种由性贪婪和个人暴力构成的原始力量。《文明及其不满》是弗洛伊德最悲观的一本书。在这本书中，他认为人类不可能没有文明而正常运作，但文明的生活要求否认"本我"，这就导致了神经质：无论如何，我们都会受诅咒。

虽然弗洛伊德没有专门提到一夫多妻制，但他其实提了一下。至少，我们可以根据本书的材料更新弗洛伊德的思想，把它变成"一夫一妻制及其不满"，因为坚持一夫一妻制的文明要求男人的一夫多妻倾向和女人的一妻多夫偏好被抑制，或换种说法，以谎言文饰。由于"对一夫多妻制及其不满"太容易引发社会争议，故而一夫一妻制还是产生并维系了下来。

为什么一夫一妻制在现代社会成了主流？到目前为止，我暗示了有两个主要的理论能解释它：用情专一的父母数量不断增加，以及社会平等在一定程度上实现了。在本章的余下部分，我将讨论这两个一般的假设，同时还会谈及第三种可能性：也许一夫一妻制是因为爱而存在。我是认真的。

让我们从养育开始吧。对人类来说，虽然一夫一妻制并非纯粹的"自然"，但是它适用于我们这一物种。至少在部分程度上，这一体系很好地满足了我们最关键的一些需要。一种愤世嫉俗的观点认为，智人，说到底，是一种明显的适应性动物，善于自我调整，以适应纷繁复杂的生态环境。从北极到热带，从海滨到山区，他们几乎遍布于所有地方。此外，智人还有极为广泛的社会安排。这样看来，我们接受一夫一妻制，就像我们需要接受在法律上跟老板和解，或不得不跟一个吵闹的邻居生活在一起。然而，一夫一妻制很可能不仅仅是一种社会强制，令人们几乎无法容忍，而是一种恰恰能满足人类很多需要的适合之物。

这种适合的主要原因就是，我们有独特的养育需要，一夫一妻制其实有助于实现人类的进化适应。如前所述，人类的婴儿一出生就特别无助，要求大量的成人投资，不只是保护和营养，还包括他们获得成功所需要的训练、经验以及教育。虽然现在的单身父母也可以照料孩子，但跨文化研究的数据还是一边倒地发现，年幼的儿童若有大人的关照，就会发展得更好。靠一个村子养活一个孩子，也许需要也许不需要，但愿意承担养育义务的成年人，无论什么性别，绝对是个加分项。[9]

那么，如何才能获得这样的承诺呢？很少有母亲游手好闲，因为一个分娩的女人跟她的孩子之间有明确的遗传关系，同时激素和情感的倾向也都会促使她转变为母亲。有母亲，必然有父亲，但就我们讨论过的原因来说，即体内受精会导致遗传上的不确定性，父亲是一个更为可疑的身份。一夫一妻制的魅力就在于，通过提高一个男人在父亲身份上的自信，他的父性倾向也会随之而增强。

不需要成为一名训练有素的生物学家，一个人就能意识到，两个人同心协力一起照顾孩子，会带来多大的好处。早在1762年，让-雅克·卢梭就在他的《爱弥儿》一书中写道：

> 虽然一个男人不会像鸽子一样孵化孩子，虽然他没有奶给小家伙喝，……他的孩子会在很长时间里脆弱无助，但若母亲和孩子能因此得到父亲的温柔和照顾，他们的处境就会好很多。

这个说法显然很虚伪，因为卢梭本人跟情妇泰蕾兹·勒瓦瑟尔（Thérèse Le Vasseur）生了五个孩子，他们坚持把每个孩子都遗弃在了孤儿之家！然而，从生物和社会的角度看，这样说是准确的。在养育方面，鸽子很有趣，因为跟哺乳动物相比，鸟类通常更倾向于一夫一妻制（至少是社会性的一夫一妻制）。这反过来能有力地解释"双亲假设"，比如像知更鸟、山雀、夜莺、麻雀以及其他鸟类，它们刚孵出来的雏鸟跟人类的婴儿一样娇弱无助。但你必须承认，雏鸟长得很快，而这种快速生长通常需要两名成鸟忠贞不渝的努力，以便给嗷嗷待哺的雏鸟提供稳定的营养。相比之下，哺乳动物适应了由单一个体（母亲）提供营养的模式，这反过来解释了为什么父亲照料在哺乳动物中不常见。在某种意义上，人类是个例外，至少部分原因在于我们的婴儿生活艰难，就像是娇弱无助的雏鸟一样。

不过，在某些案例中，哺乳动物也能做个好父亲。很多证据清楚地表明，它们的父性行为格外重要。短尾侏儒仓鼠看起来是一夫一妻制。这种动物并非如你想象的那样，栖息于多瑙河畔，而是来自于蒙古草原。雄性仓鼠是非常热心的父亲，他们帮助自己的配偶生产，比如会移除胎膜，通过舔舐以打开新生儿的鼻腔，等等。[10] 假如生活在双亲家庭中，短尾侏儒仓鼠断奶时就有95%的存活率，但假如只跟单亲母亲生活在一起，存活率就只有47%。[11]

在非人灵长类中，枭猴看起来是极少数真正实行一夫一妻制的动物。值得注意的是，这些动物（因为他们是夜行性的，可以说是双倍异常）的精子数量特别少（因为实行一夫一妻制，所以他们不需要跟其他雄性发生精子竞争），而他们的双亲照料很突出：考虑到他们的择偶体系，一只雄枭猴可以肯定自己就是伴侣膝下子女的亲生父亲。[12] 这种模式一目了然：在动物界，一夫一妻跟双亲照料有很强的关联，主要就是因为它消除了父亲对他基因遗产的不确定性。目前，我还没看到有什么研究考察男人对他父亲身份的怀疑，跟他们拒绝同样子女之间的关联，更不用提这种猜忌跟离婚率之间的关系了。但这种关联可以预期，看起来都没必要验证，恐怕这也是为什么都没有人不怕麻烦这么做！

对弗里德里希·恩格斯来说，一夫一妻制是男人给女人穿的紧身衣，"建立在男人至高无上的基础上，目的很明确，就是生下父亲身份无可争议的子女。要求这样的父亲身份，是因为作为他的自然继承人，这些孩子后来才成了他们父亲的财产"。

相反，假如公然实行一妻多夫制，就会在好几个丈夫之间引发父亲身份的混乱，他们每一个都想解决亲生父亲可能性下降的问题。当然，在没有基因测序（这时一种最近和现在都很少见的事情）的情况下，男人无法确认孩子是否跟自己有血缘关系。结果就是，一妻多夫状态下的父亲不可能任劳任怨地照料子女，这反过来就会让孩子和他们的母亲面临诸多不利。因此，一妻多夫无疑从来没有成为一项制度；而且，当它发生时（就好像在中国西藏的差巴中那样），这一模式总是强烈倾向于兄弟式的一妻多夫制，即多个丈夫之间能够保证，假如他们不是父亲，也至少是孩子的叔叔。而在其他情况下假如发生了一妻多夫（也就是说女人不忠），参与者总是把它当成秘密，除非说大家相信某种有用的谎言，即"共享父亲身份"。

我和妻子合写了一本书，名叫《一夫一妻的神话：动物与人类的忠与不忠》。[13] 这本书出版后，我们曾被信奉"多角恋"的社区成员所包围，他们相信那是一种更好的状态，曾被称为"自由之爱"，而一夫一妻制"不自然"。但令他们失望的是，我们无法为他们自己选择的生活方式背书，不是因为我们不认可，而是人类的生物性（以及更一般意义上的哺乳动物生物性）阻止了他们。这种多角恋幻想有两个问题。一方面，虽然人类像大多数动物一样，倾向于拥有多个性伴侣,但他们远远说不上对他们自己的性自由比对他们伴侣的更宽松。针对伴侣的性嫉妒,至少跟面向自己的性挥霍一样强烈。另一方面,一旦对父亲身份产生怀疑,一种进化而来的破坏因素就会出现在双亲照料的潜能之中。

"为了孩子待在一起"是一回事,而承认一夫一妻制发生于自然界中则是另一回事,通常是因为一夫一妻制给这些孩子带来了福利,这也经常是唯一的原因。

然而,这不意味着雄性和雌性——在任何动物中——都不想要他们的双亲蛋糕,也不会吃(即他们自己沉湎于一夫多妻或一妻多夫,同时对于他们伴侣的类似行为不容忍)。在许多动物中,假如雄性有能耐就会实行一夫多妻,假如不能也会把一夫一妻作为安慰奖接受下来。比如,在长嘴沼泽鹪鹩中,一旦交配完毕,雄鸟就会热切地寻找其他雌鸟。但随着繁殖季节的临近,倘若自己的兼职努力一无所获,他们就会变成勤奋的父亲和真诚的伴侣,帮着他们的"第一任妻子"照料孩子。[14]

有时候会有一场真正的两性大战,导致彻底不公平的结果,而结果总是对胜者有利。在被称为斑姬鹟的一类欧洲鸟中,父母通常协助彼此,为嗷嗷待哺的幼鸟喂食。然而,除了主要伴侣之外,雄性通常还会想法拥有一名"情妇"。在这种情况下,拈花惹草的雄鸟会向这位雌鸟大献殷勤,合作建巢,跟她交配;但雄性不会为他第二家庭中的孩子带来任何虫子,而是把所有的父亲投资都给了第一任配偶。结果,第二个雌性不得不承担主要的养育重担;而毫不奇怪,她养活的幼鸟明显少于第一个雌性,后者在觅食方面得到了雄鸟的支持。有趣的是,为了追求第二个雌性,雄性斑姬鹟会另建一块领地,离他的首任妻子和鸟巢有一段距离,这就暗示他这么做,就是要让妻子不知道他在外面有了"情人"。[15]这篇研究论文名为《雄性一夫多妻制和雌性一夫一妻制之间的冲突》(The Conflict Between Male Polygamy and Female Monogamy)。

雌性也有自私自利的性行为。比如，她们冒充一夫一妻制，但为了自己的适应利益而实行一妻多夫制。在鱼鹰中，雄鸟会为孵卵的伴侣找食物吃。如果他没有足够努力把鲑鱼带回家，雌鸟就会跟另一只雄鸟交配，后者接着就会给她巢里带鱼……前提是被戴绿帽子的"丈夫"暂时离家了。男人和女人，就像雄性和雌性的斑姬鹟和鱼鹰一样，他们的进化利益也存在差异。但无论如何，考虑彼此的生物适应度时，男人和女人依然是非同寻常的共同持股人。相应地，一夫一妻既是共同利益导致的结果，也是（如果性行为的一夫一妻跟社会性的一夫一妻重合的话）导致这种共同利益的原因。

无论是真是假，一夫一妻跟良好养育之间的关系，可能涉及的不纯粹是双亲照料。比如，有一种"保镖"假设认为，一对一的男女绑定或许进化而来是作为一种手段，女人可借此获得保护，免受其他男人不必要的额外关注。这一想法首先来自对狒狒的研究。在这种动物中，雄性和雌性通常会发展出友情，随着关系的进展还会交配。结果，其他雄性通常都不会骚扰这只雌性，因为她已找了男朋友，属于"名花有主"。[16] 我们有充分的理由把这样的情形扩展到包括史前人类在内。

但这个说法有问题。为什么雌性会觉得不需要这样的额外关注？特别是考虑到，她们可借此把父亲身份混淆，从而获得保护，防止自己的婴儿被雄性杀害。至于为什么其他雄性会尊重这些处于萌芽状态下的一夫一妻制配对结合，保镖假设给出了自己的答案：假如雄性之间的合作足够重要，那么这就是一笔划算的买卖。也就是说，假如雄性跟某个特定雌性的结合受到了尊重，那么接下来，这些雄性就会跟其他雄性结盟，同时表现出对其他雄性一夫一妻制结合的相应尊重，因为这些伙伴也都遵守游戏规则。这跟基于一夫一妻制是一种平等主义的其他观点并没有什么不同（本章的后面会有详细介绍）。

另一种相关的假设认为，雄性被选择出来跟雌性建立关系，以保护这些雌性和他们的共同后代，并不是因为其他雄性不必要的性关注，而是基于杀婴本身。也就是说，保护他们的遗传投资。[17] 假如积极的雄性照料制造的诱惑是主要原因，而作为父亲开展防御以避免某些可怕雄性的杀婴行径至少也很重要，也不是不可能。

灵长类动物学家弗朗斯·德瓦尔写道，"在我们的人类祖先中，两性之间一种简单的安全设计很容易扩展开来"：

> 比如，父亲可以帮助他的伴侣找到果树，捕获猎物，以及运送孩子。他善于使用工具、收集坚果和浆果。这些天赋也会使他自己受益良多。反过来，女性将会延长她的性接受性，以防止她的保护者抛弃她。假如双方对这种安排都有承诺，彼此的收益就更高。从进化的角度来看，投资于某个人的后代就是浪费精力。因此，雄性将会加强对伴侣的生殖控制，他们帮助越多，控制就越严。[18]

还有一种可能，即人类的一夫一妻制在婴儿脆弱的背景下显得很重要，而在后代变得越来越独立时，他们彼此的热情和承诺都会出现可预见的下降。有一项研究调查了 58 个不同的人类社会，发现离婚率在第一个孩子出生四年后最高，[19] 暗示一夫一妻式结合主要的功能就是给养孩子提供一个良好的开端，然后父母就倾向于重新开始，寻找新人，建立新关系。当然，一个孩子活到断奶时是一码事，活到被视作进化成功的状态则是另一码事，后者意味着他们需要达到繁殖年龄，而不只是熬过吃奶的那段日子。但这些"四年之痒"的发现告诉我们，在人类中，连续性的一夫一妻制（很接近于一夫多妻制）是一种很"自然"的现象。

至少有两个因素跟养育有关，但严格说来，跟父亲身份的自信没多少关系，而这种自信显然有助于人类的一夫一妻制。这两个因素中的第一个被称为人口学变迁，一种众所周知的普遍现象：随着他们的医疗条件、经济发展，以及特别是女性社会地位、教育水平的提升，人类的家庭规模通常会减小。长期以来，生态学家就发现了一种连续性的繁殖策略谱系，其中一端为"r选择"，另一端为"K选择"。试想一下，老鼠（r选择）跟大象（K选择）之间的差别。r选择中的r代表群体增长的自然速率，r选择的物种倾向于是小个头、生长快、成熟早的动物，它们基本上适应了快节奏、性开放和死亡早的模式。相比之下，K选择的物种通常块头较大，生长较慢，成熟较晚，倾向于以更从容的步调繁殖后代。K选择中的K来自德文中表示"承载能力"的一个词，因为K选择的物种通常生活的环境有能力维系某种既定的人口规模，不会超载。

假如你是这样一种动物，经常遇到如下情形：有机会快速繁殖，有机会填充另一个未被占据的生态位，那么r选择就是你的菜。试想一下，群体规模激增的老鼠，就是其中的典型。在r选择的体系中，父母特地给你提供营养、教育和保护，其实没多少回报；关键在于多生孩子，还要尽快。另外，假如你生活在一个已接近于你们这一物种生态承载水平的环境下，那么长远来看，简单地强调后代数量远不如重视质量那么成功。所以，K选择的动物生长缓慢，每次产下的后代数量较少，在两次分娩之间有较长间隔，而且父母会对每一个子女都精心照料，无微不至。

那么，在从r选择到K选择构成的连续谱系上，人类到底处于什么位置？自然是靠近 K 选择这一端了。但很明显，人类的繁殖策略绝不会一成不变。随着现代化的进展，他们有可能变得更倾向于 r 选择，或更倾向于 K 选择。研究人类群体状况的人口学，是一门名声不太好的软科学，容易受到各种例外和难预料因素的影响。然而在这种混乱之中，某种模式依然坚挺，屹立不倒：在世界范围内，社会经济的发展会导致整个社会变得更加现代化，典型的表现就是公共教育水平日益提高，医疗保健愈加广泛，女性地位不断提升，她们不再认为自己的价值主要靠生养孩子来体现了。这时候，生育间隔就会增大，女人第一次繁殖的年龄就会推后；总体而言，就是人口出生率会下降。有时，不需要奉行人口控制思想的政府强力干预，出生率甚至就会直线下降。看起来，人口学转变是另一个"跨文化普遍性"，一种人性在某种具体情形下可预见的结果。

这里有不少例子。尽管英迪拉·甘地政府严厉的人口政策已松动，但印度的总体生育率还是大幅下降，从 1991 年的 3.6 下降到 2013 年的 2.3。然而，该国依然存在巨大的城乡差距，乡村的育龄女性平均生育率是 2.5，而城镇居民则为 1.8。2014 年，根据美国中情局的世界概况（包括了 224 个国家）估计，有六个国家的总体生育率（人口中每个女人平均生多少个孩子）最高，按顺序依次为尼日尔、马里、布隆迪、索马里、乌干达以及布基纳法索，数量从 6.89 下降到 5.93。在相反的一端，新加坡拥有世界最低的总体生育率（0.80），随后的国家或地区依次是中国澳门、台湾、香港，而后是韩国和英属维尔京群岛（1.25）[1]。美国的生育

---

[1] 世界总体生育率最低的六个国家或地区中，新加坡和中国澳门、台湾、香港都是华人社区。根据权威的统计数据，中国的人口生育率之低在全球都名列前茅，但差别在于，其他各个地区都是发达社会，故而有人说中国目前是未富先老。人口这一因素对中国的深远影响，恐怕将超出大多数人的想象。相比之下，美国尚居于中游。

率排名第123位，大概介于爱尔兰（2.00）和新西兰（2.05）之间。明白大致情况了吧？

进一步的证据（更容易获得）来自2013年联合国的人类发展报告，它使用了每个国家的人类发展指数，这是一个合成的统计指标，最初是由经济学家阿玛蒂亚·森（Amartya Sen）和马赫布卜·乌哈克（Mahbub ul Haq）提出，包括了收入、教育水平和预期寿命三个因素。该指标把所有国家相应地分成四种人类发展水平，极高、高、中和低。根据这份报告，有一个跟生育率有关的反向关系令人惊讶：人类发展水平越高，生育率越低。

大多数发达的工业化社会几乎达到了人口零增长，而非洲和伊斯兰世界依然保持着最高的生育率。非工业化的农村地区正在经历第一波人口学转变，出生率和死亡率都很高，而人口规模保持了相对稳定。接着，随着公共卫生措施的实行，比如免疫接种、广泛的食物分配以及类似的做法，死亡率下降，而出生率依然很高，于是人口数量不断增加。但到了人口学转变的最后阶段，随着社会和经济状况的改善以及婴儿死亡率的降低，人们更渴望过小家庭的生活，而父母也意识到，他们不再需要大量的孩子作为下地的帮手，无论是补偿他们可能遭受的种种丧失，还是为他们年老时的生活提供社会保障。此外，父母还意识到，为了让自己的孩子拥有诸多优势，比如拿到高学历，他们必须少生孩子。结果人口就呈现平稳状态。

尽管人口学转变可以预见，但并不简单。在某些方面，它甚至反直觉，特别是从进化的角度来看。我们可能会认为，假如一个人更健康、更有钱，理应把这些优势转化为更多的后代。毕竟，对所有动物来说，进化的底线就由孩子构成。但恰在此处，不少情形往往变得很有趣。

我认为，人口学转变反映了由占支配地位的 r 策略向 K 策略的转折。这是否意味着，人口学家告诉我们发生在人类社会中的变化（即人口学转变）事实上跟生物学家在其他动物中描述的现象是同一个过程？显然，两者在结果上有重合。但这是基于共同的进化压力、表现为相似的基因编码的倾向，还是纯粹的巧合？坦白说，没人知道。

自然选择把不同的物种摆在了 K 选择连续体的不同位置。而且，它们中的大多数做出调整的能力都很受限，即便条件改变了，哪怕改变非常大。这是因为，进化本身并没有任何先见之明。但是（这才是关键），自然选择（至少有时）能创造出有先见之明的物种，或创造出至少有能力评估条件以做出相应改变的物种，比如我们。一只老鼠无法突然改变它的整个生物学特征，以便适应新环境。正如大象不可能立马变成一只遵循 r 选择的啮齿动物一样，老鼠也不可能一夜之间就变成厚皮类动物。当然，人也不可能从根本上重新设计他们的解剖和生理结构，但他们能调整自己的繁殖行为，能意识到当需要重视质量而非数量时，他们就得适当减少孩子的数量，而增加对每一个孩子的投资。

我们会做各种表明远见卓识的事情，比如为了让孩子读大学而存钱，就像播种，到了来年的这个季节它才会发芽。另外，涉及某些最重要的情况时，比如干预我们目前导致全球气候灾难的思路，对抗导致生物多样性骤减的做法，采取措施消除核战争的危险，远见卓识看起来就更需要了。但问题是，我们这一物种却在这些方面表现得鼠目寸光。但也许，仅仅是也许，涉及家庭生育计划的私密决定时，大家还是有远见的，至少这样做会提升他们的自我利益。假如是这样，那么至少有这样的可能：一夫一妻制是某个方程式的一部分，因为如前所述，恰恰就是在一夫一妻制下，双亲照料才变得最有可能,而这样的照料正是父母需要的——假如他们打算少生孩子,希望每个后代都得到更好的关怀。

还有一个假设,也能把一夫一妻制跟养育联系起来。事实表明,当环境恶劣而夫妇合作很重要也很必要时,一夫一妻制更容易出现。这时,家庭需要获得足够的食物,得到足够的保护,才能免受外界的种种威胁。比如在高纬度的北极地带。而在条件更好的情况下,一夫多妻制更容易蓬勃发生。[20] 这里有个相关的佐证。某跨文化调查发现,男人对食物生产的贡献跟择偶体系密切关联:男人贡献大,该地就倾向于一夫一妻制;男人贡献小,就倾向于一夫多妻制。[21]

一个玩世不恭的家伙可能会留意到,一夫一妻制通常导致单调乏味。对此,一个进化论者可以反驳说,"生育"本身就是一个精彩的目标,而在这方面,一夫一妻制有其过人之处。

接下来要谈论的是一夫一妻制跟平等的关系,以及一夫一妻制跟社会及家庭和平的联系。弗里德里希·恩格斯对一夫一妻制没有任何耐心,把它当作压迫的制度化:

> 第一次阶级对抗在历史上的出现,似乎跟男女在一夫一妻制婚姻中对抗的发展相吻合,也跟男人在性生活方面对女人的第一次阶级压迫的发展相吻合。一夫一妻制是个伟大的历史进步,但同时它也开始伴随着奴隶制和私人财富。这一时代一直持续到了今天,其中的每一个进步也都是相对的退步,其中一个群体的发展与福祉来自另一个群体的痛苦和遭受的压迫。它是文明社会的细胞形态,我们可借此研究后来出现的种种对立和矛盾的性质,它们发展得更完全了。[22]

跟比他更著名的那位合作者卡尔·马克思一样，恩格斯现在不是那么受欢迎了。然而，他正确地发现了通常伴随着一夫一妻制婚姻的"对立和矛盾"，以及男人压迫女人这样一个整体事实。下面还是恩格斯的观点：

> 家庭的第一种形式，不是建立在自然条件而是建立在经济条件的基础上，即私有财产对原始自然公共财产的胜利上。古希腊人非常坦白地说了这件事：一夫一妻制婚姻的唯一目的就是让男人在家庭中至高无上，让他有子嗣，作为他财富的未来继承人，孩子无可争议就是他的……因此，当一夫一妻制婚姻首先在历史上出现时，它不像是男人跟女人的和解，更不像是这种和解的最高形式。恰恰相反，一夫一妻制婚姻来自某个性别被另一个压迫的场景，它宣布了整个史前时期未知的两性之间的斗争。

然而恩格斯错了，他把一切都归咎于一夫一妻制的诞生。正如前面解释的那样，有理由认为假如有区别的话，一夫多妻制对女人的压迫更严重（当然对大多数男人的压迫还要严重），而一夫一妻制（虽然也很棘手）则代表了进步，至少是一种朝向更平等方向的运动。

这里我想化用温斯顿·丘吉尔对民主的观察：一夫一妻制是所有可能的安排中最糟糕的一种……直到你考虑了其他的替代方案！

同时，一夫一妻制也不可能解决性别歧视和对女性的压迫。比如，现代的泰国实行社会性一夫一妻制，但也是严格的男权社会，妻子几乎没什么权利。已婚男人要么去嫖妓，要么在外面养个"小老婆"，给这个女人某些钱财支持，这是泰国的一个悠久传统。泰国女人特别喜欢她们的丈夫（如果这些男人婚外的性生活很活跃）

去嫖妓而不是养小老婆，纯粹是因为专业的性工作者榨取的资源较少，通常对她们的婚姻也没什么威胁。有趣的是，随着艾滋病的出现，某些泰国女人的口味已转变，因为跟某个固定的"小老婆"性交，风险比专门的一妻多夫从业者要低。[23]

以诚实面对达尔文的态度考虑一夫一妻制，我们会发现，至少在涉及他们共同后代的情况下，男人和女人的进化利益是一致的。这里，一夫一妻制的一个报酬就是，它减少了每个家庭内部的冲突。毕竟，如果不存在寻花问柳，夫妻之间就不会有太多的恼怨和争执，甚至因此而离婚。但严格和真正的一夫一妻是否同时也会减少女人之间的竞争，目前还不清楚。有人说，最初的一夫一妻制会减少女人之间的冲突，理由是假如一位年轻的新娘成为某个有权有势的男人家庭中的新成员，常常会引发其他妻子的怨恨。而一夫一妻制会消除这些妻子间的激烈竞争，这类竞争至少有时会导致后代较高的死亡率（比如第四章描述的多贡人）。

但另一方面，假如男人在是否适合作为伴侣方面有明显差异，那么在一夫一妻制下，即便是最合适的男人也只能有一个妻子，于是为了争夺这个男人，这种体系势必引发更多女人之间的竞争。我们前面说过，在一夫多妻制下，不同妻子间的竞争很激烈。而在一夫一妻制下，嫁妆反映了女人跟女人（以及彼此家庭）之间的竞争。两种情形很像。

借助于激烈的雌性竞争，一夫一妻制在不少动物中维系了下来。这种雌性竞争，具体说来，就是某个以"一夫一妻制"模式结合的"妻子"会对潜在的第二任妻子心生憎恶。有趣的是，同样在很多动物中，雌性有时不会使用简单粗暴的方式来维系一夫一妻制。[24]比如，在椋鸟中，已婚的雌性若发现雄性开始对另一只雌性感兴趣，就会要求雄性多跟自己交配。[25]

在现代的西方世界，一夫一妻制成了社会的义务、法律的规定以及宗教的要求。为什么会这样？这里，社会得到的回报是什么？如前所述，一个关键在于，大家普遍意识到了双亲照料给孩子带来的收益。说到底，游手好闲的父亲不只是让人皱眉头。在大多数时候，他们还会给孩子以及孩子的母亲带来糟糕的影响。然而，至少从社会的宏观角度来看，一夫一妻制能削弱雄性间的同性竞争，这同样很重要。

这是一个跨文化的普遍现象，即男人（特别是年轻男人）是最大的麻烦制造者。他们在现存的权力结构中彼此竞争，纯粹是因为（无论他们是否意识到了）他们被自然选择塑造出来，就是要想方设法追求繁殖成功。正如动物学家理查德·亚历山大（Richard Alexander）所写：

> 社会强制的一夫一妻制绝非微不足道……它跟若干因素有关联：第一，被吹捧为机会平等公平；第二，某个唯一的、对所有人而言公平之神的概念；第三，庞大而有凝聚力的现代国家，能借助于他们大量的年轻男人发动战争，做出防御。在相当程度上，社会强制的一夫一妻制早已通过西方人的征服而传给了全世界。因此，一夫一妻制的社会责任同时包括：第一，抑制产生某种群体内部的权力王朝，它们可能会跟政府竞争，导致群体内部的纷争；第二，提升某些活动和态度，因为它们能产生和维系互惠的成功运用，而互惠是社会结构（诚实、真心和信用）的黏合剂。[26]

另一个跨文化普遍性是，年轻男人在士兵中比例很高，无论来自招募、强制还是自愿。这通常不只是通过征召，年轻男人能获得种种好处，除其他之外，他们可借此提升自己的社交和繁殖前景，还因为对某社会上的年长男人来说，这样做是优先选择。在某种程度上，这反过来又是因为大家认识到，年轻的男人（和女人）更容易比被他们年长者提出的要求所操纵。因此，跟年长的雇佣兵或应征者比起来，他们更可能成为好士兵。除此之外，年轻人更可能以为他们永远不会死。因为年轻，他们更可能拥有较好的体质，会成为优秀的战士。但我们也不应该忽视这样的事实：因为年轻人被战场吸收了，所以他们中很少有人会把麻烦带回家。

掌权的年长者面临一大困境。一方面，他们受即将到来的新一代年轻人的威胁，这些年轻人酷爱制造麻烦，喜欢冒险，偶尔还会因此而获得犒赏。另一方面，年长者常常想要鼓励的，恰恰就是这种冒险精神，或至少加以引导，以便让年轻人捍卫更庞大的社会单位。这两个问题可通过制度化的一夫一妻制加以解决，或借此改善。这样，年轻的士兵（假如他们活了下来）返家时就有家人的等待。不过问题来了：为什么一个士兵要在战场上出生入死，以保卫其他男人的后宫？

这个假设还有新问题。比如，来自一夫一妻制社会的士兵怎么跟一夫多妻者相比？目前没有数据谈及这一点。然而，貌似是这样，有一个或多个孩子的士兵（在一夫一妻制社会比在一夫多妻制社会更常见）会更谨慎，尽管不会因此而比那些没有年幼子女的士兵更怯懦。另外，获得伴侣的男人，或期望能在战后获得伴侣的男人，可能不只是对强制征兵更抵触，而且倾向于逃跑或装病，因为担心他们回家后妻子和女朋友对自己不再忠诚。"二战"时，臭名昭著的东京玫瑰广播电台的宣传策略就是不怀好意地暗示，当他们正在战斗时，美军特种部队的女人正在跟别人劈腿。但这样的焦虑（在一夫一妻制社会更典型，毕竟每个男人都有一个妻子或女友）跟几乎没什么男女性生活前景相比，还不是那么让人沮丧，而后者在一夫多妻制社会更常见。

也有其他的可能，比如来自一夫多妻制社会的士兵（为了家庭幸福，他们很少有别的选择）更倾向于自我牺牲，更倾向于这么做以便脱颖而出（通过晋升、获得勋章等），而这些都会得到军方首长的认可。说到底，只要有足够的年轻对手非死即伤，男人之间的同性竞争在国内就会大大减少，哪怕只有少数的英雄能回到公众言论中，获得无数怀抱和暖床的欢迎。这些问题可通过实证调查来解决。

无论如何，也不管什么原因，即便大国（比如中国和印度）想要控制他们的人口，也没有哪个国家在抑制他们公民的生育权方面能侥幸成功。[27] 这一点现在依然成立。在涉及某种社会平衡时，至少在理论上，义化强制的一夫一妻制并不少见。在大多数现代化和向现代化转变的国家，机会的平等化是一条始终如一的发展轨迹：提升女性、少数种族和少数人群的地位和机会，保证一人一票，对残障人士等弱势群体提供更多机会。

很可能不是什么巧合，基督教（尼采嘲笑它提倡"奴隶道德"，因为基督教把帮助和关怀都给了受压迫者）在推广一夫一妻制上格外卖力："人要离开父母，与妻子联合，二人成为一体。……既然如此，夫妻不再是两个人，乃是一体的了。所以神配合的，人不可分开。"（新美国标准《圣经·马太福音》19:4-6）更不用提更为淫荡的《箴言》了（5:18-19）："要喜悦你幼年所娶的妻。……可爱可喜如母鹿；愿她的胸怀，使你时时知足。她的爱情，使你常常恋慕。"这里未说出的是虔诚的希望和期待，即丈夫越是满足，他就会越少制造麻烦。

根据这些线索，人类学家伯纳德·沙佩（Bernard Chapais）提出了一个有趣的说法。曾有人把一夫一妻制看作这么一种机制，它能减少未婚的旷夫致命的潜能。但沙佩不这么看。他假设，在人类进化史上，手持武器的发明曾作为一种均衡器，就像美国西部片中的柯尔特45式手枪，从而使得男人之间的同性竞争变得更平衡，同时也更可怕。[28] 结果很可能就是，占据支配地位的男人不再保留他们的后宫，而是发现为了他们自己的利益，最好"允许"其他男人拥有妻子。假如是这样，那么更大的平等（来自武器的普及）将是一夫一妻制的原因，而不是一种预定的结果。

所有这一切都跟我们早前的观察相当吻合，也就是人类的一夫多妻制不可避免地导致了冲突，其中一夫多妻的男人获利，一夫多妻的女人通常受损，而没有配偶的失败男人成了最大的输家。因此，从一夫多妻向社会强制性一夫一妻的转变，其实就是从冲突不断的特殊待遇向广泛分享的共同利益的转变。

精英主义，就像屈服一样，名声很臭，即便它有巨大的吸引力，特别是对那些认为自己要么是精英分子，要么成了过度乐观主义（比如美国人）假设牺牲品的人，该假设认为他们随时都会进入幸福的财富俱乐部，还想有各种性特权。在此之前，社会压力的均化效应肯定不会很普遍，也不会被人广泛承担。我们看到了美国社会收入不平等的荒诞扩张，以及由此引发的不断增长的愤怒。然而，假如真能做到的话，有这么一种可能：民主在世界范围内的扩散将导致一夫多妻制越来越不被认可，而随着社会经济地位平等的不断实现，这种择偶体系自然而然就会变得毫无魅力，最终将会摇摇欲坠，无法维系。

按人口说，印度尼西亚是世界上认为一夫多妻制合法的最大国家。但在这里，一夫多妻的政客也特别招人讨厌。他们特别会受女性选民的反对，但慢慢也会受到男性选民的憎恨——即便很少表现出来。可能是因为男人都怀着顽固而单薄的希望，认为自己最终能进入上层社会一夫多妻的美好国度。此外，即便在一夫多妻受法律禁止而一夫一妻为法律规定的国家里，同样可以肯定的是，许多（或许是大多数）有权有钱的男人事实上就是一夫多妻者，要么是多次连续结婚，要么是有好几个情妇。但这再一次留给社会一大批未婚的年轻男人，他们遭遇了麻烦，也会制造麻烦。至少，他们会妒忌某些人的成功。

谈到安抚这些焦躁不安、欲火中烧的雄象海豹（它们在高度一夫多妻的社会体系下会遭遇更大的性挫败）能给社会带来什么潜在的回报时，我除了再一次分享絮絮叨叨的讽刺作家门肯的话，就没有更好的选择了，他的散文让我们再次回到那个令人更惬意的侃侃而谈的时代。门肯把一夫一妻制看作一种安抚设计，他认为：

> 文明世界的男人赞成一夫一妻，是因为他们发现它行得通。但它为什么行得通呢？因为对于激情引发的警报和恐慌而言，它是我们所能找到的最有效的解毒剂。一夫一妻制，简而言之，杀死了激情——而激情对于我们所说的文明而言，是所有现存的敌人中最危险的。文明建立在秩序、装饰、克制、形式、勤劳和团结的基础上。文明人，理想的文明人，就是那些从不会为了他自己的私情而牺牲公共安全的人。当他的狂热之爱熄灭时，他就达到了完美状态。这时，他会把自己所有的本能体验从令人兴奋的水平大大降低，降低为某种简单的装置，以便为这个世界的军队和车间补充人员，以便缝补衣服，以便降低婴儿死亡率，以便为每一个房东提供足够的租户，以便让警察局知道每一个公民无论白天还是黑夜到底身在何处。一夫一妻制完成了这些，不是通过让人产生饱胀感，而是借助于消灭食欲。它让激情变得拘谨而不再令人兴奋，于是就慢慢杀死了它。

门肯继续往下说，而我忍不住分享他的妙语，虽然这有点儿过度引用了。

　　一夫一妻的倡导者，被其道德色彩所欺骗，并没有从中得到它所有的优势。比如，试想一下，维护未婚者美德的道德事业是多么重要，也就是依然充满激情。比如，假设目前是跟一个二十岁的年轻男人打交道，围绕着他的是很多稻草人和禁令，尝试在逻辑上说服他，告诉他激情很危险。这样做既多余又愚蠢。说它多余是因为他已经知道激情很危险，说它愚蠢是因为我们不可能通过反对某种激情来而消灭这种激情。杀死它的方式是在不利和沮丧的情况下控制它，把它缓慢地放到荒谬和荣誉的状态中。那么，如果这位狂野的年轻人在婚前被禁止实行一夫多妻，但被允许一夫一妻，那么他能够完成多少进度呢？在这个案例中的禁令相对容易执行，而非不可能，在其他时候就有这样的情况。好奇将被满足；自然离开牢笼；甚至爱情都会有结局。百分之九十九的男人会投降，只是因为投降比抵抗更容易。

　　我们很容易就给门肯的嘲笑语调打折扣，而整个世界都目睹了受挫的单身汉象海豹在2010年阿拉伯之春暴动中的能量。虽然很少被西方媒体注意到，这些社会动荡的一个根本原因就在于许多阿拉伯国家普遍存在的传统，即甚至一夫一妻制的婚姻都难以维系，除非一个未来的新郎积累了足够的财富能"供养"一个新娘。

　　在现代亚洲也有一个同样棘手的现象发生着，政府使用了各种力量以遏制家庭规模（特别是在中国和印度），从而导致了严重的性别比失衡，男人过剩。(这是因为在很多传统社会，重男轻女，因此当一个家庭只准要一个或两个孩子时，女婴更可能被堕胎或在出生后不久就被抛弃。）由此造成的男人过剩本身并不直接就是一夫多妻导致的结果，但它有一种颠覆性的社会影响，能够强化一夫多妻制本身：使得社会变得动荡混乱，暴力增加，甚至可能导致战争，最终都是因为这些"过剩"男人的繁殖前景大受限制，甚至被彻底扼杀。[29] 我们需要对于性别比改变的社会后果予以更多关注，无论原因是死亡率差异还是社会传统，而两者通常都受到了我们一夫多妻制遗传的驱动。

甚至在看似拘谨的天主教中，人们也很早就意识到需要提供可接受的性出口，特别是为年轻的男子；而且正在超越保罗著名的训道词，尽管婚姻在某种程度上令人遗憾，但"结婚还是胜过灼烧"。因此，奥古斯丁甚至支持卖淫，指出"把它从人类事务中夫除，你将因为欲火中烧而无所事事"。一千年以后，阿奎那变得稍有点儿堕落，把卖淫比作"宫殿里的下水道系统"。"若没有它，整座宫殿就会变得污浊不堪，臭气熏天。"

这些都是硬话，无疑带有夸张。但别无其他，它们支持了某些人的说法，即一夫一妻制本身就是一种强制的卖淫，目的在于跟男人和解。但幸运的是，还有另一个观点。

有必要提醒一下读者，你们可能会发现，到目前为止，本书中还没有出现"爱情"，但这绝不意味着它不真实，或跟它没关系。爱情对男人或女人来说，是否可以跟一夫多妻共存？这实在是个难解之谜。然而，有些事情一点儿也不神秘。比如，即便我们这一物种很明显可实行一夫多妻制，但我们也倾向于两人配对，因为根据进化的观点，多个父母要比一个父母好，当然更要好于没有父母；而且，在我们祖先大多数的进化史上，大多数人类可能都是实行的一夫一妻制。若非自由选择，就是形势所迫。因此，某种客观但又

第五章　一夫一妻的奥秘　　181

带有嘲讽色彩的观点认为，爱情是一种促进个人深层联结的机制，当众多的这类联结不可行时，爱情就能起作用。某些人当然不会承认他们自己面临一夫多妻制的诱惑，而且无论如何都会反对把看这种貌似神秘的感受客观化为浪漫的爱情，担心他们这么做就要浪费传奇的爱情和某些难以言说的魅力。在《拉米亚》（*Lamia*）这首诗中，约翰·济慈责备牛顿解释了彩虹的光学物理，从而消灭了魔法和诗歌：

> 是不是所有的魔法
> 一旦触及冷峻的哲理就烟消云散？
> 壮丽的彩虹曾在天空升起：
> 我们知道她的密度，她的质地；
> 她列在枯燥之物乏味的编目里。
> 哲学将会剪去天使的羽翼，
> 精密准确地征服一切奥秘，
> 扫荡那精灵出没的天空和地底——
> 消解虹霓……

我希望，知道月球结构的某些知识——删除月亮上的人以及假想的绿色奶酪——并不会减少月光之夜的快乐，就像认识到彩虹是由光线穿过水滴而弯曲形成的智慧"消解"我们的无知，留下的彩虹依然美丽，[30] 如果有什么不同的话，了解之后变得更好。

然而，无知的确是一种幸福，至少对某些人来说。"自我意识是一种诅咒，"诗人西奥多·罗斯克（Theodore Roethke）写道，"让一种过去的困惑变得更糟。"然而自我意识长久以来就受到人们的关注，而自我认识——特别是跟对其他事物的理解结合在一起时——带来的奖赏不亚于理解了彩虹、月光、袋鼠为什么有个小袋子或为什么某些生物倾向于跟他们物种中的其他个体黏在一起之后得到的报偿。

谈到爱，显然有很多形式，包括父母对孩子的爱、孩子对父母的爱；对国家的爱，或对某种事物、色彩、天气类型甚至运动队的爱；对生命本身的爱，对令人仰慕的上帝的爱，对一般人的爱，对某个人的爱：细节千差万别，但理解很相似，都涉及一种强烈的忠诚和联结，在很多情况下，宁愿牺牲自己也要成全自己所爱的对象。当涉及某种顽固（对某些人来说是反常）的生物学观点时，成年人浪漫的结合之爱就被视作一种策略，即进化让人们对彼此深深眷恋，格外忠诚，因为这种卷入最终的适应价值超过了其他的选择，即保持一种淡漠疏离、不爱别人也不被别人爱的状态。

在柏拉图的《会饮篇》一书中，阿里斯托芬提出了一种人类结合起源的"理论"。貌似很久以前，正如我们所知，不存在今天的人类，但存在阴阳人，他们有硕大的身体，有两个头、四只胳膊四条腿，有各种各样的生殖器，多得让人难以想象。他们力量强大，野心勃勃，因此宙斯觉得有必要给他们点颜色瞧瞧（事实上他们被一分为二），因此他像往常那样用雷霆轰裂了他们，把每个阴阳人劈成了两个人。从那时起，他们的后人就只好以一种不那么雌雄同体的完整样子游荡在地球上，每一个都在寻找他或她的另一半。

不管怎样，我们都不是那样的。长期的配对结合对人类社会而言是普遍存在的，令人不安地跟一夫多妻的倾向共存，也跟性机会主义的易感性共存。此外，如下一章所述，我们的情况更复杂。因为虽然构成女人的素材跟构成男人的一样，但每一方都倾向于（再一次，出于某种完全可以理解的进化原因）自己比伴侣被给予更多淫荡放纵的余地。

或许，一夫一妻制的起源就像爱战胜一切一样简单。真是如此。浪漫之爱能跟多重性关系共存吗？自然，跟一夫多妻制或一妻多夫制比起来，它貌似跟一夫一妻制更搭配；另外，即便人类有对一夫多妻制的普遍倾向，而这一倾向不仅允许一夫一妻制，还使其可行，实际上提供了对一种旧式浪漫爱情的积极推力。这里不是阐述爱情的灾难、光彩与荣耀的地方。但有必要留意到在对166个社会的跨文化调查中，确定有浪漫之爱的有151个。[31] 毫无疑问，浪漫之爱是一种跨文化的人类普遍现象；有一篇博士论文[1] 考察评估了100个不同的人类文化，结果发现浪漫之爱存在于每一种文化中。[32] 来自"人类关系区域文件"的证据证实了，配对结合的浪漫之爱在89%情况下存在于所有有文字记载的文化中。[33]

历史学家、文化哲学家丹尼斯·德·鲁热蒙（Denis de Rougemout）不认为一夫一妻等同于单调乏味，也反对把婚姻当成"爱情的坟墓"。他说，相反，婚姻绝不是"爱情的坟墓"：

> 野蛮和自然的情爱体现在强奸中……但强奸，就像一夫多妻制一样，作为一种标志，表明男人还没有处于一个合适的阶段，能欣赏女人作为一个真实人类的存在。也就是说，他们根本不知道如何去爱。强奸和一夫多妻剥夺了女人的平等，把她还原为性。野蛮之爱清空了人类关系的个性。[34]

德·鲁热蒙继续说道：

---

[1] 题为《人性与浪漫之爱的性质》（Human Nature and the Nature of Romantic Love）。——作者注

因为缺少激情，一个人就没法控制他自己……但正是因为他爱，借助于他的爱，他不会让自己伤害别人。他拒绝采取某种暴力行为，而这种行为是对某个人的否定和毁灭。他因而表示了自己对另一个人的福祉最深切的关心。

根据人类学家海伦·费舍尔（Helen Fisher）的说法，我们有三种不同但有联系的情爱系统：性欲（指向交配，目的是繁殖）、浪漫吸引，以及经常谈到的各种各样的依恋。[35] 也有人提出了其他的区分，通常涉及对激情之爱（性欲）和某种"同伴之爱"的划分，后者要求的是承诺和深深的依恋，但只有极少的荷尔蒙、钟声和口哨声。[36] 可能性在于，前者产生于自然选择，作为一种实现受精的机制，要么让被人受精，要么给人受精，取决于自己的性别；而后者最终由共同的养育照料带来的收益所支撑。

歌德提醒我们说，"爱情是理想，婚姻是现实；把理想与现实混淆，只会让人遭受惩罚"。同时，真正的爱情与婚姻不但相容，而且爱情会导致婚姻，婚姻又带来爱情。世界各地指定式婚姻的很多都很成功，证明了这一点。

我并不知道有多少条道路通向罗马，但生物学家已找出了很多独立的路径，可由婚姻导向爱情。在以前的一本书中，妻子和我描述了某些生物因素，它们会缓和一夫多妻倾向，不光使得人类的一夫一妻成为可能，也变得合宜。[37] 它们包括，除了各种进化的考量之外，一系列支撑一夫一妻的机制，共同构成了我们称为一夫一妻制者的四骑士。首先就是"依恋理论"，最初由英国儿童精神病学家约翰·鲍尔比（John Bowlby）提出。

该理论强调，人类的婴儿跟他们的父母会形成自发而深入的联结，从很小很小的时候开始就会这样，其作用不只是为了维持生存。依恋理论最初提出，是为了解释亲子之爱，但它似乎也能为理解一夫一妻制提供帮助，构成了生物学家所说的当前机制。也就是说，它有助于解释某些行为怎样发生，而非更深层面的为什么会发生。[38]最近，科学家发现了另外三个当前机制，它们都有相应的神经生物学基础，借此，社会性依恋就发生了：镜像神经元、神经可塑性以及某些荷尔蒙，特别是内源性的"爱药"催产素和加压素。

让我们分别来简单看一下这些因素。鲍尔比强调说母婴依恋很重要，不只是对婴儿的情绪发展重要，而且对于基本的心理和身体健康都重要。（顺便提一句，这项工作使得鲍尔比成了21世纪最常被引用的心理学家，超过了弗洛伊德、荣格、皮亚杰和斯金纳。）他在"二战"期间开始自己的研究，研究跟自己母亲分开的婴儿会有何反应。当时因为纳粹空军的狂轰滥炸，成百上千的幼童被从伦敦撤离。这些婴儿虽然被照顾得很好，但他们经常要经历可以预见的哀伤阶段。虽然有些恢复得比较好，但其他人会陷入深深的抑郁状态，被称为"依恋性抑郁症"或消瘦症。他们实际上会转向墙壁，不再吃喝。其中有些人会死掉。

根据鲍尔比的观点，基本依恋开始于每个婴儿想跟成人照料者联结的安全需要，特别是从出生后到两岁前这段时间，在面对压力时，但其他情况下也有依恋需要。鲍尔比强调，若没有一个愿意回应的敏感的大人在场，依恋本身就会带来压力，而"分离焦虑"就会因为依恋对象的缺失而紧随其后。

在我们看来，依恋理论指出，人类行为系统倾向于形成某种深厚的人际联结，而一夫一妻制也需要这种联结。此外，成人与成人的结合可能就是这种健康连续体的一部分，涉及一般的依恋，从婴儿一直到老年。鲍尔比创造了"专一性"这个概念，以描述我们所看到的孩子的偏向，他试图跟某个照料自己的成人建立依恋。这一术语现已不复存在，因为发展心理学家早已确信，就像我们很快看到的那样，婴儿在他们的早年依恋中，并非是专一的。

但我想说的是，鲍尔比认识到人类有内在的依恋倾向，就这一点而言他依然正确。不只是一个人的早年依恋经历，无论好坏，会在随后的成人结合中产生影响，而且依恋本身就是人之为人的一个基本部分，任何年龄都需要。正如鲍尔比所说："依恋理论认为，对某个人做出亲密情感联结的倾向是一种基本的人性成分，早已在新生儿中以一种胚芽的形式存在，还会在成年到老年继续存在。"[39]

现在要从依恋走向分离，或至少形成新联结了。很久以来，人们就相信神经元无法再次生长：你无法教给老狗新技巧，就是这样。大脑，特别是成人的大脑，被认为是硬联结，不会有什么大变化。但这种想法错了。认为大脑不像皮肤那样可自行修复，不能形成新联结，这种教条已经被令人信服地推翻了，因为神经生物学家于20世纪后半期发现了一种现象：神经可塑性。

这其实意味着，神经元会不断地因为经验而成形、修正或加强。具体来说，树突棘（在神经元细胞的接收端存在的微型扩展，类似于复杂的树枝）在反复的刺激之下会生长；轴突（神经元传递信号的细长电缆）会变长；突触（神经元之间发送和接收信息的微小空隙）可以修改以促进或抑制信息的传递；就像神经元内部的基因会因为刺激的存在而激活或关闭一样；以及（对我们这些接受专门训练认可神经不变性的人来说冲击性更大）"神经生成"是真实的：新的脑细胞能生长，也在生长。毫不奇怪，大多数跟神经可塑性有关的研究聚焦于它的临床应用，特别是试图找出某些途径，以帮助病人从中风或其他脑病中复原。对于遭受脑损伤和脊髓损伤的人们来说，特别令人兴奋的是这样的发现，现存神经元之间的联结可以修改：不只是受体敏感性的改变，还包括在现存的神经元上生长出新东西。

在这些变化中最明显的是神经生成，新神经元的实际诞生，至少会出现在某些大脑区域：海马、嗅球和小脑。神经生成是否会发生在神经系统的其他地方，以及干细胞是否能产生重要的功能复原，还有待观察。当然，研究者对导致可塑性的具体细胞机制（神经化学、神经发生学、神经解剖学，等等）表现出了极大兴趣。然而，在我们看来，具体的细节相比整体的图景而言不那么重要：神经可塑性本身是一个真实的存在，这没什么异议了。

因此，前途看起来是这样的，就像练习演奏吉他会发展特定的大脑区域，[40] 跟所爱的某个人交往也会发展大脑的某个区域，从而提升鲍尔比提到的依恋：简单地说，就是爱。可塑性也导致了对"基因决定论"这种陈词滥调的生物学回击。基因以及它们产生行为的装置即神经元，并不是什么约束，反而能提供机会，让人有了强大工具，可以借此生长、发展、改变和适应新情况，包括（我强烈猜测）人际依恋。抛弃坏习惯的能力，以及对好习惯（更不用提好关系了）积极回应的能力，并非一种虔诚而不切实际的希望，而是一种彻底唯物主义神经生物学的坚实功能。只要对一夫一妻制的生物学观点建立在神经可塑性的基础上，而不是被遗传学所束缚，那么人类实行一夫一妻制的能力就可能由此获得支撑而得以发挥。

跟神经可塑性一样，镜像神经元（促进一夫一妻制的第三因素）也是最近才发现；但它们的重要性，虽然看不清楚，依然给人很多启发。镜像神经元是否跟一般意义上的结合有关，或者跟一夫一妻这种特定的结合有关还有待研究，虽然这种可能性是存在的。这有一个镜像神经元的故事，简介如下。意大利帕尔玛大学的神经生物学家贾科莫·里佐拉蒂（Gacommo Rizzolatti）领导一个研究团队，调查了猕猴的前额叶皮层。众所周知，当猴子执行某一个具体动作，比如抓一只香蕉时，负责产生这些动作的某些运动神经元就会激活。但相当意外的是，里佐拉蒂的团队发现，假如这只猴子看到别人抓了一只香蕉，它们的这些神经元也会激活。因此，某些神经元不只是控制运动；当动物发觉另一个体做出了某一既定动作时，也会有反应。

这些细胞，被称为"镜像神经元"，被发现在人类中也存在，[41]尽管它们的具体功能还在争论。[42] 然而，有些令人兴奋的可能已然出现了。试想一下共情，也就是我们"感受别人感受的痛苦"，或我们想象（更好的话，是知道）如果穿着别人的鞋"走上一英里"是什么感觉。可能性就在于，镜像神经元是"主体间性"（intersubjectivity）的生物基础，而人类（也可能包括某些动物）可借此把他们的自我跟其他人联系起来。

神经科学家V. S. 拉马钱德兰（Ramachandran）则称其为"共情"或"高僧神经元"。它们也可能是"依恋神经元""结合神经元"甚至"一夫一妻神经元"吗？显然，看起来人类跟许多其他动物一样，倾向于以自身个性化的经验对其他个体做回应。人类是否也拥有特别活跃的镜像神经元系统还不清楚，部分是因为对人类做实验的伦理约束让科学家很难做这样的研究。但还是存在这样一种有趣的可能，即共情（以及伴随而来的基本社会倾向，建立在其他人可能会如何应对自己的行为的个人表征基础上）起源于这些神经元。社会病态人特别缺少共情能力，他们在镜像神经元的丰富性和反应性上也有缺陷，这并不令人奇怪。

让我们走得更远一点，假设这些神经元不只是反映另一个人的经验，而且也针对被反映经验的那个特定个体。比如，当我们看到某个人用锤子敲击他的拇指时，镜像神经元就激活了；如果这里的别人不是陌生人而是某个熟悉的人，那么它们激活时就会更容易、更持久，也会涉及更多的神经元。还有谁会比伴侣更让人熟悉呢？

在田纳西·威廉斯的《欲望号街车》这部作品中，可怜的布兰奇·杜波依斯对自己有一段著名的诠释，当她被带到一家精神病院时，她"总是依赖于陌生人的善意"。我们中很多人——或许是大多数人——都会被陌生人的痛苦打动，包括这位虚构的杜波依斯女士。但如果是我们认识和所爱的人陷入痛苦，我们不是更会被打动吗？如果是这样，那么被共同的快乐、成就和经验所打动，不也很正常吗？

于是，就有了这么一种可能，甚至是不小的可能：长期的关系诱发了更大程度的共情，至少部分是因为它们引发了更强的镜像神经元反应。如果是这样，那么跟放荡或一夫多妻的动物相比，那些像是真正一夫一妻制的动物（加州小鼠、马达加斯加的大跳鼠、侏儒绒猴，等等）按预测就会拥有更多或更活跃的镜像神经元。有趣的是，有证据（虽然不太完整，有时还相互矛盾）表明，跟倾向于放荡或一夫多妻的动物相比，倾向于配对结合式一夫一妻的动物有更大的脑袋。[43]这可能是因为它们需要处理更多"亲密他人"的要求，需要就另外一个成人做出频繁和及时的调整。但也可以这么说，处理大量的他人相关事务依然麻烦，同样要求大量的脑力，这就引出一种可能，即如果一夫一妻制者脑袋更大更聪明，可能是因为它们配备了更多必需的镜像神经元。相反，这些同样的镜像神经元可能会使人不太可能给另一个人造成痛苦，使人不再有兴趣从各个方面不同程度感受这种痛苦，从而让人倾向于一夫一妻制。比如，很明显，"欺骗"会给一个人的伴侣带来情感的痛苦。你越能感受另一个人的痛苦，也许你就越不可能欺骗她。

对于同一物种中的不同个体，跟有多重关系的个体相比，一夫一妻制的个体将被赋予更多的镜像神经元，或更活跃的镜像神经元。如果是这样,那么更多或更活跃的镜像神经元到底是一夫一妻制的结果,还是原因?

看起来至少有一种可能,拥有更活跃的镜像神经元系统会导致更强的共情,进而导致更强的亲和行为,包括爱。相反的可能性也存在:彼此生活在一起,长期交往,从而为任何已有的镜像神经元系统提供了激活以及进一步复杂化的机会。神经可塑性研究表明,越多的神经元受刺激,它们的功能就越强,它们生长得就越多:一起激活的神经元也倾向于连在一起。所以,也许一夫一妻和镜像神经元也相互促进。别介意穿着别人的鞋子怎么走路(这是个比喻):跟那个人一块儿走几十年会怎么样?人们越是待在一起,他们的神经元就越会响应彼此的经历,他们也越可能彼此共情、理解,以及彼此相爱。

这是我们最后可能的一夫一妻制促进机制,或者促进分子(事实上,是一对分子)。在莎士比亚的《仲夏夜之梦》中,一瓶爱情药水让仙后蒂泰妮霞爱上了一位普通人(更为荒谬的是,这个普通人早被变成了一头驴子)。很多欢呼随之而来。几个世纪后,在《特里斯坦和伊索尔德》中,瓦格瓦提供了一种更阴郁的观点,讨论了化学鸡尾酒以及它们对人类想象(若不是性欲)的强大影响。事实上,不可抗拒的色情造成的幻想像历史一样古老和令人信服:丘比特的箭浸渍其中,而任何能想起 20 世纪 60 年代早期流行乐的人都会记得《爱情灵药九号》(*Love Potion Number Nine*)这首歌。

在这种情况下,真相即便不是比小说更奇葩,那也差不多。可能真有一种自然而然的爱情灵药。如果是的话,那就是我们的第四位骑士。让我们从两种田鼠(小型草原鼠)说起吧。草原鼠是少数的几种一夫一妻制哺乳动物之一,雄性和雌性结合在一起,排斥其他的性伴侣,雄性还会强硬地保护"他的"女人。而它们的近亲山地鼠,是更为传统的哺乳动物,只对一夜情感兴趣。催产素登场了,除了其他之外,它是一种亲社会性的荷尔蒙。[44]

当天然催产素被阻断时,作为母亲的哺乳动物会拒绝他们的孩子。另外,一旦注射催产素,甚至是"处女"的雌鼠都会对其他老鼠的后代格外殷勤,而正常情况下这根本不会发生。雌性草原鼠(一夫一妻制动物)需要跟雄性接触,才能在性事上放开。在一个实验中,处女雌性在接触雄性之前被提前注射了催产素;结果她们立刻就愿意接受性行为,而不像控制组那样:她们注射的是生理盐水,因此拒绝雄鼠的性邀请。[45]

此外,催产素不仅能让雌性草原鼠为性行为做好准备,而且对它们的一夫一妻制结合也很关键。事实上,交配都不是必需的:把催产素注射到雌性草原鼠的大脑中,即便她没有配偶,这位从前的独居者也会表现得像蒂泰妮霞和伊索尔德,热情洋溢地想要跟离她最近的雄鼠结合在一起(当然也不一定,假如对方是个真正的恶棍)。此外,如果在交配后(这时草原鼠通常建立了他们的一夫一妻制倾向),释放催产素的正常过程被打断,结合也会被打断。

剧情开始复杂了。大多数哺乳动物在分娩时都会释放催产素;它有助于子宫的肌肉收缩,从而使婴儿从产道往下降落。事实上,催产素的英文名来源于希腊语"快速出生",而一种催产素的合成药就用来注射给孕妇,以帮助她们分娩。催产素也参与了"乳汁释放"反射,此时它会刺激泌乳的母亲释放乳汁。有趣的是,中国的助产士很久以前就认识到了护理跟分娩之间的关系,因为假如分娩过程停滞,她们的传统做法就是把冰块敷在乳头上。生物学家现在明白了,刺激乳头会导致催产素的自然释放(这个效果,顺便说一句,不仅比人造催产素打点滴更自然,而且也更容易控制)。

同样,天然存在的荷尔蒙催产素,已被进化用来促进分娩和释放乳汁，这可能不是什么偶然现象。此外，配对结合也是一个重要的组成部分。事实上，在许多动物中（包括人类）的配对结合涉及一种更深层次的主题：这些机制最初被用来实现母婴绑定。而在这种情况下，智人就有了一种超越其他动物的特殊需要——即便他们善于思考，要做到这一点也不容易。但恰恰是因为他们善于思考，才有了超越的可能。

我提过多次，可能提得太多了，人类有一点极不寻常，他们的婴儿很脆弱。相应地，我们不仅从父母的照料中获益，而且还完全依赖于母婴之间的关系绑定。而刚出生的婴儿，不像其他的灵长类那样，甚至不能挂在母亲的身上，必须背着或抱着。然而，人类还有一点不寻常，他们在分娩时经历极大的痛苦，这给我们的祖先抛出了一个进化难题：如何让遭受这么多伤痛的受害者跟痛苦的源头和平共处？

我们这一物种有福气了（有时是被诅咒了），因为我们有很多智慧。我们可能会足够聪明地承认，按理说，我们需要父母照料，但在另一方面，我们也足够聪明，以致会怨恨把爱心赋予长相怪异、哭哭啼啼的脆弱幼崽，因为他们刚刚给自己带来了巨大的痛苦。这一困境依靠同一种荷尔蒙催产素而被解决了，它能导致子宫收缩，也能在乳头受刺激时导致泌乳，还能激活同样的大脑回路，从而对另一个体产生亲切感。也就是说，这个刺激的来源是眼前的这个新生儿。

下一步，不需要太多的解剖或生化发明，同样的荷尔蒙就会在性交期间释放，因应对子宫颈特别是对阴蒂的刺激会导致性高潮，对女性乳房的色情关注也会促进催产素的分泌，这正是实际发生的情形。这些变化反过来又强有力地促进了彼此绑定——现在则是在成人之间。

回到这些田鼠身上,要知道催产素绝对不是完整的故事。跟那些快速绑定的草原鼠不同,山地鼠的成体不会绑定,即便人工注射了催产素也没用。这是因为,在雌性山地鼠的脑子里缺乏催产素的受体,无法对这种荷尔蒙起反应。而对雄性来说,不意外的是,他们的配对绑定跟背后的生化物质没有牢靠的联系,因为雄性不必克服这种跟分娩有关的潜在的深层绑定障碍。但他们的大脑回路跟雌性很像,都跟加压素有关,这是一种跟催产素密切相关的荷尔蒙。事实发现,雄性田鼠的配对绑定(或缺少配对绑定,比如在山地鼠的案例中)也可以预测,它依赖于某种特定的加压素受体基因变体是否存在。山地鼠没有,所以他们不绑定。但草原鼠有,所以他们绑定。

把催产素或加压素注射给雌性或雄性的山地鼠,什么都不会发生;它们大脑中缺少对这种荷尔蒙起作用的受体。因此,重要的是那种合适的受体是否存在:在包括智人在内的每一种接受测验的哺乳动物中,催产素和加压素都存在。而受体的存在与缺席,在另一方面,由基因决定,涉及一种已被分离和确认的基因。[46] 而这反过来可能跟社会性行为绑定(即一夫一妻制)或其缺失有关。

这只是故事的一部分,虽然就我们所知,这是真相,是田鼠的真相,不是别的什么。但它不局限于田鼠。作为一夫一妻制的狨猴,跟生活放荡的猕猴相比,它们大脑中有更多的加压素化学物质。把草原鼠的加压素受体基因植入正常放纵的老鼠体内后,接受者变得对它们的配偶有了更多的社会性依恋。[47]

但智人会怎么样呢?

有趣的是,在田鼠和其他哺乳动物中发现的催产素和加压素涉及的基因,同样存在于人类这一物种之中。此外,催产素和加压素也不是只在分娩和泌乳期间释放,性交时也有。实际上人类和动物的依恋机制看上去跟大脑中的奖赏中枢有关,催产素受体(在女性中）或它们对应的加压素受体（在男人中）刺激神经递质多巴胺的释放，反过来感觉很好，诱使田鼠或人去做更多导致这种物质释放的活动。比如，当雌性草原鼠交配时，研究者发现她奖赏中枢的多巴胺水平飙升了50%。[48]

此外，说自己陷入了疯狂爱情的人们，在同样的脑区因为可卡因的刺激表现出了特定的激活。因此，爱可以被当成一种瘾。对于催产素和加压素，它们似乎也涉及识别特定的个体，从而使得奖赏性的多巴胺释放状态跟特定的田鼠和人联系起来，这些对象有助于激活它。在草原鼠之中，这种再认看起来跟嗅觉线索关系很紧密。[49] 此外，催产素被敲除（使用基因工程技术让它们丧失分泌催产素的能力）的老鼠也丧失了识别特定个体的能力，即便它们一般性的嗅觉依然未受影响。[50]

催产素在识别和绑定特定个体的过程中扮演的角色，不局限于草原鼠，也不局限于再认浪漫情侣；它也扩展到了母婴依恋方面。因此，家羊"印刻"了它们新生羊羔的气味，拒绝陌生的羊羔。这同样也是通过催产素实现的，它通过神经递质的活动作用于母羊的嗅球，使它的大脑锁定了自己宝宝的气味。[51]

类似的事情发生在人身上了吗？人类不像其他哺乳动物那样依赖于气味，但肯定有很多过程静悄悄地发生，而没有进入我们的意识心灵。当然我们有充分的理由认为，影像、声音、触摸以及无数其他的关联综合起来导致了最后的结果，通常涉及绑定——或至少在某种程度上，在某些人身上。

所有这一切，反过来导致了一个重要的问题：变异性。这个简单的事实，即田鼠中加压素受体基因的差异导致了一个说法，它们在性忠贞方面也存在变异。"为什么田鼠陷入爱情？"相反的问题（不管有没有伴随着摇滚的节拍）是"为什么某些动物没陷入爱情？"，而且，再一次，我们会问，人类又是什么情况？

当然，我们这一物种婚姻和浪漫关系中的变异看起来跟不同形式的受体基因（术语叫作"等位基因"）有关。比如，有一个臭名昭著的基因变异，假如男人携带了它，[52]保持单身的可能性就是其他男人的两倍。而在那些结婚的男人中，携带这个变异的男人最近遭遇严重婚姻问题的可能性是其他人的两倍。[53]

在这一点上，需要清楚的是，人类有足够的神经和荷尔蒙结构以支撑一夫一妻制，它们正被许多配对绑定提供的生物优势在进化过程中激活。我的猜想是，在这一章中描述的四种机械支柱就是以类似这种方式组合起来的。人类对依恋有一种深层的需要，从婴儿期一直持续到成年期。然而，依恋的优势并不局限于儿童期，对成年人也会带来有意义的回报。依恋本身（在任何年龄阶段）都被标准的心理过程所激励，它们包括奖赏和强化，也受到镜像神经元的促进，而后者则通过提升同感，帮着形成了友善美好的人际关系。一直以来，这些关联都以大脑的神经可塑性能力为基础，其中神经细胞会因为持续的依恋交往而不断生长，而相应的大脑区域则不断发展。同时，一切就绪之后，那些爱情灵药荷尔蒙催产素和加压素以及它们的基因受体，就会提供支撑性的化学环境。

前面说的这些，大多数都是我的思考，虽然可能是对的。但至少应该清楚的是，生物学并不排斥一夫一妻制。此外，还有一些进化因素（除了这些作为四骑士提到的当前机制之外）跟一夫一妻制格外吻合，特别是双亲（或至少异亲以及多亲）的儿童照料，以及各种其他能促进有效协调的因素。两个人生活不可能像一个人那样便宜，正如这句老话所说，但就像很多老话一样，这句话也有自己的硬伤：两个人在一起肯定比两个人分开生活更划算。

接着就是性了，它不仅仅是荷尔蒙导致的结果。单身汉也可以做爱，他们以前被称为"纺纱者"。跟一夫一妻制者相比，至少在理论上，单身者跟一夫多妻制者在涉及多样性（即伴侣的多样性）时，他们自然占了上风。毫无疑问，一夫一妻有落入单调乏味的危险。但也有可靠的证据表明，已婚夫妇跟未婚个体相比有更多的性生活。甚至某些研究还发现，前者让人感觉更好，特别是对女人来说。有人发现，跟认识和信赖的伴侣（无论是男是女）在一起，女人更容易有性高潮，次数也更多。[54]

性当然重要，因为"做爱"的结果就有助于爱被"做"出来。但区分爱情和欲望还是很重要。这是小说家米兰·昆德拉从男人的异性恋角度对这件复杂之物的描述：

> 和一个女人做爱，跟和一个女人睡觉是两种不同的激情，不只是不同还相反。爱情并没有让人感觉有交配的欲望（这种欲望可延伸到无数女人身上），而是一种一块儿睡觉的欲望（一种局限于某个女人的欲望）。[55]

要干净利索地收拾好一个生物学包裹还需要再加上一点，那就是，在一起睡觉之后，一个人更可能醒来——不只是跟自己前一晚的性伴侣，还跟由此而诞生的一两个孩子一起，他们需要照顾。

情色欲望和激情之爱通常区分起来很棘手，但至少在历史、文学和流行的常识和见解中很常见。相比之下，公开的、认证的一夫一妻制的配对绑定跟另一面隐蔽的、一夫多妻制倾向的共存，在几乎每一个身处其中的个人来说都更怪异。但人类这一物种对于怪异的结合而言并不陌生；你甚至可以说，智人就是被下面这些彼此矛盾的因素界定的：神圣与罪恶，精神与物质，好与坏，阴与阳，暴力与和平，情感与理智，生物进化与文化教导，等等，无穷无尽。

现在，要谈一谈一夫一妻制的某些关键了：人们拥有很多的进化倾向，它们彼此间并不总能和谐相处。特别是，我们几乎肯定被赋予了一种强烈的绑定偏好，它要么存在于另一种倾向的上面，要么就在旁边，要么就被对方纳入其中，因此偶尔甚至会不存在，这另一种跟它对立的倾向就是：追求多个性伴侣。借用沃尔特·惠特曼的话，我们是否在反对我们自己？的确如此，我们反对我们自己。我们很复杂；我们内心包罗万象，包括同时对立的两大冲动，一夫一妻和一夫多妻。

亚历山大·蒲柏（Alexander Pope）哀叹了我们独特的两重性，在他的《人论》（*Essay on Man*）[1]这首诗中，蒲柏写道：

> 他游移不定，不知道是行动，还是不动，
> 不知道是把自己看作神，还是当作兽；
> 不知道是身体更重要，还是灵魂更重要；
> 有生就有死，有思考就有谬误。

蒲柏得出结论说，我们是一种超级矛盾的动物：

> 被创造出来一半要上升，一半要堕落；
> 作为万物的主人，但也是一切的猎物；
> 真相的唯一裁判，但抛出了无数谬误；
> 这个世界的光荣、玩笑和谜语！

---

[1] 当然也适用于女人。——作者注

这个拉扯你、拉扯我的对立现象，一边是分享的、公开拥抱的、文化要求的双人一夫一妻制，而另一边是私密但又多人参与的一夫多妻制，这种对立并不是择偶伙伴领域内的独特现象。我们生活在许多相互冲突倾向的交汇之处。以暴力为例，人类在合作、沟通和冲突解决方面建立了伟大的功勋，但同时又容易诉诸侵略、暴力，甚至在某些情况下还会干出谋杀的勾当。最适合用来描述人类相争的就是罗马神雅努斯，他有两副面孔，因而能相应地制造出"一月份"[1]，因为其中一副面孔望着过去的一年，而另一副则望着未来的一年。

有一个故事，被认为描述了北美彻罗基人（Cherokee）的起源，捕捉到了这种对立的大部分，也许是双向的，同时也暗示了人类的力量和责任。一个小女孩被一场不断发生的梦困扰，其中两只狼彼此撕咬，极为凶恶。为了寻求解释，她问自己的爷爷——他被认为很有智慧。这个老人解释说，这两种力量存在于我们内心中，彼此争夺主导权，一个代表和平，而另一个代表战争。听了这话，小女孩变得更难过了，继续问爷爷最后谁赢了。"你喂养的那只狼。"老人回答道。

---

[1] 在英语中，一月份（January）这个词就来自雅努斯（Janus）。

第六章
通奸的逻辑

婴儿有他们的婴儿期，成人呢？通奸事[1]。在西方社会，哪怕一夫一妻早已成了义务，但不忠也很普遍。婚姻不忠的事情经常发生，通常涉及一些大名鼎鼎的人物（他们大多数是男人），这些人因此损失惨重：比尔·克林顿、纽特·金里奇、杰西·杰克逊、马克·桑福德、艾略特·斯皮策、老虎伍兹……这份名单很长，而且几乎每天都在"更新"。在本章中，我将考察通奸的动机，它在男女身上略有不同。在我看来，无论男女，通奸背后的原因都是一场适应度最大化的窃窃私语，而为表现于我们一夫多妻制遗产中的基本生物性所支撑。

一言以蔽之，当通奸发生时——而且它也经常发生——发生的事情就是人们表现得像是一夫多妻者（男人）或一妻多夫者（女人），而其背景则是表面上的一夫一妻制，这是一种文化规定。通奸、不忠或"欺骗"，仅仅在一段关系被假定为一夫一妻时才有

---

[1] 作者在这里玩了一个文字游戏。婴儿（infant）跟婴儿期（infancy）属于同源词，意义接近，成人（adult）跟通奸（adultery）有类似的关系。作者暗示，成人的通奸事如同婴儿的婴儿期一样自然。

意义。一个一夫多妻的已婚男人（很多文化都允许这样的情况），假如跟多于一个妻子交配，就不能被称作通奸者（在一个略有不同的场景下，如当时的美国总统候选人巴拉克·奥巴马解释的那样，"就是这个意思"）。同样的道理，对来自中国西藏的女差巴来说，因为实行一妻多夫，假如她跟多个丈夫交配，也不能算是通奸者。如何看待通奸，还有一种方式：无论哪一种性别，假如他们遵循自己的多偶制倾向行动，但生活在一种一夫一妻制的传统下，那么就可认为他们对自己的文化承诺不忠诚，但不是对他们的生物性不忠诚。

基督教辩护律师切斯特顿（G. K. Chesterton）[1]写道："变化无常是女人的美德。它避免了一夫多妻的粗野要求。只要你有一个好妻子，你在精神上就有了三妻四妾。"[2]但这里的问题在于，无论对切斯特顿还是对其他人来说，许多人（也许是大多数人）都想要世俗意义上的三妻四妾。

前面谈及男女差异的基本生物学时，我们谈论了柯立芝效应。很多文献都在考察这一现象。特别是男人有这样的倾向，他们把一夫一妻制等同于无聊乏味。拜伦爵士很好奇："肉体的特性是多么可怕，对我们这些可怜人魅力如此巨大？"吉尔伯特（W. S. Gilbert）在《陪审团的审判》中说得更巧妙，他提到男人酷爱多样性时说了这么一句名言："若没有挑战，爱就会腻味。"三百年前，莎士比亚用下面的句子刻画了克娄巴特拉："岁月不能使她枯萎，而她无限的变化，也无法因习俗而变得陈腐。"彼时彼地的克娄巴特拉被认为名副其实，原因就在于相比之下，"其他女人败坏了他们吃饭的胃口"。

再一次，这种"喜新厌旧"的终极机制可能存在某种适应优势，即男人把性能量的一部分转向新业绩，因为能给他带来潜在的

第六章 通奸的逻辑

进化成功。关于它的当前机制，我们也只能猜测而已。在脑细胞和神经化学的水平上，我们确实知道，反复刺激会导致一定程度的去敏感化，也就是我们第五章讨论的依恋现象。因此有这种可能，某些跟性热情有关的事情发生了，类似于某种习惯化，比如说冰箱马达的嗡嗡声：过一段时间，人们就会习惯于这种噪声，只有马达停止时才会注意它！因此，可能经历一段长期的性联结（也许是几周、几月甚至几年）之后，脑细胞特别是男人的脑细胞变得习惯了，即神经递质饱和了，或它们变得不听话了。

还有另一段（我必须遗憾地宣称，也是最后一段）很长的引文，来自可敬而乖戾的门肯先生。这一次，他细说了一夫一妻制伴随的烦恼，以及如何缓解这一难题：

> 一夫一妻制婚姻，基于其本身的特点……迫使两个缔约人进入一种过于持久和难以缓和的亲密中。他们接触太多，太稳定。这段关系的神秘感一点一点地消失，随后彼此的状态，就像极了没有性别感的兄妹。……丈夫一开始吻那个可爱的女孩，也就是他妻子；能把她留在身边，彼此情投意合，真让人开心。最后，他挖空心思，竭尽全力，只是为了避免每天亲吻这个跟自己分享一切的人：食物、书籍、浴巾、钱包、亲戚、野心、秘密、不安和事业。这个过程既浪漫，又可怕。事情变得过于可怕，非言语所能形容。不是所有男人天真的感伤主义都能克服身陷其中的无味与厌倦。不是所有女人的表演能力都能为这种婚姻形式赋予任何表面的趣味性和自发性。

> 一旦冒险沦落为习惯，它就具有了冒犯和堕落的特点。亲密的做法，带来真诚的快乐，必须是一个让步，一个劝说的壮举，

一场胜利。一旦它丧失了这个特点，就丧失了一切。这样一种破坏性的转换是由一般的一夫一妻制婚姻导致的。它破坏了所有的神秘和保留；使用同一条热水袋，一起担忧日常开支，这样如何能让神秘和保留不被消灭？留下来的，至少在丈夫这一边，是自尊——一个人对和蔼可亲的阿姨会有这种感觉；以及信心——律师、牙医或算命的老者都会激发出这种情感；以及习惯——它让人每天吃同样的早餐、定期给手表上发条以及谋生成为可能。

一个人可通过打断其过程来防止婚姻的庸俗和了无生气，也就是说，时不时地把双方分开，因此彼此都不会变得对另一个人过于熟悉和普通。通过这种方式，……好奇将会定期复活，而性格也有机会扩展为独奏，因此每一次团聚都会有惊喜，有冒险，有蜜月一般的美好和刺激。丈夫不会再次遇到他上次离开时的同样的妻子，而妻子也不用每一次再欢迎同样的丈夫。即便假定他们已经共同走过了很长一段路，他们也依然会对彼此视而不见，听而不闻。每一个人都会在某种程度上发现，对方至少是个陌生人，因此而富有挑战性，也因此而富有魅力。这个方案……经过多次尝试，效果不错。事实上，这是一个熟悉的观察，即最快乐的夫妇是那些偶尔分开的伴侣，而这一事实已因为一句老生常谈而永垂不朽：小别胜新婚。或许事实上不是更喜欢，但无论如何有了更多的宽容，更多的好奇，以及更多的渴望。然而有两个困难，妨碍人们普遍采用这种补救办法。首先它代价高昂：一般的夫妇无法负担得起两套房子，即便只是暂时。另一个则跟这样的事实有关，即它势必会在那些无法采用这一方案的人心中点燃妒火和恶意，因此会导致飞短流长的丑闻。世人总会怀疑最糟糕的东西。让男人和妻子分开以拯救他们的幸福，防止其窒息于厨房、餐厅和卧室；大家立马就能得出结论，尸体早就躺在客厅里了。

显然，对伴侣多样性的偏好会导致通奸。同样显然的是，它未必会导致通奸。但正如阿尔弗雷德·金赛博士领导的著名性研究团队指出的那样：

> 大多数男人，都能立马明白为什么大多数男人都想要婚外性交。虽然他们中很多人并没有参与这些活动，因为他们认为在道德上无法接受或在社会上不怎么光彩，但即便是这些禁欲者也能明白，性多样性，新的环境，新的伴侣可能提供的满足，无法在通常的婚姻性生活中实现；你在长达几年的时间里，只跟某个单独的伴侣交往……另外，许多女人发现，很难理解为什么那些婚姻美满的男人会跟他们妻子之外的女人交配。[3]

你可以回想一下第三章，国王和安娜之间滑稽的对话。这种男女的差异，绝不只是因为社会通常想要压迫女人的性欲望（当然它会，而原因也符合生物学的逻辑），而是因为大多数女人都没有经历过男人所经历的那种情形：把一个陌生的新伴侣带到面前，他就会欲火中烧，兴致勃勃。再一次可以肯定，在终极的进化层面上，这通常是因为一个新伴侣不太可能提升一个女人的繁殖成就。所以，女人就没有配备跟男人相对应的"柯立芝夫人效应"。自然，一个女人有能力跟新的男人或不同男人交配（有时候，比如在卖淫的情况下，女人可以跟很多男人连续上床），但这跟因为伴侣本身的新异而受刺激想跟他交配完全不同。事实上，妓女经常抱怨，因为要应付多个性伴侣，她们的工作让人情感麻木。[4]

然而，男人从来没有对婚姻不忠这一行当过于压制。[1] 值得一提的是，对每一个通奸的男人来说，至少有一个在性事上心甘情愿的女人，而这个女人自己也未必已婚。我们知道，女人的倾向绝不只是男人的反面，就像彻底的一夫一妻式忠诚是好色花心的男人性不忠的方面。但我们也知道，因为男人块头更大，力量更强，也更暴力，于是女人在胡作非为时会格外隐秘。

生物学家早就知道，一夫一妻制在动物界很罕见，特别是在我们的哺乳动物同类中。但我们并不知道到底有多罕见，直到20世纪90年代，科学家发明了DNA指纹识别技术，并把它用在了动物身上。其实以前也有零星线索，但通常都被大家忽略了。比如，20世纪70年代，因为乌鸦数量太多，人们曾尝试减少它们的数量，但又不想杀死它们，于是给很多有领地的雄鸟做了绝育手术。但让研究者大吃一惊的是，许多跟这些雄鸟结合的雌性乌鸦都完美地产下了后代。[5] 显然，在貌似风平浪静的乌鸦社会里，某些阴谋诡计发生了。即便如此，但数十年来，鸟类学家中一直流传的经验智慧是，92%的鸟类都是一夫一妻制。

不过，随着时间的推移，一种新认识降临了：社会性一夫一妻制——在这种安排下，一个雄性获得一个雌性，它们花时间在一起，共同操持家务——跟性行为一夫一妻制不一样，后者意味着只跟自己的某位社会伴侣交配。这当然不是说，参与配对的社会性一夫一妻制成员彼此之间不交配，而是它们通常也跟其他个体这么做。因此，偶外交配（extra-pair copulation）这个术语诞生了，现在成了动物行为研究中的一个标准概念。当使用DNA指纹图谱技

---

[1] 作者想表达的意思是，男人确实会因为婚姻不忠而受害，但他们并没有因此而消灭这个行当。毕竟，至少会有一部分男人参与其中，至少还有一部分女人会配合他们。

术的研究报告结果时，我们一次又一次发现，甚至那些表面上是忠诚的一夫一妻制物种也只是社会性一夫一妻制。那么性行为一夫一妻制动物有多少呢？没有多少。根据动物研究，通常我们发现，在鸟类的后代中，被抚养的10%到60%的子女都不是雌鸟的社会伴侣亲生的孩子。[6]

发现有证据表明雄性动物倾向于拈花惹草，生物学家并不惊诧。毕竟，虽然精子制造者基本的生物性并不强制要求寻找多个性伴侣，并在有机会时放纵于斯，但显然它使得大多数物种中的雄性都偏爱这一方向。然而，令人困惑的是，科学家发现雌性——甚至是在貌似稳定的家庭生活中的雌性——也有类似倾向。只是她们做得更隐蔽罢了。于是乎，生物学家（比如像我这样）花了数百小时，仔细地观察两只结为配偶的鸟儿的行为，但却没有发现雌鸟有任何性不忠的迹象，但这并不一定表示她对自己的配偶在性事上忠心耿耿，而只是因为她把自己的偶外交配藏起来了：不是针对研究者，而是针对她的社会伴侣。她为什么要这么做？这里的原因，跟为什么在涉及他们自己的婚外情时，社会性一夫一妻制的人类会偷偷摸摸没什么不同。

科研人员考察雄性是否会发现"他的"女人跟另一个雄性勾搭，来自不同物种的大量证据不断涌现。结果就是，假如他发现了，就会做很多动物都会做的事，拒绝照料孩子：不再供养孩子，不再保护孩子，大概是因为他们不是自己的亲生后代。我们前面讨论了雄性间的暴力，特别是在某个男人撞见他妻子跟人通奸的情况下（见第二章）。虽然在动物中也存在雄性间的暴力，但在人类之外的其他动物中，雄性很少在察觉配偶不忠后攻击对方。最常见的做法是，他会放弃"浑蛋"的后代，以此惩罚她。这是生物学意义上的惩罚，他必须捍卫自己的适应度。这种反应对这些后代的成功而言是毁灭性的，对"不忠的配偶"来说也是毁灭性的。无论在哺乳动物[7]还是在鸟类[8]中，这种模式都很常见。在人类中，虽然现在还没有任何明确的证据考察被怀疑通奸对离婚有何影响，对广受热议的儿童支持有何影响，但常识暗示了它们之间有密切关联。

不是所有物种都同等程度地倾向于婚外恋，因为某些物种一开始就没有形成配对绑定。比如有一种生活在淡水鱼身上的扁形虫，它是一种严格的一夫一妻制物种。雄性和雌性在年轻时遇到彼此，随后它们的身体就融合在了一起，至死都不会分开。（因此它的属名叫双身虫，暗示有两种动物，同时又是一个不言而喻的悖论式存在。）而其他动物则是只在很短的时间内能接受性行为，从而大大减少了性探索的机会。比如，雌性大熊猫每年发情一次，每次持续两三天。但另一方面，人类（女人并不逊于男人）配备的性潜能是每年365天每周7天每天24小时的模式，从而提供了无比众多的机会：提升或降低适应度，既有令人激动的冒险，也有叫人难过的心碎。

事实上，极少有可靠的人类非亲子关系频率的DNA数据，但现在有很多人都做了这方面的调查。其实，这种数据的缺乏不应令人惊讶，作为当事人的大多数男人，在问及他们妻子的忠诚时可能都不愿怀疑。结果就是，可用信息倾向于出现在某种情况下，比如离婚诉讼时孩子的照料出现争议，这就会使得人们高估婚外情导致的父亲身份错误。不管怎样，在人类婚姻中，丈夫不是孩子亲生父亲的概率范围，从0.03%到11.8%不等。[9]

鉴于照顾弱小的幼崽需要双方的精诚合作，因而要理解为什么雌性——几乎所有动物中的雌性——会向她们的社交伙伴隐瞒自己的婚外恋就有难度了。[1] 但更令人迷惑不解的是另一件事：考虑到被逮住的潜在风险，为什么女人还会参与婚外恋？一定要记住，卵子产量非常少，而精子数目惊人，因此雌性很少需要跟多个雄性交配才能让自己怀孕。但实际上，生物学家发现，对于一名"作弊"的女人来说，她能借此得到诸多潜在收益，这些收益有物种差别，也会随着具体情形的不同而不同。

下面是科学家发现的主要适应性收益：
・增加她们后代的基因多样性；
・为她们的后代获得比她们伴侣更优秀（比如更能提升适应性）的基因；
・从"情人"那里获得额外资源，特别是食物；
・通过跟某个比她们现在伴侣更有支配性的雄性交往，借此提高自己的社会地位；
・通过诱使其他雄性对自己的孩子表现出父性，某个雌性借此购买"杀婴保险"；
・探索某种可能，离开某个不合适的伴侣以找到合适的。

在动物行为和进化的研究领域，长久以来有一个谜，即为什么某些动物会表现出相当的性别二态性，虽然它们主要的择偶体系是社会性一夫一妻制？比如，新热带区有一种鸟名叫凤尾绿咬鹃，毛色很华丽，它因此成了危地马拉的国鸟，出现在该国的国旗和军装上。但只有雄鸟才有闪闪发光的漂亮羽毛，还有一条奇怪的长尾

---

[1] 作者是想说，照料孩子需要双方精诚合作，因而欺骗对方就不太好理解。欺骗就是不合作，这样当然对合作照顾孩子不利。

巴，而雌鸟则相对单调朴素。即便是社会性一夫一妻制，也经常充满了一夫多妻和一妻多夫的违规情形，我们可以想到这就是类似二态性的基础，它本身的存在就表明，雄性绿咬鹃长得花枝招展，这就使他至少在某些情况下，能够跟他一夫一妻制配对伴侣之外的其他异性交配。

没理由认为为什么类似的考虑（获得额外的资源、更好的基因等等）不会怂恿人类的女性也这么做。虽然在涉及人类时，其他因素也会参与进来，而它们在动物中通常并不起作用。值得留意的是，这些原因都是"当前因素"，虽然它们每一个都直截了当地指向了终极机制。此外，虽然生物学家在解释男人婚外恋时比解释女人时需要较少理由（因为精子制造者的生物性提供了更多的进化根据），但下面的因素同时适用于男人和女人：

- 报复自己伴侣的性不忠；
- 伴侣在其他方面让自己生气，以此回应；
- 对特定情人长期或短期的迷恋或兴趣；
- 寻找自身亲密关系中难以实现的性或社交层面的满足。

一个底线式的关键信息是，当性不忠在人类中发生时，无论这个不忠者是男是女，都是因为某个基本的、基于生物性的多偶制倾向（在男人中是一夫多妻，在女人中是一妻多夫）打破了现存的一夫一妻制社会结构。毫不奇怪，男人通常比女人报告了更多的对婚姻的性不忠。这一点，反过来证明了前面讨论过的男性和女性的生物性，也支持了下面的发现：在一项研究中，52个不同国家、16000个人参与调查，结果发现男人总是比女人表现出对更多性伴侣的浓厚兴趣。[10] 但男女在通奸上的差异，至少在某种程度上，也来自一种近乎双重标准的因素，即男人在社会上被鼓励着参与性冒险、寻找更多的性伴侣，这样才能被当作一个"真正的男人"，而女人承认同样的想法就会被贬低为"随便""下贱"或"娼妓"。当然，某些男人会夸大他们伴侣的数量，而某些女人则倾向于低估她们不忠的程度。

这几乎是一种跨文化的普遍性，男人恐吓他们的配偶不要参与婚外情，如果对方做了还会因此惩罚她们，通常很严重，但不会致命。除了她们的内部动机之外，女人最可能在下面的情况下"红杏出墙"：

1. 她们能得到自己亲戚的帮助和支持，这在从母居的社会里更明显。这时，女人婚后会居住在自己这边的大家庭里，而在从夫居的社会里，女人婚后要搬到丈夫家里。大多数的人类社会都是从夫居，这意味着一个女人会被她丈夫的亲戚包围着。这也使一个男人更容易密切监视她，这本身也促进了双重标准的形成。很有可能，从夫居之所以成了最普遍的婚后安排，就是因为它能够抑制妻子的不忠，因而让丈夫放心。

2. 妻子在物质支持、保护和照料孩子方面不怎么依赖丈夫。跨文化研究发现，在妻子从亲戚而非丈夫那里得到大多数生活资料的社会中，她们更可能发生婚外情，也更可能离婚。[11]

3. 跟其他潜在的可交配对象相比，她们的丈夫不怎么"合适"，无论这种合适涉及的是生物还是社会经济地位方面的特点。有趣的是，至少有一种鸟跟人类中的情形相似。有人研究了黑冕山雀的婚外情，结果发现雌鸟更可能跟社会支配性较强的雄鸟勾搭以"欺骗"她的伴侣，特别是在她目前的配偶相对弱势时。假如雌鸟有机会了解她自己的伴侣在附近所有雄鸟中的社会地位，那么她们就经常会跟比配偶地位高的雄鸟交配，不断跟这些家伙发生婚外情。虽然低地位的雄性会因为他们配偶的婚外情而暂时受损失，但每一个雄性都还是有机会赢得老大的地位，假如他活得足够久。一旦身在最高位，一只雄鸟就能随心所欲地大搞婚外情，而他们自己的配偶这时就不会红杏出墙了。[12]

不只是山雀会欺骗，有研究调查了当代中国人的性行为，结果发现，假如丈夫的收入低于平均水平，妻子就更容易发生婚外性行为。[13]

即便在明确允许婚外恋的社会（的确有一些），不忠也几乎总是受到严密的规定，而不会单纯地让人随心所欲。有一篇经典的文献，从跨文化研究的角度回顾了人类的性行为，得出结论说：

> 除了极少数例外，每一个允许婚外情的社会都以这种或那种方式对其做了规定和限制。比如，有些人，除非在法律上是兄弟姐妹关系，否则不准发展婚外情。在西里奥诺人中就是这样，这里的男人可以跟他配偶的姐妹、他兄弟的妻子以及她们的姐妹交往。类似地，一个女人可以跟她丈夫的兄弟或者她姐妹的丈夫发生性关系……在某些社会里，婚外情采取"借妻"或换妻的形式。通常来说，情况是这样的，一个男人只能在特殊情况下跟另一个人的妻子发生性关系。……另外一种出现于某些社会中对婚外关系的允许，采取了节日许可或狂欢许可的形式……从收获节到丧葬宴。[14]

人类性行为是出了名的花样繁多，但通常都涉及这么一套规则：讨论哪个伴侣适合自己，允许追求，较为可取，受人推荐或遭到禁止，有时还会包括性交的频率和可能的体位这样的细节。但希望或在某种情形下害怕原始人的情形类似于倭黑猩猩般的性放纵，这样的观念从来没有被任何生物学家当成一个正经的理论，也没有任何人类学家找到证据支持这种幻觉（更多细节见第九章）。

另一方面，越来越多的实验证据暗示，女人采取了一种"双重交配策略"，由长期战术和短期战术共同组成。前者意味着跟某个稳定的伙伴建立牢固的关系，通常对方有能力对孩子充分投资，也有意愿这么做，而后者要求（特别是在排卵期）对被视为"性感"的男人积极回应，他们可能有好基因（前面第三章讨论了这一点）。这一双重策略的证据来自各种研究。研究发现，最易受孕时，女人对某些男人特别有好感，这些男人的形象、声音甚至气味都会让她们怦然心动。他们的特点是睾丸酮水平很高，身体对称。简而言之，他们最可能为后代提供"好基因"。[15]

同时，必须强调，许多这样的发现涉及实验室条件下的评估，这种设计带有强烈的人为性，可能反映也可能无法反映人类在真实情境下的心理与行为。这些研究技术方面的细节，并不在本书的讨论范围之内。但可以有把握地说，这些表面上的问题都得到了有效解决。哪怕有过分简单化的嫌疑，我们依然可以大胆宣称：女人身上貌似存在一种微弱的倾向，那就是她们倾向于跟双性化的"好父亲"结婚，但同时又跟某些坏男人暗度陈仓，私下勾搭。[16]

然而，也可能是人类的生理特点对依然待在一起的夫妇给予了积极回报，不只是待得足够久生了孩子，还包括一直以来的身体亲密接触，使得他们对刚才描述的短期择偶策略产生了抵触。子痫前期，一种孕期高血压，由母亲和胎儿之间的免疫学差异导致；它是女人怀孕时一种严重的并发症，发病率为10%。而子痫前期的风险，随着一个女人跟某个既定伴侣的性关系持续时间的增加而降低，这明显是因为，女人的免疫系统越来越习惯于某个既定男人的精液成分，因而当怀上一个含有对方50%基因的受精卵时，不太会启动过于危险的免疫反应。[17]如果这种情况是真的，那么跟一个相处时间较短的新伴侣交配，就可能因生孩子而患上这种并发症。而这反过来，又会削弱"双重择偶策略"的适应价值。

如前所述，特别是在亚马孙丛林的某些部落里，一妻多夫制会因为某种"共享父亲身份"的信念而促成，这种生物学上不准确但表面上合乎逻辑的观点认为，一个孩子可拥有多个父亲，而在一个女人怀孕期间，所有跟她交配的男人都是孩子的父亲。[18]或许关键在于，大部分这样的社会都是从母居（丈夫跟妻子的亲人住在一起），因此女人有充分的社会支持。这一点很重要，因为即便父亲身份被认定可分享，人类的性嫉妒还是会让这个女人的指定丈夫闷闷不乐，不想让其他男人像妻子那样分享他的父亲身份。

谈到七宗罪时，在暴怒、贪婪、懒惰、骄傲、色欲、贪食的旁边，我们找到了"妒忌"（拉丁文为 invidia），不是"嫉妒"。可事实上，嫉妒远远比妒忌更致命，嫉妒也远比妒忌有更强的生物学色彩。嫉妒和妒忌很像，但并不完全一样。一个实用的区别在于，"妒忌指的是你想拥有自己没有的东西，嫉妒指的是你想拥有自己不想失去的东西"。[1] [19]你可能会妒忌某人，因为对方的配偶有钱又好看，但如果你自己的伴侣对这样的男人或女人感兴趣，你就会嫉妒。你妒忌别人"有"这样的伴侣，但同时你又不想失去自己现在的伴侣，倘若对方不忠，你就会嫉妒。

进化的观点表明，这种对可能损失的焦虑，其实就是担心适应

---

[1] 妒忌，是因为缺了想要的东西。比如，没有钱就妒忌有钱人。嫉妒，是怕失去自己拥有的东西，比如有丈夫的女人嫉妒小三，怕的是失去这个男人和相应的亲密关系。

度受损。倘若这种损失涉及的是能提升繁殖成功的一段关系,那么这种损失就会更严重。顺便说一下,假如你和伴侣都坚定地不想要孩子,或在任何婚外恋中都有严密的避孕措施,其实不重要。[1] 就像人类在某种程度上有倾向于一夫多妻的生物性,但他们同样也反对伴侣表现出相似的倾向。我们的生物性运作起来,通常独立于我们的认知意图,就像女人的排卵和男人的生精,无论他们打算还是不打算成为父母,这两件事一直都在发生。

无论是否算是一宗罪,性嫉妒都真实存在,而且会在真实或幻想的通奸发生后被激活。研究者还发现,女人跟男人一样都会嫉妒。但基于特别"完美"的生物原因,男性嫉妒在跨文化研究中更普遍,也更暴力。古典主义者彼得·图希(Peter Toohey)[20] 在他最近的一本书《嫉妒》中揭示了一系列反映男性嫉妒的古老咒语,包括这么一句来自公元 2 世纪时埃及的话,一名遭受背叛的丈夫祈求神"让燃烧的灼热吞没(他妻子的)性器官,包括她的外阴、她的其他器官,直到她离开这个家"。

我们可以充满自信地说,智人并非从一种类似于黑猩猩或倭黑猩猩的社会环境中进化而来,其中存在激烈的精子竞争。一方面,我们的睾丸尺寸绝不像黑猩猩或倭黑猩猩那么硕大惊人。此外,正如第三章所述,人类精子的解剖结构强烈反对我们这一物种曾有过多夫多妻胡乱交配的历史。但另一方面,我们有强烈的性嫉妒,不只是在犹太教和基督教盛行的西方社会,还在世界其他地方,这种行为适应性被认为如果没有需求就不会存在。

在谈到不能觊觎你邻居的妻子时,十诫说得很清楚。有趣的

---

[1] 作者的意思是,不要孩子和严密避孕也不会屏蔽你适应度受损的担心,因为这是一种自动化的下意识活动,类似于本能,印刻在人的基因里,有适当的外界线索就会形成。哪怕这些线索事实上不会导致生孩子或怀孕。

是，虽然没有对应的警告说不能觊觎你邻人的丈夫，但毫无疑问，性贪婪——无论来自哪一种性别——都比简单地贪图财物更危险。觊觎你邻居的割草机可能很糟糕，但在载入史册的贪婪及其后果的记录中，还有比这更吓人的。在伊斯兰教沙里亚法严厉的戒律中，一个通奸者很快会丢掉他的命，而一个小偷只会失去他的手。

在一些（虽然很少）人类社会中，已婚的女人获得允许可有婚外性行为，大多数是跟她丈夫的某个兄弟。然而，我实在不知道有哪些人类群体，其中女人获得的性自由比男人还多。对于大多数的人类历史而言，通奸都明显是以双重标准设定的：一个已婚女人跟丈夫之外的其他男人发生性关系。这样的情况曾被广泛认为侵犯了这个女人丈夫的利益，现在也一样。相比一下，假如一个丈夫跟某个未婚女人或妓女有染，大多数文化都不认为这是通奸……只要这个女人没有跟另一个男人结婚。

有一种（事实上，是一系列）遗传因素，使人类在婚姻中倾向于不忠。一种多巴胺受体基因（DRD4）的版本，存在于 11 号染色体上，所有人身上都有，但这种基因重复的次数却有相当大的个体差异：从 2 次到 11 次不等。DRD4 重复次数超过 7 次（包括 7 次）的携带者被发现从事婚外性行为的概率，远远高于一般人。[21] 然而，这可不是什么"不忠基因"，而是一种遗传倾向，它使人们乐于寻找刺激，术语叫感觉寻求。人们发现，拥有多个 DRD4 重复片段的个体也更容易参加跳伞，或享受过山车。未必就是他们拥有更强的性欲，也未必就是他们有更强的遗传倾向，总想在婚外探索性生活，相反，他们只是爱新鲜。

坚持每晚的正餐都要吃点新东西是一码事，但要求每次都有一个新情人则是另一码事。一种理解这一问题的方法（并不需要明确地诉诸生物学）就是，这种行为违反了在西方传统中被称作"社会契约论"的东西。这一观点对大多数的政治哲学至关重要，包括雨果·格劳秀斯、托马斯·霍布斯，特别是约翰·洛克的作品，后者在《政府论（下篇）》（*Second Treatise of Government*）中提出了一个命题，人们同意快乐地生活在某个社会单位中，大到一个国家，小到一个家庭，通过放弃一些个人的选择以便得到其他的收益，而这基于合作和责任分担。正如政府"从被统治者的同意中获得它自身的正当权利"（这个基本的原则，在一个半世纪之后成了美国宪法制定的一点基本原则）一样，婚姻也从当事人的两相情愿中获得其合法性和稳定性。而这种两相情愿的必要性中最重要的一点就是性忠诚。因此，夫妻之间社会性行为的契约就成了政府社会契约的缩微版。

根据协议条款，对合同的各个方面仔细察看，女人为男人提供了她们性忠诚的保证，伴侣可长期跟她们交配，彼此分享家庭收益，而男人则要为女人提供资源、保护，以及照料孩子时的帮助，还有就是相互分享基因。虽然这种传统的合同曾经（现在也是）不够公平，它暗示了在性忠诚方面的不对称，但这份合同在很多方面都很精彩。但有另外一个问题，这也是本书的实质内容：无论是男人还是女人都携带着因进化而产生的某种倾向，试图违反合同跟另外的伴侣厮混，也就是说追求一夫多妻以及一妻多夫。虽然对一夫一妻制有一种社会文化的承诺，但在谈及评估实行一夫多妻和一妻多夫的可能性时，如果说生物学家的行为有什么不妥的话，那就是他们表态过晚，姗姗来迟。而这种认识是进化生物学家一种崭新而重要的领悟：男人通常和女人拥有不同的进化利益。在照料有诸多需要的孩子时，男人和女人的利益一致，这让人类在所有动物中显得很怪异。即便如此，说男女进化利益不一致还是没问题。一方面，我们坚持双亲照料社会契约有生物学基础，但另一方面，多偶制的渴望也有同样牢固的生物学基础。

跳探戈需要两个人，通奸也是。通常，这两个人的动机并不完全一样。于是，进化心理学家称为"伴侣剽窃"的事件就出现了。有一项研究调查了那些打算剽窃者会使用的种种伎俩，发现超过一半的夫妇被访谈时说，自己曾一度尝试"偷走另一个人的配偶，要么是发展短期关系，要么是长期关系"[22]。

通奸会让人有何反应？两性（至少在美国）对此反应强烈而负面，男人比女人表现得更明显。对女人来说，64%的人会采取某种形式的肢体暴力，而88%的男人会这么做，而且做得更暴力。[23] 下面是诗人卡尔·桑德堡（Carl Sandburg）的一首诗，诗很短，但依然完整，他称之为"小说"：

> 爸爸爱妈妈，
> 妈妈爱男人。
> 妈妈进了墓地，
> 爸爸蹲在牢里。

歌剧《卡门》为我们提供了这一场景的戏剧化版本，它长久以来就在想象中激发着人类的共鸣。在比才极受欢迎的这部大作中，一个脾气火暴的男人——唐·何塞被一个美丽而大气的女人迷住了。一场战斗随之而来，核心问题就是控制这个女人自身，也就是说，控制她的性行为。卡门——妩媚、诱人、充满了自由精神——宁愿死也不愿被人主宰。到了最后，她选择了死。而为了不失去对卡门的性控制，唐·何塞杀了她。

为什么在卡门的故事和桑德堡的冷幽默中有如此多的真相？

为什么男人通常会因为面对妻子的通奸而反应激烈？生物学提供了一个强有力的跨文化答案，而无论是现实生活中通奸的参与者还是伟大小说的作者，都未必能理解他们正在面对的进化戒律。大多数的双重标准都是直接（"纯粹"）的生物学，掺杂了历史上照顾（你猜对了）男人利益的社会规则。事实就是，女人会怀孕，而男人不会。"差别太大了，"塞缪尔·约翰逊（1709—1784）说道，"男人不会给他的女人带来野杂种"。一个通奸的男人可能会让他的情人怀孕，但只要这个情人尚未结婚，那么就没有男人因此而被愚弄，也就是说被欺骗抚养他的非亲生孩子。但如果通奸的妻子怀了孕，那么她的丈夫就可能在无意之中替另一个男人养孩子了。（"妈妈的孩子，爸爸则未必"，还是这句老话。）

通奸这个词的词源非常直白：它源于拉丁语 *adulterare*，意思是改变或变更，"通过加入某些劣质的材料或素材，以贬低某物；通过添加，使某物混合不纯"。在这种情况下，关键的添加物就是另一个男人的基因。虽然从男人的角度来看，这是一种可以理解的棘手问题，但女人有不同的观点。有一篇综述考察了 260 种哺乳动物，[24] 得出结论，说雄性杀婴的繁殖策略——在后宫会周期性被某个新雄性接管的一夫多妻制物种中，这是一种典型模式——在某种程度上，被雌性利用多个性伴侣的策略对冲了。在那些雌性会跟多个不同雄性交配的物种中，这些雄性都发展出了不同寻常的大睾丸。借助于研究者称为"父性稀释"的现象，雌性实际上诱使雄性发动精子战争而非杀死彼此的后代——因为实在不清楚孩子到底是谁的，就像选择青睐于处置无关后代一样，它也会抑制对自己后代的损害。

"戴绿帽子"（cuckold）这个词也揭示了男人在性事和父亲身份方面的不安全感。它的词源来自欧洲杜鹃（cuckoo），这种鸟因为表现出了"鸟巢寄生虫"的行为而广为人知。雌杜鹃会把她们的蛋下在其他鸟类的巢里,而这些鸟就会因此成为不明真相的寄主。随着杜鹃孵化出来,他们就把寄主的鸟蛋推出巢外,以此残害寄主的后代,从而让自己垄断了养父母的所有资源。一个男人戴了绿帽子就要承受跟这些寄主雄鸟同样的悲惨命运,他们没看到自己已经被另一个情人取代了,最终遭受的不仅是生物学的失败,还会成为社会上的笑柄。

在《空爱一场》(*Love's Labour's Lost*)这部剧中,莎士比亚这样对我们说:"杜鹃就在每一棵树上;假装跟'男人'结婚;因此这样唱歌给他听,'布谷、布谷、布谷',令人恐惧的话语,让已婚者听来是那么刺耳!"当一个男人的父性投资花在了另一个男人的孩子身上,对他来说,这的确叫空爱一场。作为一种防止男人杀婴的女性策略,父性稀释因此成了一把双刃剑:虽然跟某个女人有性关系的男人的确(就像他们的动物同类一样)较少杀死她的孩子,但这样的做法不只是会导致遗弃,还可能引发他的狂怒攻击,因为他怀疑自己被戴了绿帽子。

即便在法国大革命期间,在这样一个创造新社会热情燃烧的时代,一年的月份名称经常换来换去,旧的不断被新的取代,但旧政权的性别不平等依然在一个领域里保留了下来,那就是对妻子通奸的法律制裁。而在现代社会,男人比女人更可能把通奸作为离婚的原因。在一份包括104个社会样本的调查中,历史学家劳拉·贝齐格发现,女人的不忠在48个社会里都是导致离婚的首要原因,而男人的不忠,不会在任何一个社会里成为离婚的首要原因。[25]

在托尔斯泰的伟大小说《安娜·卡列尼娜》中,一个名叫佩斯托夫的自由主义派绅士评论道,丈夫和妻子之间真正的不平等在于，每个人都会因不忠受到不同的惩罚。卡列宁回答说："我认为这种态度的根基来源于事物的本性。"事实上，对通奸的不同惩罚几乎不能耗尽夫妻社会不平等的目录。然而，无论是佩斯托夫还是卡列宁都说得对：妻子通奸遭受的惩罚的确跟丈夫迥然不同。

在地球上，没有任何一个地方的丈夫会以轻描淡写、无忧无虑的态度看待他们妻子的通奸，除非是在小说里。在奥尔德斯·赫胥黎的《美丽新世界》一书中，"每个人都属于其他人"，而性嫉妒被摧毁了，正如这首滥交的赞美诗描写的那样：

> 欢快呀淋漓，快活呀福地，
> 亲亲姑娘们，众人合为一，
> 小伙子和姑娘们静静偎依，
> 发泄呀狂喜，痛快又淋漓。

它也许会让人惬意，但真正的性放纵并不会带来和平。赫胥黎在《美丽新世界》中描写的随意性行为带来了一种有趣的思考，但类似的这种情形从来就没被发现过，至少在任何一个被感知的时期都没有这样的现象，因为它要求的是（非生物学意义上的）美丽新人类。值得留意的是，在《美丽新世界》中，正是"野蛮人约翰"保留了一种生物学上的勇敢坚守，认为性应该跟情感的强度协调一致。玛格丽特·米德对萨摩亚人的描述，很久以来被认为代表了自然状态下"自由情爱"的一个榜样，已经被推翻了。[26]在20世纪60年代，美国人也目睹了他们自己的"自由情爱"运动。但就像所有这样的运动一样，它很短命，充满了情感的紧张和动荡。当

20世纪60年代的花孩儿[1]长大以后，他们中的大多数人都结了婚，变成了传统意义上连续的一夫一妻者。虽然通奸依然存在，但"自由情爱"被证明太过昂贵，无论在经济上还是在情感上。

一个男人拥有的妻子越多，他就越关心他妻子的忠贞，这有很多证据。比如阉人的作用就是监管苏丹的后宫，或监管古代中国皇帝的妃嫔，他们的任务就是设计很多精巧的技术以记录皇帝许多妻子和妃嫔的踪迹。另外一种技术是缠足，它有双重目的。首先，缠足能证明家庭的足够富有，从而能让绑了脚的女主人不工作；其次，缠足能把女人困在家里，让她很难出门，这样婚外性行为发生的可能就减少了。在其他国家，特别是在阿富汗、印度、巴基斯坦和沙特阿拉伯，女人常居深闺，这就有效地减少了她们跟其他男人接触的风险。在北印度，无论是印度教徒还是穆斯林，高地位女人长期以来都被监禁在家，过着隐居的生活。

对这种肮脏的事业来说，最臭名昭著的发挥就是残酷（按西方标准）的女性割礼。这是一种奇葩的做法，一种损伤生殖器的仪式，使犹太教和伊斯兰教的男性割礼（去除包皮）看起来像是剪指甲。但女性割礼有潜在的生命危险，它是生殖器切除的一种弱化形式。在东非和西非地区，每年有高达千万的女孩接受五花八门的割礼，通常包括去除阴蒂（阴蒂切除术），有时还缝合阴道（锁阴术）——要么把两片阴唇缝在一起，要么就故意切割或灼烧阴道壁，从而导致严重损伤。她们的生殖器会开个小口，以便月经，但太小了，无法把一根阴茎塞进去。结婚后，女人被缝合的阴道会被再次

---

[1] 花孩儿（flower children）也就是所谓嬉皮士，20世纪60年代到70年代反传统、反家庭、反主流文化的年轻人，提倡自由性爱。他们中很多人头发里插花或向行人派送鲜花，故而又称花孩儿。

切开,以便跟丈夫发生性关系。假如丈夫要长时间出门在外,她的阴道还会被重新缝上。

虽然这些行为跟很多文化传统交织在一起,但毫无疑问,它们最终的功能本质上还是跟生物性有关,即男人试图控制女人的性生活。切除阴蒂大大减少了女人的性快感,而缝合阴道就是内置一条效果奇特的婚前贞操带。而拒绝这些程序的女人会遭到社会的嘲笑,被认为不适合结婚。

几乎总是年长的女人遵守这些规定,并在事实上负责执行这道程序,但她们其实是在满足男人的要求。在她们自己的童年期,这些女人就受制于这些规则。具有讽刺意味的是,这些社会规则由父母执行,他们女儿的生殖器被切割可能很好地满足了父母最佳的繁殖利益,因为这样可以保证女儿适合结婚,而适合结婚反过来就要求证明有未曾通奸的证据。

18世纪的日内瓦,在约翰·加尔文的统治下,一对已订婚的男女发生婚前性行为被认为是严重冒犯,会遭到法律制裁。但这跟"婚前通奸"也就是跟第三方发生性行为相比,可以说是小菜一碟。婚前通奸被认为是无法容忍的行为,假如准新娘还是一个处女的话,就是双倍的无法容忍,结果就是死刑。在他的一次布道中,加尔文解释为什么这种行径是如此罪大恶极:

> 这个女人亵渎了她的灵魂和肉体。她偷走了她未来丈夫对她的独家权利,而这是他从她父亲那里买来的。她身上满是未来丈夫的义务,去抚养一个非婚的子女。她剥夺了家庭的资源,使这对夫妇后来的合法孩子无法享用。而这样一种对信仰的违反,这么早就发生在亲密关系中,不可避免就会导致严重的罪孽。如果这个通奸的未婚妻被处决,她丈夫以及她周围的人都

会过得更好。[27]

有趣的是，加尔文还要求说"男性通奸犯也应遭受同样的惩罚"，尽管我们不知道事实是否如此。男性通奸（跟女人通奸一样，只要卷入其中的女人不是另一个男人的妻子）经常被视作不同的事，这些事类似于"男孩到底是男孩"和"种下野麦子"。这里有约翰·萨克林（John Suckling，1609—1642）的作品，是一首名为《不朽的情人》（*The Constant Lover*）的诗，在表达他追新求异的性欲的同时，也做了自嘲：

挣扎出来，我已爱了
整整三天！
而我还想再爱三天，
如果天气晴好。

时间会磨掉他的翅膀
在此之前他会发现
再一次在整个广阔的世界
有这样一个不朽的情人。

但尽管如此，没有赞美
值得送给我：
爱我不会停留，
除了她没有别人。

除了她没有别人，

而那个面孔，

至少在此之前

在她的住处有无数个。

很难想象，有什么东西能媲美萨克林快活的自我放纵；没有女人会如此庆祝，带着睁一只眼闭一只眼的态度对待自家的风流韵事。这种区分，如果有什么不同的话，就是涉及婚外情（又名通奸、不忠或"欺骗"）时会越发明显。根据金赛和他同事的说法，双重标准既普遍又古老："在任何一个社会层面上，妻子都更经常接受她们丈夫的各种非婚活动。而丈夫则很少倾向于接受他们妻子的各种非婚行为。自从人类有史以来就是这样。"[28]

如同男人的侵犯和性行为密切相关一样，男人的攻击跟性嫉妒也如影随形。《旧约》中反复提到一个"嫉妒的上帝"，对此哪怕我们一无所知，也能猜出他是个男人。这个神难以忍受人们"还有其他神"可供崇拜，不只是在崇拜自己之前，而且在旁边或在背后，甚至其他任何地方都不行。以同样的模式，丈夫特别不情愿让他们的妻子有其他男人，无论是在有自己之前，还是在自己旁边或者背后，或者以其他任何方式……而同时，如前所述，我们知道，他们自己却常常寻找这样的暧昧关系。

这个双重标准是一种文化遗产吗？当然，它被社会传统和期望放大了；它不会从我们的 DNA 要求中自动出现，比如，就像宙斯进食之后胃肠收缩，雅典娜从他的头部全副武装地走了出来。但跟男女在攻击性上的差异一样，双重标准在任何一种文化下都存在，而在人们研究的每一种动物中也存在。值得反复说明的是，历史上在全球范围内，通奸都被视作对男人的犯罪。也就是说，针对的是跟妻子通奸的男人。因此丈夫的狂怒几乎都会直接指向妻子的情人，虽然几乎也总会指向妻子，而在她们通奸时施加惩罚。事实上，男人通奸（一个男人跟另一个男人的妻子做爱）的下场要么是被阉割，要么是死亡。相反，当女人受委屈，也就是她丈夫跟人通奸时，即便有也不会有什么实际的惩罚，只要他在这个过程中没有让另一个男人"受委屈"。

一个已婚女人跟一个未婚男人做爱，和一个已婚男人跟一个未婚女人做爱，如果犯事的人都被抓了会有什么结果降临，目前还没有直接的对比。事实上，这样的态度可回溯至古代的埃及人、希伯来人、巴比伦人、罗马人、斯巴达人，以及其他人，他们都是严格按照女人的婚姻状态来界定通奸的。如果没有男人"受委屈"，那么他们也就会认为，根本没什么错误发生。

在哪一种择偶体系下，比如一夫一妻还是一夫多妻，性不忠更为频繁？目前的证据不是很有说服力，我们可以提前谈一谈理论上的情形。在一夫一妻制下，每一个女人都有一个男人，因此这种配对组合中的任何一个人胡作非为，即便对于胡作非为者可能会带来适应优势，但对另一个人显然有害。因此，我们预期，在一夫一妻制下，婚外交配将会相对罕见，因为这两个"伴侣"彼此都会严密地监视对方。事实上，在一夫一妻制的婚姻下维持性忠诚的一种方式，就是丈夫和妻子都同意签订一款"确保相互摧毁"式条约（可以叫它"确保相互一夫一妻"），类似于"冷战"时期的遏制："我不会乱搞让你发狂，作为回报，你也承诺不乱搞把我逼疯。"否则，婚姻就会爆炸。

或许我们也可以预测，一夫多妻制会减少人们乱搞，只是因为当事的男人无论在身体上还是文化上都更强势（回想一下，对一夫多妻制物种而言，它们通常都有明显的性别二态性）。此外，不要忘记大猩猩，它们块头很大，体格强壮，令人生畏，但只有很小的睾丸，因为富有威慑性的身体使得他们没必要通过精子竞争。而另一方面，通常追踪多个雌性更为困难，除非后宫主人拥有大量忠心耿耿的党羽，而他们想要获得信任，就得接受阉割处理。

事实表明，至少在鸟类中，在一夫多妻倾向和婚外性交的频率上没有明显的关联。29 那在人类之中呢？你的猜测跟我一样好。[1]

现在，女性的性自主比大家想象的还要多。虽然在参与一夫多妻的过程中，女人通常会成为受害者，但她们的性行为长久以来却格外坚定。正如梅尔文·康纳（人类学家和生理学家）写的那样：

> 雌性灵长类在任何情形下都不会被动，……包括在抵抗雄性虐待时。她们在为自己和孩子代言时常常很主动，会以女性支配的方式谋求职位，会彼此竞争男人、食物和领地，保护她们的孩子免受伤害，尝试确保他们会成长为支配性的角色，无论是相对其他男人还是其他女人。如果某些灵长类雌性（当然不是所有都这样）不得不生活在一个雄性的世界，她们就不只是要忍受什么；她们还会最大限度地利用这个世界的规则。30

在黑猩猩中，高地位的雌性在不那么有生育力时，有时会跟好几个雄性交配，包括低地位的个体，这可能是一种混淆父亲身份的尝试，也可能是要确保有很多雄性帮她理毛。即便如此，慑于阿尔法雄性残暴的威名，这些勾当几乎总是很快完成，而且是在远离这位雄性支配者的情况下秘密进行。而在这些高地位雌性处于排卵期

---

[1] 作者是一位进化生物学家，他谈及鸟类中一夫多妻制跟婚外性交的频率无关，其实就暗示了在人类中也一样。换句话说，婚外性交在一夫一妻制下的社会中也普遍存在。作者认为，读者显然能得到跟他一样的结论。

时，她们就表现出对支配性雄性的强烈偏爱。[31]

飞扬跋扈的一妻多夫制，在人类中恰好局限于两类人群中：一类是社会经济地位偏高的女人，她们炫耀自己的性欲，做了坏事也不会受惩罚（比如歌手麦当娜、嘎嘎小姐，以及有过好几任丈夫的伊丽莎白·泰勒）；另一类是社会底层的女人，特别是妓女，她们的职业要求类似于一妻多夫，但更像是工作或奴役。避孕术方面的进步，让女人把她们自己从繁殖的暴政下解放了出来，这一暴政曾限制了她们的性生活。但可以肯定地说，大多数女人获得解放的程度要比基本公平规定的少。

然而，讽刺的是，变化是人类最不会变的东西，如果不是在我们的生物性上，那就是在它的文化衍生物上。2015年2月，韩国宪法法院援引该国不断变化的性道德和不断强调个人权利的信息，废除了一项实行了六十多年的法律，该法律曾规定通奸是刑事罪，最高可判刑入狱两年。韩国领先的安全套生产商优丽达斯股价立马上涨了近15%，而销售所谓的紧急避孕药的现代医药股价也上涨了近10%。

第七章
天才、畸恋与上帝

这可能是真的——我要强调"可能"——多偶制的影响早已超出了人类择偶体系的范畴,把它的触角伸向了更远的地方。在这一章中,我们将会考察三大假设,涉及多偶制跟天才、同性恋和上帝三者之间可能的关联。让我们从棘手的天才问题开始,其中蕴含的男性偏见格外明显。

在《一间自己的房间》这篇散文中,弗吉尼亚·伍尔夫(Virginia Woolf)设想了一个名叫朱迪斯·莎士比亚的虚构人物,还描写了她的生活:"她酷爱冒险,富有想象力,渴望看到这个世界的本来面目。但她没有被送到学校去。"相反,朱迪斯被迫学习烹调和清洁,并被委托给了一桩不想要的婚姻,而她最大(事实上也是唯一)可接受的追求就是生孩子。她最终自杀而死,没有写过一个字。我们可称其为伍尔夫假设,它显然非常真实,甚至不需要进一步阐述:女人传统上遭受父权的压制,而无论她们具有怎样的天赋,都不会被允许像男人的天赋那样开花结果。

这可能是最有说服力的解释,能告诉你下面这些令人困惑的总结是怎么回事:在所有公认的天才中,男人要比女人多得多。显然我们知道，女人跟男人拥有同样的智力和创造性，那么这种差距，以及单纯由生物差异以某种方式导致了这一差距，就会变成一个令人尴尬的难题，而大多数人（特别是自由主义者）都倾向于忽视这种解释。

奥斯卡·王尔德指出了一个看似悖论的天才性别现象。"因为她们没受什么教育，"他写道，"我们从女人那里读到的唯一作品就是天才的作品。"[1] "扩大"王尔德先生所说作品的范围通常不合适（在这个天才的领域里，他自己也不是笨蛋），但在这种情况下，阐述他的意图还是值得的；他想强调的是，鉴于女人遭受的文化压迫，这就要求她们的作品不仅仅有天才，还得卓越，她们做出的贡献自然有毋庸置疑的天才，更不用提被人留意到的了。

对自由主义、女性主义的信奉者而言，这在情感上势必引发尴尬，但历史的记载也难以否认：在涉及公认的天才名次时，男人的数量远非女人可比。有哪些女人在绘画方面能跟塞尚、莫奈、拉斐尔、伦勃朗、特纳和维米尔相提并论？有哪些女性雕塑家的作品能放在贝尔尼尼、布朗库西、多纳泰罗、米开朗琪罗和罗丹附近呢？有哪些跟契诃夫、欧里庇得斯、易卜生、莫里哀、拉辛、莎士比亚同一级别的女性戏剧家呢？有哪些跟巴赫、贝多芬、勃拉姆斯、莫扎特、舒伯特、斯特拉文斯基或柴可夫斯基同一级别的女性作曲家呢？有哪些跟拜伦、柯勒律治、艾略特、普希金、惠特曼、华兹华斯或叶芝同一级别的诗人呢？有哪些跟阿基米德、哥白尼、达尔文、爱因斯坦、伽利略、牛顿具有同等地位的女性科学家呢？有哪些女性数学家的洞察力能媲美欧拉、费马、高斯、希尔伯特和黎曼呢？有哪些能跟巴尔扎克、塞万提斯、狄更斯、陀思妥耶夫斯基、福克纳、乔伊斯或托尔斯泰相比的女性小说家呢？有哪些女性能跟开宗立派的宗教人物，如孔子、耶稣、老子、穆罕默德、摩西、乔达摩·悉达多、琐罗亚斯德相提并论呢？有哪些文艺复兴时期的女人能跟像达·芬奇或米开朗琪罗这样的男人并驾齐驱呢？自然，要求人想一想在这些创造性领域中有哪些著名的女人，这像是一个客厅里的小游戏，饶有趣味，却给人极大的挑战。可能我们最容易想起来的就是现代的女诗人和女小说家。但基本模式很清楚：面对"老大师"令人尴尬的优势，极少有"老情人"能望其项背。[1]

把伍尔夫假设抛在一边，为了解释性别的巨大差异，我们可以想到好几种思路。比如，有一种观点认为，"天才"和"平凡"之间纯粹就没什么区别，自然更不用介意天才之间的性别比。而天才呢，就是一种西方个体主义的建构，并没有告诉我们有关人类普遍性的任何东西。但不幸的是，现在不可能评估这种可能。至少我个人还不能找到任何数据，从跨文化角度揭示天才中的男女两性差异。因此，我目前的信息几乎完全来自西方社会。

另外一种可能是，即便后来被发现是一种在人类中真实存在的普遍现象，这种性别差异也要比实际更明显：或许有无数的玛丽·居里、宾根的希尔德加德，以及弗里达·卡罗。问题是，每当女人展现自己的天才时，不会像创造者恰好带有一条Y染色体那样被认真对待。"我们不知道是否存在一种完全难以欣赏的天才，"汉娜·阿伦特在一篇谈及文学名声的论文中如是写道，"或者他们是某些人的白日梦，而这些人不是天才。"我将走得更远：我们无法肯定是否有天才这样一个东西存在……一个人的天才常常是另一个人的诡计。弗洛伊德立刻闯入脑海。

许多富于想象力的作品——文学的、音乐的、视觉的甚至科

---

[1] 老情人（old mistresses）和老大师（old masters）结构相似，读音相似，区别在于前者的后一个词指女人，后者的后一个词指男人。作者以文字游戏的方式打趣这些文化领域里令人惊诧的男女差异。

学的——今天被认为是大师之作,天才产物,但在它们产生的时代要么被忽视,要么被贬低。比如,一个人可以想一想,梅尔维尔的《白鲸记》,斯特拉文斯基的《春之祭》,凡·高的画,济慈的诗,卡夫卡的小说,路德维希·玻尔兹曼的理论(开创了统计热力学,最终带来了量子力学)。天才自身就是一个使人难堪的概念,也许就是一种更适合于男人而非女人的概念,无论它背后有什么创造力,也无论它有怎样的外在成就。这肯定是一种饶有趣味的假设,但我怀疑,它禁不起任何严肃的考察。想一想美国大法官波特·斯图尔特对色情的著名观察吧;我可能无法给它下定义,但我看见它时就知道是不是。只要有机会,我们中的大多数人都能看见天才,而且还会看得很清楚。(这里必须同时强调,涉及社会偏差的某些方面时,我们中的大多数人很少能看清楚,而伍尔夫笔下的朱迪斯·莎士比亚早就说过,这一偏差即天才可见度的影响。)

还有"缪斯"这个概念。某个天才的缪斯,通常总是被认为是个女人,几乎没有男人。对但丁来说,缪斯是比阿特丽斯;对约翰·斯图尔特·密尔来说,是哈丽雅特·泰勒;对叶芝来说,是莫德·冈妮;对弗拉基米尔·纳博科夫来说,是维拉;对约翰·列侬来说,是小野洋子。在某些情况下——比如,对摄影师阿尔弗雷德·史蒂格利茨和画家乔治娅·奥基夫来说——"缪斯"大致是对等的、相互的,但缪斯几乎总是一个女人,这个人激发了某个男人。一个男人可以是"小白脸",就像一个女人可以是"花瓶妻"一样;但即便在很少有人祈求缪斯的时代,一个男缪斯也几乎就是个悖论。

或许(一个不可能的假设,但无论怎样,还是值得一说),全部的天才事业就是一场骗局。或许,每个人都同样才华横溢,而运气和关系使得某些人声名鹊起。也就是说,每个人都是赢家,任何人都能赢得奖杯。欢迎来到乌比冈湖，这里的每个孩子都高于平均水平，但只有一小撮幸运儿获得了奖赏。接着，就出现了最为荒谬的一种观点，它是可笑而刻板的决定论，基于歧视女性的角度，来自心胸狭隘的生物学，认为在Y染色体上一定有某些东西（对于它所有萎缩的DNA来说），或在睾丸酮里一定有什么东西（这是一种意外发现的荷尔蒙，男女都有，但在女人身上通常含量很低），或者在两者之中都有某些东西，至少使得某些男人变得格外有天赋，而我们中的大多数（有男有女）则表现平平，泯然众人。

面对这个复杂的现象，让我们再加上一个可能的解释。这个想法，不必排除上面谈到的几个假设，而它跟进化生物学也完全吻合，同时又尊重了文化期望和限制所难以否认的影响。在弗吉尼亚·伍尔夫讲述的故事里，朱迪斯·莎士比亚的遭遇深刻地说明了这个假设。到此为止，几乎可以肯定，伍尔夫假设是所有描述中最有力的一个，毫无疑问解释了诸多的男女差异。但鉴于这种差异顽固的存在，无论在历史上还是在世界各地，看起来值得考虑的一点是，天才的男女差异至少部分来源于文化之外的某些东西，也就是说，我们的生物性，哪怕并非以某种粗糙的决定论模式发挥影响。这是一种最容易进入我们头脑的念头。

允许我们自己思考人类进化的遗产有这么一种优势，它包括了伍尔夫假设中面临的主要挑战：假如女性天才不像她们的男性同行那么多，因为受到了随意的文化规则和社会传统的压制，那么就应该存在同样多的社会，其中男人受到了类似的压制，而女人的天才则蓬勃发展。假如，就像伍尔夫假设的支持者经常声称的那样，某些男女差异纯粹是随意的文化规则、角色或传统导致的结果，那么因为这些东西带有随意性，就应该在不同社会中随机分布。另外，由于男女的"天才差异"似乎是一种跨文化的普遍现象，这看起来转而要求一种相同的跨文化分布，也就是生物性分布。

可以说，文化过程事实上是随机的，因此在某种意义上是非生物的。然而，文化过程也是普遍的，假如它们来自某些其他的跨文化普遍性即男女差异，那么就会构成也会导致泛人类的同质性。但任何这样普遍的男女差异必然具有"生物性"。作为智人，我们这一物种的成员无论文化背景如何，都有共同的生物性，这恰恰就是人性。[2]

下面的假设尝试调和两者——一边是谈及公认的天才时男性卓越的明显事实，一边是不言自明的文化角色完全支持男女在智力上的平等。这一假设围绕着人类一夫多妻的默认设定，以及其中一种不那么明显的影响。我们可以把它称为作为炫耀的天才画像。

天才的诞生将始于这样一个毫不奇怪的事实，即智人在进化上倾向于一夫多妻。雄性糜鹿、大猩猩或象海豹不可能有资格成为"天才"，也不可能比雌性具有更强的天才倾向。跟人类相比，大多数动物都在智力这个维度上大受限制，作为准后宫主人它们要出人头地，但在聪明才智上跟其他同伴相差不多。

但它们的确能让自己冒尖儿。在大多数一夫多妻制的雄性动物中（大多数哺乳动物中的大多数雄性都是这样），假如求偶不需要发生冲突或殊死搏斗，那么他们就会有花样繁多的自我展示。一个经典案例就是雄孔雀。这里值得留意的是，雄性配备的不只是漂亮的尾羽，引人注目，他们还有一种行为倾向，那就是趾高气扬地行走和舞蹈，以便强调这些第二性征的存在，因而不仅给其他雄孔雀留下印象，也让雌孔雀一见倾心，过目难忘。下面就是对雄孔雀表演的一段描写：

> 一只雄孔雀炫耀他自己的东西，展开了满是绿松石的大尾

巴，映照着他那矮小的蓝色身躯，拾起一块闪光的金币，接着拉出一块细腻的绿网，把它放在一把光滑的扇子上，上面点缀着绚丽的、闪烁着绿色和金色的眼睛。就这样，这只鸟儿站在舞台中央，散发出一种华而不实的喷雾，就像阳光四射，只是颜色不同。另外一两回，他把自己蜷缩在窗帘里，把它华美的羽毛收缩成圆滑而多彩的尾巴，看起来就像永远懒洋洋地倚在背后。[3]

其他动物做其他事，但我们这里的要点在于，这些游戏者、求赞者、歌手、炫耀者、捶胸者，以及其他自我炫耀的动物几乎都是雄性。

这种做派很怪异。毕竟，变得如此引人注目，还要在这个过程中耗时耗力，显然要付出很大代价。进化生物学家并不清楚，为什么雌性会觉得雄性这么做很有魅力，虽然她们的确很喜欢这一套。一种可能的解释被称为"性感儿子假设"（我们在第三章讨论过），它认为，雌性被这种花哨的雄性吸引，是因为通过跟他们交配，这些雌性就更可能生下成年后也会变得同样花哨因而对下一代雌性显得性感无比的儿子，这样就能为作为最初追星族的自己提供进化适应度方面的报酬。跟花哨的雄性交配，生下花哨的儿子，而他们因为性感非凡，为最初的选择者生下更多的孙子孙女。这一现象反过来就导致了相应的选择压力，使得雄性在身体结构和行为上倾向于吸引眼球。

谈及炫耀时，只有将个体的心灵产物也包括在内才符合逻辑。毕竟，至少在某种意义上，人类的大脑就类似于雄孔雀的尾巴。这种器官有可能经历了过度发展，因为在进化史上，它的所有者成了性选择的受益人。长话短说［这个解释来自杰弗里·米勒（Geoffrey Miller）。在他富于启发性和原创性的大作《求偶思维》

(*The Mating Mind*)⁴一书中，米勒阐述了他的观点]，人类大脑的许多成就，比如复杂的语言、诗歌、绘画、哲学、雕塑、舞蹈、理论科学，等等，没有明显的生存价值，但却在择偶成功的意义上说得通，因为那些拥有足够脑力的人被我们的祖祖祖……奶奶认为超级性感。看待这一问题的一个角度，就是动物行为研究者所说的"累赘原理"，大概意思是你必须得是一个令人印象深刻的家伙，才能以看似无用的方式投资大把的脑力！

因此，男人发明了无数的方式以炫耀他们多么令人印象深刻，从而在事实上把自己跟其他人区分开来。其中主要的就是心灵的无数创作产物，这就导致了一种格外有趣的可能，即我们许多有名的成就（特别是那些没什么实际功用的）可能就来自某种适应性回报，这种适应性就是通过某种表现把自己跟其他人区分开来。我认为，女人的心灵可以像男人一样富有创造性，但这些能力在某种程度上在女人那里不太常见，而男人则受了鼓励。也可能在某些时候，男人的创造力受到了他们生物性的驱动，甚至不管他们有怎样的独特之处都要公开宣扬。当然，在很多文化传统中，这样的行为受到了鼓励甚至被崇拜，但女人从事同样的活动却不受推崇。当一个男人努力出人头地，试图让他人对自己刮目相看时，他通常会被誉为"雄心勃勃"，而当一个女人也这么做时，她就很可能遭到嘲笑，被说成"狗娘养的"。

总而言之，无论其遗传禀赋如何，男人通常都比女人有更强的动机，把自己跟人群中的其他同伴区分开来，至少他们会尝试这么做。此外，由于一夫多妻制（其中一小撮男人极为成功，而其他男人则不是）的存在，他们也更可能比女人表现得更自信，有时候甚至带有侵犯性，而顽固地坚持某些东西就让他们有了自命不凡的理由。即便是典型而孤僻的天才，他们看起来貌似只是为了追随自己的热情，而且他们也没有有意地寻求认可，但这些人依然处于表现某种进化倾向的阵痛中，而这对他们的祖先而言，曾是一种生物性的奖赏。

澳大利亚生物学家罗伯特·布鲁克斯（Robert Brooks）[5]指出，即便在男人和女人都对家庭单位提供食物的社会里，也存在性别差异，而它最好被理解成是男女生物性差异在这种环境下导致的结果。比如，布鲁克斯提出，在澳大利亚北部和巴布亚新几内亚之间，有一个梅尔岛(Mer Island)，岛上的居民无论男女都以捕鱼为生。女人主要集中精力找寻贝类以及捕捞近岸的鱼类，而男人则主要捕捞远洋鱼类。这种差异并不令人奇怪，因为男人上半身的力量更强大。然而，布鲁克斯强调说，靠着她们的捕鱼技巧，女人事实上带回家的食物比男人多。换句话说，如果男人选择做女人的事，他们就能给家里提供更多的食物。

布鲁克斯写道：

> 梅尔女人捉到的鱼大多数都直接用来养家糊口，而梅尔男人偶然捉到的壮观的大鱼更可能作为传统节日庆祝的一部分，……人们会跳舞、共餐和表演。这种差异在许多狩猎社会中都存在，其中女人收集或直接寻找食物喂养家人，而男人则把被杀死的大型猎物的肉分发给所有的家庭。

这里的关键点在于，男人做出这样的分配和共享，其实并不像我们想象的那么仁慈而无私。相反，它服务于一种自私的繁殖功能：让他们自己变得对女人更有吸引力（也争取提升一下他们在男人中的地位），这样就能给自己带来更多的交配机会：

男人经常猎杀最大个也最神出鬼没的动物，比如梅尔岛附近海域中的大鱼，北美被殖民以前的北美野牛，南美的犰狳和野猪，非洲的条纹羚、斑马和大羚羊，甚至包括冰河时期的猛犸象。但追赶这样的大型猎物，跟追赶更小一点、更容易捉一点、也不那么危险的动物相比，事实上导致男人带回家的食物只能提供较少的营养。这样做不是为了狩猎的效率，男人盯住大型动物，是因为杀死这样的野兽，跟别人分享它们的肉，就能让他们的狩猎能力得到家喻户晓的传播，而这在未来会导致更好的择偶机会。跟为自己的妻子和孩子多提供数千卡热量的平凡优势相比，一次额外的交配在进化上显然能带来更多的好处。

我们对史前人类生活的认识，在很大程度上都来自对肖维和拉斯科等地洞穴绘画的推测。布鲁克斯留意到这一点并指出，虽然这些史前艺术的案例主要集中于大型动物以及各种狩猎行为，它们本质上没有描述人类成功的采集活动。"一个想法击中了我，"他写道，"许多洞穴绘画可能是要尝试保存最古老的狩猎记忆，而这些动物早在很久以前就消失了。"

在现代的很多传统社会中，一种类似的模式也保留着，甚至可以说是大多数社会的典型特征。因此，在阿契人中，男人狩猎野猪，并从野蜂那里寻找蜂蜜（两种都是危险而不太可靠的活动，但带有潜在的高回报），而女人则采集水果、幼虫，还从棕榈果中提取淀粉。一个成功猎人的回报可谓幸运连连（如果他猎到了一头野猪，就会获得40000卡热量甚至更多）。但平均而言，一个阿契猎人每天带回家的热量只有9634卡，而中位回报则是不值一提的4663卡。相比之下，一个阿契女人贡献的热量高达每天10356卡。[6]为什么男人不像女人一样，放弃打猎以追求更高更可靠的食物回报呢?

克里斯滕·霍克斯（Kristen Hawkes）是一名记载了这些男女差异的人类学家，她以两种策略讨论了这一现象："供养者"和"炫耀者"。女人是供养者，而男人是炫耀者。类似的分化也出现在东非的哈扎人中：男人出去狩猎长颈鹿，而女人则留在家里，用一种富含蛋白质的坚果做食物，这种食物很容易获得，但不是很气派。在无论在阿契人还是哈扎人中（有趣的是，在黑猩猩中，有些雄性会杀死红疣猴或狒狒的幼崽[7]），即便某次狩猎很成功，凯旋的英雄对他家人来说也不是一个稳定的供养者；相反，一个成功猎手获得的肉类通常要分给部落里的其他人，这样就能让自己变成"慷慨"的猎手，从而增加了获得额外妻子的机会，至少也会有一两次婚外性行为。简而言之，他让自己一夫多妻的梦想成真。

简单地获得热量自然是好，但正如工程师可能会说的那样，它们无法"按比例放大"。相反，它们带来的回报会减少，因此从特别成功的狩猎中获得相当于平常狩猎所获 20 倍以上的热量，就其本身而言，并不能导致高于后者 20 倍的繁殖成功：除非它能帮你得到 20 个妻子！（或"刚好"20 次额外的交配，还得是跟不同的女人。）

男人，就像其他动物中的雄性一样，会竭力让自己引人注目，因为女人会观察，会对佼佼者报以掌声，有时还会以身相许。除此之外，他们也会想方设法，提升自己在男人中的社会地位。在大多数多偶制体系中，雄性策略都会强调垂直组织，以及尽可能地获得权力，保持权力。下面是灵长类动物学家弗朗斯·德瓦尔对黑猩猩情况的描述："雄性的权力游戏带有好猜忌的权谋性质，暗示每一个朋友都是潜在的敌人，反过来也一样。雄性有很好的理由恢复受损的关系；没有雄性会知道什么时候他需要最强对手的帮助。"[8] 因此，成功的炫耀者将不仅从获得女性进而得到交配机会中受益，而且,他们还更可能在其他雄性中吸引到机会主义的盟友。

另外,雌性更可能栖居在一个社会关系偏平化的世界上,特别是基于亲缘关系和互惠利他,主要的目标是为了让孩子取得更大成功。安布罗斯·比尔斯把政治界定为"为了私人优势而从事的公共行为"。即便在今天,在一个性别平等程度不断提高的时代,这样的行为主要还是男人的活动,主要考虑的就是个人的地位寻求,而女人更多地考虑让她们的朋友和亲人获益。

根据德瓦尔的说法,黑猩猩雌雄两性社会目标的差异:

> 可能足以解释前面谈及的大多数性别差异。换句话说,两性都有相同的心智能力以及社会策略,但没有以相同的方式使用它们,因为他们想要实现的目标不一样。这可能意味着,人类和黑猩猩联盟模式之间的相似性来自相似的社会目标,一方面是女人和雌性黑猩猩的生活很相似;另一方面是男人和雄性黑猩猩的生活很相似。如果是这样,那么这两种动物分享了两性之间异常深刻的个性差异。[9]

换句话说,谈及政治时,雌性和雄性拥有略微不同的目标:雌性聚焦于社会稳定和相互支持的关系,后者存在于某种运作良好的网络中,而男人更多地考虑他们在社会体系中的个人地位。如果天才的成就,不管有意还是无意,都受到了某种自我夸大的激励,那么在谈及"天才"时,人类有明显的男性偏见似乎就是一夫多妻制的副产物,而不是来自任何一种天才生成的可遗传因素。

对此的有趣支持来自一个小巧迷人的"实验",始于20世纪60年代,由一个名叫拉斯洛·波尔加(László Polgár)的匈牙利学校老师主持。[10]他写了一本书,叫《培养天才》(*Bring up Genius*)。

在这本书中，他认为，通过合适的训练和适当的经验，任何孩子都能在任何一个领域获得巨大成功。他和妻子克拉拉选择了国际象棋，把这种竞技游戏作为检验他们观点的领域，研究对象就是他们自己的孩子。那时从来都没有一个女性国际象棋大师，而且大家（主要是男棋手和评论家）普遍认为女人在某种程度上缺少在最高水平上竞技的认知能力或适当的奋斗倾向。波尔加有三个女儿，他教她们国际象棋的基础知识。结果令人惊讶。1991年，他们的大女儿苏珊成了历史上第一个女性国际象棋大师。他们的二女儿索菲亚也成了国际大师。而且，稍等，他们最小的女儿朱迪特在15岁时成了历史上最年轻的国际象棋大师。而且，她最后还战胜了马格努斯·卡尔森、加利·卡斯帕罗夫和鲍里斯·斯帕斯基。看起来，波尔加的女儿不可能把她们的成就单纯地归因于遗传本身，因为她们的母亲克拉拉根本就不会下象棋，而她们的父亲拉斯洛仅仅是一名表现平平的象棋选手。选择国际象棋作为竞技场，让波尔加的女儿们在其中脱颖而出，光芒四射，纯粹是随意的选择。

无论如何，朱迪特·波尔加和她的姐姐们并没有因为她们多了一条X染色体就无法成功。就这个特定的活动而言，在国际象棋的"天才"中男人远远多于女人，几乎可以断定，这是由于文化环境和社会鼓励导致的，男孩的环境更好，得到的鼓励更多。

很可能，也是由于社会性和生物性的倾向，使得成功的男棋手（以及他们的朋友、家人和老师）表现卓越，取得了惊人成就。

顺便说一句，假设男性天才很大程度上（或许完全）取决于社会偏见，而这又最终跟一夫多妻制的历史相联系，并没有否定这样的事实，即某些标志性的男性天才，比如达·芬奇、贝多芬和牛顿，并没有子嗣。而其他人则在生儿育女方面极富创造性：爱因斯坦有三个孩子，毕加索跟三个女人生了四个孩子，更不用提他数不清的情人了，巴赫的孩子数目不少于20人。此外，完全说得通的是，自然选择已赋予了男人这样做的倾向，一旦他们有了天才，就会因为做了这样的举动而得到内在的奖赏，而无论他们最终是否得到了爱情或繁殖的奖励。

最后，还有一个有趣的见解，基于这样的假设：朝向男性天才的偏见可能来自潜在的、由生物性所推动的一种倾向，即男人特别爱炫耀他们碰巧具备的"天赋"，或他们能够滋养的天赋，除了不能长出像雄孔雀一样的大尾巴。这样的假设重新审视了伍尔夫假设的一个版本，并回顾了这样一个观点，天才（无论它可能是什么）说到底是一种社会建构。因此，我们可否认为，天才本身就是一个社会学概念，主要由男人创造出来，发展起来，以便自我吹嘘？如果是这样，那么在天才被赋予的各种"内在"特质中，那些获得奖励的，能成功进行炫耀的，就会排在名单的前面。因此，天才倾向于某些特别成功的炫耀，无论他们宣传、推广和自我发表的东西具有怎样的客观品质。或许，就像性别角色这个概念一样，天才也一样需要进行解构处理。

幸而，至少在西方社会，现在的女性不断地获得自由，从文化强加给自己的种种束缚下摆脱，她们也比以往更多地探索和表达自己的天赋。但它不应掩盖这样一个事实，即便女人被迫"挺身而出"，男人几乎不需要同样的鼓励，或许是因为他们早就被自己的生物性怂恿着要出人头地了。

同性恋的进化基础是生物学中最大的一个未解之谜。[11]这一点特别棘手，因为在数学上我们可以证明，即便很小的繁殖成就差异也能最终消除某个性状，而那些纯粹的同性恋，甚至是双性恋的个体，跟纯粹的异性恋相比，都会有较低的繁殖率，理应被自然选择淘汰才对。多偶制的人类历史,导致了好几个相互关联的有趣假设。因为一夫多妻制使得一小撮男人占有了大量女人,于是就有很多男人找不到配偶(前面我们讨论过这一点,它会导致很多男人发起暴力行为)。

任何时候,在可婚配的成年个体中都存在性别比的诸多不平衡现象,我们预计,如果没有其他情况,相对过剩的个体将会在性生活上遭遇挫折。因此就有了这样的可能,即在一夫多妻制下,男人通过寻找其他男人来满足自己的性渴望,而在一妻多夫制下,女人则会通过其他女人来满足自己的性渴望。我不知道在人类之外的其他动物中有什么证据讨论这一假设,具体来说,就是跟一夫一妻制的雄性动物相比,一夫多妻制的雄性动物中存在更多的同性恋行为。即便得到支持,这样的发现也只是说明了导致同性恋的当前机制,而没有触及导致同性恋的终极原因。同时,它也没有解释,为什么至少在人类中,同性恋在某些个体身上显然是一种内在的构成要素,而绝不是某种独身主义者(不管是单身汉还是独身女)的次优选择。

在可能的终极解释中,有好几个直接来自一夫多妻制。生活在一夫多妻制社会下的男同性恋,跟他们的异性恋同伴相比有一项优势,也就是他们很少引发来自有权有势男人的敌意,也因此通常很少经历男人之间的同性竞争。毕竟,他们没有或几乎没有动力挑战这些高地位后宫主人至高无上的权威,以及他们的性交特权。而且,由于他们明确喜欢跟男人做爱,在这些支配性的后宫主人眼里,他们的威胁性也很小。

另外,为了保持其在基因库中的频率,有利于同性恋的基因必须具备的绝不只是较少的劣势;它们必须以某种方式把自身的副本传递到未来。在可能的机制中,跟一夫多妻制关系最密切的一种建立在这样的推测之上，如果这些男人至少也倾向于双性恋，那么他们就会获得某些繁殖机会，特别是作为众所周知的同性恋，他们受到的监控要远远少于那些酷爱女人的异性恋男人。

有一些证据表明，人类的一夫多妻制导致了社会不稳定，这种效应随着被剥夺了繁殖机会的男人的增加而增强。相反，随着该社会中异性恋男人的增加，这一效应则随之减弱。来自《洛杉矶时报》的一篇报道[12]指出，在2005年，有400名男性青少年要么是选择离开一夫多妻制的摩门教（位于犹他州和亚利桑那州），要么是被扫地出门。[13]虽然不知道这些被排除在外的男人有多少是同性恋，但这样的迁出不仅指向了多偶制的破坏性影响，还暗示在人类进化的过程中发生了类似的现象，从而大大地削弱了早期人类群体人口的有效规模，使得他们更容易遭受包括某些同性恋战士在内的大型群体的征服。

一个相关假设认为，史前人类的群体中包含相当比例的男同性恋，这样不仅有大量的战士可用，而且还会更成功，这是个男人为男人而战的团队，在跟其他群体的军事冲突中，这样的团队只有很少的内耗。因为对一夫多妻制的物种而言，在异性恋的群体成员中，男人之间的竞争不可避免。有人提出，敌对群体之间的原始战争在某些方面促进了人类的进化，包括我们的合作能力，这像是一个悖论。[14]倘若早期的人类群体包括大量的同性恋战士，跟异性恋相比，他们具有非凡的合作性和极少的竞争性，那么发生的群体层面的自然选择，就可能克服同性恋在个体选择层面的劣势，比如具有较低的繁殖成就。说到底，如前所述，多偶制促使男人参与彼此间的同性竞争，这种竞争具有潜在的破坏性，也格外暴力。这样的话，一个有热爱竞争、喜欢争吵甚至中伤别人的异性恋战士构成的战斗群体，就无法团结一致，联合起来对抗他们的敌人。

如前所述，这一机制预先设定，至少在部分程度上，人类进化受到了群体选择的驱动，而更为普遍认可的机制则是基于个体和基因水平的选择。虽然所谓的"群体选择"后来有了更多的追随者，[15] 但进化生物学家之间更普遍的共识则是，在人类之外的其他动物中，群体选择极不可能成为一种重要的进化力量，原因有很多，主要包括：第一，基因是选择的基本单位，因为它们不像群体那样不稳定，能在数代之间保持完整；第二，群体内选择强烈青睐能够提升个体和基因成功的性状，而这几乎总是能抵消对利他行为的群体（间）选择。

在前面谈及的战争场景下，异性恋等同于"自私自利"，因为这样的成功会导致更多的携带者基因随父母传递到未来，而同性恋等同于"利他主义"，这样的行为有助于群体。人类进化可能代表了极少数群体选择可能发挥重大作用的特殊案例。特别是，倘若高度合作的战士群体包括男同性恋，他们就会比争吵不休的异性恋对手更成功，因为前者更团结，更乐于合作。

虽然越来越多的证据表明，导致女同性恋的生物学原因跟男同性恋不同，我们可以推测，多偶制可能也为女同性恋提供了动力。这是因为，跟几个女人共享一个丈夫的一夫多妻制下的妻子，只能得到很少来自后宫把持者的一对一的关怀，这就使得那些能够从其他妻子（无论是一个还是多个）那里得到人际和性满足的女人拥有了某种优势。此外，在这些情况下，同性恋的女人不太可能参与女异性恋的不忠行径，而后者在现存的一夫多妻制社会里会招致严厉惩罚，通常的代价是死亡。

在一妻多夫制和同性恋之间还有其他可能的关联。因此，有名的男同性恋可能会引发较少的猜忌和性嫉妒，这样就让双性恋的男人更容易获得渠道，以接触任何倾向于一妻多夫制的热情女士。同时，在制度化的一妻多夫制社会里，很多女人找不到丈夫，这又会以一种类似的过程（虽然是相反的）促进女同性恋的发展，就如同一夫多妻制能促进男同性恋的发展一样。

接着呢，就是基于上帝的宗教，特别是犹太教、基督教和伊斯兰教。这些主要的宗教传统，每一个都把焦点放在某个男人身上，他跟在某个社会群体中担任头领的阿尔法雄性非常像。矫揉造作的神学家经常宣称，他们的神祇缺少肉身，或者以某种方式超越了肉体。有时候，虽然很罕见，上帝被他们说成是没有性别。然而，毫无疑问，绝大多数信徒想象的都是一个人格化的神，他们可以对他说话。而他回应祈祷者时有明确的意见，通常还有可辨别的情感，比如悲伤、愤怒、喜悦、不满、复仇、宽恕、仁爱，诸如此类。不是任何一个人都相信天上有个神，留着长长的白胡子，不苟言笑，无所不知，惩恶扬善。但大家不需要多少想象力就能认识到，上帝，如同这个世界的大多数人所崇拜的那样，明显像人；他被普遍地认为是一个伟大、高大、可怕、任性，然而又会滋养和保护别人的男人。

上述的每一种特点都值得仔细考察。

伟大：穆斯林热情地哭喊"真主伟大！"；虽然这个具体说法属于穆斯林，但这种情感却是普遍的。因为在祈祷时，这是一种显而易见的需要。事实上，至少在一神论者中间，上帝不只是被视为伟大，而且还被视为最伟大的存在——在各个方面：力量、智慧、善良、等等，就像部落里的头人和大猩猩群中的银背雄性一样，他们无疑也会如此这般描述自己，并且要求他们的下属服从。

高大：支配性的阿尔法雄性、后宫妃嫔的主人，通常体格高大，而在部落以及现代的宗教传统中，他们通常用很多东西装饰自己（典礼用的种种饰品，特别是头饰），以便让自己看起来更高大。此外，下属需要强调他们自己的地位卑微，比如要鞠躬、屈膝，在任何场合都不能让自己的脑袋高过国王、教皇、主教，以及占支配地位的大猩猩或黑猩猩的脑袋。块头，或表面上的块头，很重要，至少在涉及支配性时是这样，一个小个子上帝会让人觉得很诡异。

可怕：挑战阿尔法后宫主人的地位很危险。毕竟，他能达到这一高度，靠的不仅是无所不知、无所不能，还靠着被冒犯时的无所不破——至少，他具有强烈的威胁性。对上帝的恐惧不仅仅是信仰上帝的前提；两者几乎完全等同。

任性：通常，上帝拥有非常强硬的观点，而且必须被遵从。一个无所不能的存在会按照他选择的方式安排事情，但相反——就像作为阿尔法雄性的后宫主人现在掌控局势，但也必须不时地防范冒犯者和入侵者（进而言之，反对其他潜在阿尔法雄性的觊觎，比如人们可能会崇拜其他的小神）——他对那些不服从的人很生气，会报复他们，他坚决反对任何倒退或对竞争对手的反革命支持。

滋养：后宫主人被期望能以这种或那种方式给他们的手下带来好处，通常是依靠他们在狩猎、战争方面的表现，或通过他们的成功安排，使得不只是他们自己的生育（通过他们的妻子），还有其他群体成员都能子嗣众多。"耶和华对摩西说，我要将粮食从天降给你们。"（新美国标准《圣经·出埃及记》，16:4）"他为那些害怕他的人提供食物；他永远记着他自己的约定。"（《诗篇》，11:5）"他为我提供粮食，提供饮水。"（《古兰经》，26:79）"他为你们把大地变得平坦，

所以你们要走他的路，吃他的食。"(《古兰经》，67:15)

保护：《诗篇》的作者恳求道："耶和华啊，求你不要远离我。我的救主啊，求你快来帮助我。求你救我的灵魂脱离刀剑，救我的生命脱离犬类。救我脱离狮子的口。你已经应允我，使我脱离野牛的角。"(《诗篇》，22:19-21) 当然，一路走来，也要救我免受你的狂怒！

男人：正如在一般的哺乳动物特别是在灵长类中，作为后宫主人的是占支配地位的阿尔法雄性，上帝和他们地球上的主要代表几乎清一色都是男人。毫不意外，宗教领袖倾向于借用伟大、高大、可怕、任性然而滋养和保护众人的男人这个概念，以试图实现和强化他们的统治。毕竟，这样的做法服务于他们自身的利益。他们能在被这种想象力激发的心理波涛上随意冲浪，因为在智人的进化心理中有很多都能让这些态度轻而易举地唤起。在某种意义上，需要有一个心甘情愿的人被引导着，把上帝视为一个支配性的、占有后宫的阿尔法实体。我们的一夫多妻制历史恰是把人类浸淫在了这种倾向中。

在《一个幻觉的未来》(*The Future of an Illusion*) 这本书中，弗洛伊德推测，宗教来自替代作用，全知全能全善的假设来自婴儿的视角，最初只是用来描述他的父母。随着这个孩子慢慢长大，他或她开始意识到父母的不足，而这些神一样的特征就被投射给了一位想象中的超级父母，他完美、强大，又恰好能从日复一日的生活中逃离，以保持他想象中的力量和恐吓人的能力。于是乎，上帝很容易再一次作为一个理想化的后宫主人出现。在这种情况下，没有特别的必要区分作为阿尔法雄性的上帝和作为父母的上帝。两者都以几乎相同的方式运作，而且都指向相同的方向。用心理学的术语说，这种结果"由多种因素决定"。

在智人进化心理学中，有很多东西使得我们这一物种特别容易受影响，而把上帝描述为亚伯拉罕一神教中的那个样子。我们对支配等级格外敏感，特别是那种尊重银背雄性及其特权的需要格外强烈。我们容易受性冲动的影响，在过去的进化史上这有助于我们祖先的成功，但如果使用不当，性冲动也会给人带来严重的危险。因此，我们被赋予了强大的冲动，但从直觉上也知道，这给我们自己带来了潜在的危险，特别是它们如果激起了某位强大雄性的嫉妒和愤怒。

在《裸猿》(*The Naked Ape*)这本书中，动物学家德斯蒙德·莫里斯写道，宗教的"极端潜能"仅仅是"衡量我们基本生物倾向的强度，直接从我们猴子和猿类的祖先那里继承而来，以便把我们自己献给一个群体中全能的支配者"。从加拿大的魁北克省上空乘小飞机飞过，你会留下一种可怕的印象，各种各样的小镇上居住着相对渺小的造物，*每个家庭都占据着一座房子，差不多大小，除了一座特别大的建筑。这样的建筑在每个小镇里都有一座，事实上那就是某个超级大人物的宅邸。除了它惊人的尺寸之外，每一个"上帝之家"都以其相对精致的建筑而闻名；精美的艺术作品，以及虔诚而顺从的群体成员定期表现出来的驯服和彻底忠诚的奉献，这些人遵守或至少装着去遵守上帝所建立的原则，结果他们感到放松和慰藉，不只是因为服从本身，还因为他们坚信，在一个可怕的世界上，他们所依附的那个强大的支配性领袖能保护他们，带来安全。

根据这些思路，杰伊·格拉斯（Jay Glass）对《圣经》中的诗

---

* 这是作者在调侃人类，从飞机上俯瞰，我们人类的确相对渺小，微不足道。

篇第 23 节重新进行了修改，以便读起来像是出自一只黑猩猩的手笔。[16] 下面就是他的版本，我做了稍许修改，以便更适合早期的人类或猿人，因为现代的黑猩猩不像现代宗教人（Homo religiosus）的样本那样，以阿尔法雄性为主导：

《诗篇》23	黑猩猩的祈祷
耶和华是我的牧者；	雄性老大是我的领袖；
我必不至匮乏。	我必不至匮乏。
他使我躺卧在青草地上	他使我躺卧在青草地上
把我领到可安歇的水边。	把我领到可安歇的水边。
他使我的灵魂苏醒。	他缓解我的焦虑。
他以自己的名义引我走上正路。	他以自己的名义教我如何生存。
哪怕走过死亡阴影下的幽谷，	哪怕这片丛林中充满了威胁，
我也不怕祸害，因为你与我同在；	我也不怕祸害，因为你与我同在；
你的杖，你的竿，都安慰我。	你的力量，你的活力，都安慰我。
在我的敌人面前，你为我摆设筵席；	你保护我不受其他动物伤害；
你用油滋润了我的头，	你祝愿我，
使我的福杯满溢。	使我的福杯满溢。
一生一世，必有恩惠慈爱伴着我；我还要住在耶和华的殿中，	只要在你的领地，在你的群里，我就感到安全；我臣服和接受你的统治，
直到永远。	直到永远。

请留意这里强烈的敬畏意识，以及信徒定期在他们上帝面前报告自己很可靠、很顺从。我怀疑，当一只银背大猩猩在场时，一只黑背大猩猩也会报告，说自己有同样的感受。此外，那些没有这种感受的人，以及那些直言不讳、表达叛逆的人，很可能没有机会留下自己的后代。长期以来，自然选择都青睐这种对支配性后宫主人的尊重和顺从。

我在前面谈论过生物学家约翰·拜尔斯对叉角羚的研究，他解释了为什么这些动物具有非同寻常而又看似不必要的跑动速度。这里再简单重复一下，请注意，在北美洲，现在已没有任何跑得超快的天敌。拜尔斯假设，叉角羚令人目眩的跑动速度来自他们不断"被过去天敌的鬼魂所骚扰"。同样的道理，人类通常也被过去多偶制的鬼魂所骚扰。更具体地说，人类之所以容易被某种神祇崇拜所左右，可能就是因为他们被某个鬼魂骚扰，而其前身就是某个阿尔法雄性，作为后宫主人的他强悍无比，令人生畏。

不像一夫多妻制跟天才之间的假设关系，也不像一夫多妻制跟同性恋之间的假设关系，对本书而言，说上帝被创造出来，依照的是某个支配性的占有后宫的阿尔法雄性的形象，这不是什么独特之处。不需要多少惊人的想象力，也不需要多少生物学的复杂性，我们就能得出结论，人类以人的形象（更具体地说，是男人而非女人）创造了上帝，不只是因为这个世界的主要一神教通常都把上帝称作"他"而不是"她"。虽然有很多描述说上帝可爱，很会关心人，但他也一贯被描述成嗜杀成性、暴戾恣睢，有很强的性嫉妒，贪婪而又苛刻。所有这一切，在一只阿尔法雄性猿猴的身上也能找到，他强大无比，而又一夫多妻。

在《阿尔法神：宗教暴力和压迫的心理学》（*Alpha God: The Psychology of Religious Violence and Oppression*）一书中，赫克托·加西亚[17]认为："对亚伯拉罕一神教的描述，以及对世界各地其他宗教中男神的描述，实质上反映了一种对灵长类进化史的关切——也就是说，攫取并维系权力，以及使用权力对物质和繁殖资源施加控制。"

加西亚继续说道：

> 雄性灵长类为了争夺社会群体中的支配地位而斗争，使用各

种各样的策略——在它们中制造恐惧和发动侵犯——以获得地位。地位会进一步带来各种奖励，对雄性来说包括优先获得各种资源，比如食物、雌性和领地。在很长一段时间里，占支配地位的猿猴和男人会通过向社会中的低等级成员施加暴力和压迫的方式，来获取这些宝贵的资源。一旦我们观察到，上帝也被描述成对这些资源抱有极大兴趣，也会通过类似的手段攫取它们，事情就会变得日益明显，即他本身就是作为一个最高级地位的雄性而出现的。

传统的一神论上帝满足所有这些条件，包括很多生物学家称为"伴侣看护"的行为，以及为数不少的性贪婪，外加格外强烈的占有欲。"上帝显然想要女人，"加西亚写道，

> 虽然他有无比荣耀的力量，但上帝发现自己要把女人隔离开来，监督她们的性生活，还得惩罚不安分的小男人蠢蠢欲动的性野心。这种普遍的性关切，很不容易跟下面的概念调和起来：上帝是一个永恒的存在，既不需要女人，也不需要性，就能自己繁殖自己，流传到辽远的后世。还有他对性忠诚的痴迷，于是我们就有了一个支配性的男人上帝，在最糟糕的时候，他简直就是一个充满了色欲、嫉妒和性占有欲的雄性灵长类。

正如加西亚和我指出的那样，如果上帝就是通过人类一夫多妻制的视角想象出来的，那么他的基本特征，包括他无所不包的人类性欲，理应带有人类学家称作文化普遍性的特点，而事实正是如此。加西亚指出：

> 宙斯像其他有权有势的男人一样，喜欢玩弄女人。在印度

教中，作为核心的克里希那被认为在众神之中地位最高。克里希那天生是个牧牛人。早年，他引诱了无数挤奶女工，到森林中跟他一起跳狂热的"舞蹈"。为了跳舞，这些挤奶女工带来了食物、珠宝、衣服，自然，还有她们的身体。随着故事的推进，经过艰苦的努力，克里希那在随后六个月里跟所有的挤奶女工都发生了性行为。这些挤奶女工陷入了对克里希那深切而狂热的渴望中，她们兴味盎然，主要是因为克里希那是个强大的武士，名声在外。请注意，许多克里希那的性征服对象都是已婚女人，这就是在对性的进化竞争中，让她们的牧牛人丈夫戴了绿帽子。克里希那熟练地运用自己的诡计和地位，最后被当成了一个神，而女人情愿放弃她们低贱的牧牛人丈夫而献身克里希那，后者是个强大的男子。但在跟其他男人争夺性资源时，克里希那并不只是依靠魅力。必要时他会杀死其他支配性的男人，以占有他们的女人，夺取他们的领地。比如，克里希那推翻和杀死了他的叔叔坎萨国王，夺走了坎萨的东西，建立了自己的王国。接着，克里希那绑架了跟国王晒秀帕拉订婚的公主鲁克米尼，跟她结了婚，并杀了妻子的这位未婚夫。了解到克里希那的地位，鲁克米尼热情地接受了这桩新婚事。克里希那还杀了纳拉卡苏拉，一个男魔头，由此而占有了16000名少女。即便对照最成功的专制国王的标准，这都是壮观无比的战利品。像众神一样，克里希那的人格很复杂。他可以选择表现出仁慈和善良。但他的灵长类起源使他很容易就参与暴力和性征服。

亚伯拉罕一神教的上帝明显不那么好色，但他明白地说了他是个"嫉妒的上帝"，而他所特别无法容忍的就是他的子民跟其他神偷偷往来。"不可为自己雕刻偶像，也不可作什么形象，仿佛上天、下地和地底下水中的百物。不可跪拜那些像，也不可侍奉它，因为我耶和华——你的神是忌邪的神。"（《出埃及记》，20:4-5）非信徒和那些崇拜"邪神"的人将遭受特别狂暴的惩处。就像所有的后宫主人一样，在跟人竞争、对待那些可能威胁或代替自己的对手时，他残酷无情。此外，《圣经》中的上帝把整座城市（特别是巴比伦和以色列）拟人化为他生命中的女人，对方的服从和忠诚至关重要。

上帝对崇拜他的独占性要求，好像直接来自一部剧本，主人公是一个在性事上好猜忌的大男人。坚持"在我之前不能有其他的神"，就像说你必须"在我之前不能有其他爱人"。这就是上帝，他谴责以色列已"误入歧途"，在这个过程中把对其他神的崇拜和性不忠结合了起来：

> "人若休妻，妻离他而去，做了别人的妻，前夫岂能再收回她来？若收回她来，那地岂不是大大玷污了吗？但你和许多亲爱的行邪淫，还可以归向我。"耶和华说，"你向净光的高处举目观看，你在何处没有淫行呢？你坐在道旁等候，好像游牧人在旷野埋伏一样，并且你的淫行邪恶玷污了整个大地……"（《耶利米书》，3:1-2）

此外，就像我们的祖先必须对付的那些其他的支配性一夫多妻制男子一样，一个被戴了绿帽子的上帝是个危险的家伙："我也要审判你，好像官长审判淫妇和流人血的妇女一样。我因愤怒忌恨，使流血的罪归到你身上。"（新美国标准《圣经·以西结书》，16:38）威胁的特殊性可能直接来自某个成功而暴力的一夫多妻制者以前的剧本："不可随从别的神，就是你们四周国民的神；（因为在你们中间的耶和华忌邪的神）唯恐耶和华你神的怒气向你发作，就把你从

地上除灭。"(《申命记》，6:14)

对上帝追随者的性压迫，也是一神论宗教的标志，就像一夫多妻制建立在两个基础上：一是约束占有支配性地位男子的多个妻子，一是对其他低地位和非生育男子的约束（假如他们知道什么对自己有好处）[1]。否则，惩罚就是"拆毁他们的祭坛，打碎他们的柱像，砍下他们的木偶。不可敬拜别神，因为耶和华是忌邪的神，名为忌邪者。只怕你与那地的居民立约，百姓随从他们的神，就行邪淫"(《出埃及记》，34:13)。

加西亚认为性压抑是：

> 植根于为我们的原始祖先导航社会生活的心理架构中。在人类之外的灵长类中，抑制总是跟级别有关，当高级别个体试图阻止低级别个体的性冲动时，就会发生抑制。占支配地位的男人也会使用相似的办法，比如国王统御后宫时，就会把其他男人阉割，才让他们跟自己的女人接触。无论什么神，恐怕都不能免受这种灵长类欲望和嫉妒的影响。在许多不同的宗教情境下，我们看到了在上帝身上体现出来的某个支配性雄性原型的要求下，男人和女人都放弃了他们的性冲动。作为一个广为流传的例子，在伊斯兰教的斋月和基督教的大斋期，数百万的穆斯林和天主教徒分别会放弃性生活，作为对上帝的牺牲。

倘若如前所暗示的那样，作为一个物种，我们倾向于把上帝想象为一个支配性的雄性后宫主人，那么随之而来的就是，这个上帝

---

[1] 作者的意思是，一夫多妻制的两大基础包括：第一，约束自己的女人；第二，约束其他的男人。假如这些男人知道跟女人交配对自己有好处（而这显而易见），那么高地位男人的这种约束就是针对他们的，威胁他们不得轻举妄动，打"自己"女人的主意。

（跟一般的哺乳动物的雄性焦虑相一致）会特别在意他的父亲身份，而这样的关切不仅表现在采取行动，侵犯和威胁潜在的性竞争者，还表现在试图寻求保证他并没有被戴绿帽子。

因此，让我们看一下最著名，同时也有待充分解读的《圣经》段落，出现于《创世记》(1:26-28)："神说：'我们要照着我们的形象，按着我们的样式造人，使他们管理海里的鱼、空中的鸟、地上的牲畜和野兽，以及地上爬行的所有动物。'"这里，即便还有争议，但我们有了传说中的后代，它们被首席一夫多妻制者宣称为是来自旧神模子的合法碎片。而上帝则进一步宣称，因为这种确定的关系，他的孩子是一切事物的合法继承人。

许多非西方宗教中的创世神话都会描写人类如何诞生，通常来自某些神圣的身体部位。犹太教－基督教传统或许在这方面最明确、最完整，在天主教的教义中这个原则被称为天主肖像，而上帝实际上在人类中复制了自己（虽然可能不会包括某些部分）。这里又是《创世记》中的一段："当神创造人的时候，依照的是自己的样子"。(5:1)

最有影响力的天主教神学家是圣·奥古斯丁和托马斯·阿奎那。我要再一次感谢赫克托·加西亚，这一次是因为他指出了下面的案例。阿奎那引用奥古斯丁谈到的天主肖像的含义："在陆地动物之中，人类的身体并不单独地倾向于大地，而是更适合仰望天空。因为这个原因，我们可以公正地说，这是依照神的形象和意愿制作的，而不是依据其他动物的身体。"根据一个类似的动物逻辑，我们也可以得出结论说，那些众所周知的鲽形目如比目鱼，甚至更好地反映了上帝形象，因为虽然它们的眼睛就像大多数脊椎动物一样位于头部的一侧，但一只眼睛在胚胎发育过程中移到了另一只眼睛附近。因此跟大多数动物（包括智人）都不同，它们的双眼最终跑到了身体的背侧。这使得他们不但能望向天空，而且没法不这样做。

无论如何，许多《圣经》中的段落不仅声称人与神之间存在家族相似性，而且认为上帝直接就是人类的父亲。比如，"你们是耶和华你们神的儿女"（《申命记》，14:1）；"你们都是至高者的儿子"（《诗篇》，82:6）；"你们是永生之神的儿子"（《何西阿书》，1:10）；"我们都是神的儿子"（《使徒行传》，17:29）。此外，这种关系强烈地受到了人类可识别的情感的影响，特别是确保神感到父亲的爱，特别是感受到他追随者的亲情："你看父赐给我们是何等的慈爱，使我们得称为神的儿女。"（《约翰一书》，3:1）

在几乎每一种宗教中都有普遍的宣言，说追随者是"神的孩子"，在这些话语的背后我们都能找到神的形象。然而，更准确地说，神的形象是意象人（Imago Homo）的一个表现，其中上帝被以人为模本创造出来，或许可以说是一夫多妻人（Imago Polygynosus）的形象。无论哪一种拉丁语的称谓合适，生物学的事实就是，宗教传统倾向于强调的恰恰是进化考虑预期中的连续性（遗传蜕变为神学）。

进化遗传学家很清楚，比如，父母和孩子有50%的遗传关联，而这种关联会被每一代人稀释50%。在基督教的传统中，耶稣就是从上帝之子这个称谓中获得了自身的权威（可以对神学做个有趣的歪曲，人之子也是一样）。如果上帝是父亲，耶稣是儿子，那么下一代（即通常的智人）通向前者唯一的准遗传路径就是经由后者。耶稣对这一点很清楚（虽然要除去基于基因的计算），在《约翰福音》，8:42-47中，犹太人拒绝相信上帝是耶稣的父亲，这时耶稣责备他们说：

"我们不是非法的孩子，"他们（反抗的犹太人）抗议道，"我们拥有的唯一父亲就是上帝本身。""如果上帝是你们的父亲（耶稣回答道），你们就要爱我，因为我就是来自神，而非出于自身；上帝派我来。你们为什么不明白我的话呢？无非是因你们不能听我布道。你们是出于你们的父，魔鬼，你们父的私欲，你们偏要行，他从起初就杀人，不守真理。因他心里没有真理，他说谎是出于自己，因他本来就说谎，也是说谎之人的父。我将真理告诉你们，你们就因此不信我。你们中间谁能指证我有罪呢？我既然将真理告诉你们，为什么不信我呢？出于神的，必听神的话。你们不听，因为你们不是出于神。"

简单地说，如果你是上帝的合法后代，你必须接受我所说的，因为——就像只要有一代人被移除，就会比你更接近上帝——我就是必要的（生物性）中介："若不借助于我，没有人能走到天父那里去。"（《约翰福音》，14:6）而你若不是上帝的后代，那么你就"属于"撒旦，也就是说，属于其他男性。糟糕的选择！

如前所示，"属于"另一个男人是为危险的，特别是处于一夫多妻而又盛行杀婴的物种中。再一次，犹太教－基督教的传统跟社会生物学的预期如此接近，我们甚至怀疑有人"伪造"了这些数据。特别是在《旧约》中，充满了各种可怕的杀婴训诫，如果不是受制于当下的道德，就会跟生物学的现实相一致。而且可想而知，《旧约》告诉我们，假如古代以色列人征服了一个陌生的部落，这个部落崇拜其他的神，跟以色列人没有什么遗传关系，那么他们会怎么做：比如，"所以，你们要把一切的男孩和所有已嫁的女子都杀了。但女孩子中，凡没有出嫁的，你们都可以存留她的活命"（《民数记》，31:17-18）。

宗教传统（所有宗教，而不只是亚伯拉罕一神教的三大分支）的一个共同特点就是，把某些活动委托给人类，但带着直接而神圣的权威。当耶稣宣告"让恺撒的归恺撒"时，他正在促进他在人间代表世俗成功的顺利运作，那些被授予了主要一夫多妻者代理者身份的人，通常会由此获得好色淫荡的优势。另外，当他们誓言忠贞并坚守承诺时，他们就是在取悦上帝，加入他的后宫。因此，修女成了"上帝的新娘"，她们的贞操因此得到了重视。与此同时，天主教会也要求（尽管并不总能实现）男人的贞操。至少在某些神父那里，他们基本上被认定要放弃自己的性生活，以服务于一个更强大的男人。"牧师有义务遵守完美和永恒的秩序，"正如第277条教规所说，"为了天国的缘故，因此必然要独身，这是上帝的特别恩赐，神圣的牧师借此就能更容易地以专一的心态遵从基督，也能够更自由地自我奉献，以服务于上帝和人类"。[18]

根据保罗的说法，通过放弃跟女人的性关系，牧师就放弃了对他们妻子的取悦，以取悦于上帝："没有娶妻的，是为主的事挂虑，想怎样叫主喜悦。娶了妻的，是为世上的事挂虑，想怎样叫妻子喜悦。"（《哥林多前书》，7:32-34）毫不奇怪，对任何占支配地位的一夫多妻者而言，最令人愉快的就是他的女人贞洁，而其他的男人独身。正如保罗所说，"与其欲火攻心，倒不如嫁娶为妙"（《哥林多前书》，7:9），但你最好还是不要挑战老大哥的特权，其中就包括确保你不会做任何事情，以威胁他的父亲身份。

无论在什么物种中，雄性的后宫主人通常会苦心孤诣地限制他们下属的性野心。因此，你极少能碰到这样的宗教，其中的上帝被刻画成热衷给人颁发性爱执照。事实上在大多数宗教中，信徒被预期要禁欲，特别受推崇的就是贞操和独身。

毫不意外，无数的宗教传统，特别是亚伯拉罕一神教三大分支，都认为上帝强烈反对各种各样的性行为，不只是通奸（虽然这件事是个巨大的成功）。根据加西亚的说法，"在亚伯拉罕诸神的信仰中，上帝被描述为一个讨厌婚外性行为、同性恋、卖淫、口交、肛交、手淫、衣着暴露甚至性意念的一个家伙"。在任何占支配地位的后宫主人身上，性限制都是一个防止嫉妒和愤怒的好办法。

生殖器切割也在某些传统中普遍存在，特别是在某些伊斯兰教的部族以及全部的犹太教徒中。对前者而言，割礼是一种控制女性性生活的方式；对后者而言，割礼见证了追随者对上帝的忠诚。有趣的是，请注意，英语中"见证"来自拉丁语的"睾丸"一词。在古罗马，两个宣誓忠诚的男人会握住彼此的睾丸，大概是以此表示相互信任（在两个人都不捏得太紧的情况下，这或许能被验证！）。

一个深层的问题出现了，这个问题将会给信徒带来困扰，但事实上不会。鉴于上帝在权力和范围上是无限的，那么为什么对这样的一个神来说，他会介意下属是否尊重、服从和专一的崇拜；想要不受批评和怀疑；保留上等的处女，接受最有价值的牺牲？这一点儿也说不通，除非说，这些神实际上是对我们自身的进化心理加以歪曲的反映，从而让人类原始的倾向复杂化；他们通常都尊重那些占据了支配地位、但又忧心忡忡的雄性后宫主人，因为这些雄性很强大，具有潜在的致命性，容易吃醋，喜欢复仇，特别是在他们的特权遭受挑战时。

至少值得考虑的是，进化而来的人类大脑（它带来了无数奇迹）也含有一种哺乳动物的成分，而它主要是在一种雄性主导的一夫多妻制环境下自然选择而来，同时还伴随着更为隐蔽的女性导向的一妻多夫制。因此，我们就不只是倾向于公开的一夫多妻制和隐蔽的一妻多夫制，还熟悉并倾向于参与某种体系，这种体系关乎对某个支配性的阿尔法男神有关的人际尊重和追随，而这个神创造时就是以某个支配性的阿尔法一夫多妻者的形象为标准。这不是一幅美好的景象，但达尔文在《人类的由来及性选择》这本书中写道："我们在这儿，不是要为希望或恐惧而担忧，而是为我们的理智允许我们发现多少真相而担忧。"

　　上述关于天才、同性恋和一神论宗教的种种假设表明，这些现象可能是人类一夫多妻制和一妻多夫制发展的副产物。当然，它们仅仅是猜测，许多可能会也可能不会带来科学上的重要发现。事实上，把它们提出来，要比评估起来更容易。然而，本着诚实调查的精神，即便假设有过度发挥的危险，也值得我们关注，因为它暗示了我们对多偶制的倾向跟很多现象都可能有关联。

　　我们看到，一夫多妻制很可能是由男性繁殖成就的巨大差异导致的直接结果。那么，收入和社会地位的不平等——而不只是对这些差异的容忍，还有那些存在于它们背后的构成因素——是否有可能跟一夫多妻者的心智设定有关，因而某些人的这种倾向远比其他人强烈？当然，他们的倾向要远多于"公平份额"。看起来至少有这种可能，即资本主义偏爱"更多"，这种占有欲不只是人类社会和经济活动背后的动因，也成了当下威胁世界范围内生态系统的动因，而它是一种进化过程的结果，至少在过去，这一过程奖励那些获得"更多"的人（繁殖成功的关键将表现为社会和物质领域的成功）。

　　最后，多偶制还有一种潜在的结果，它过于明显（就像男人发起的暴力行为），因而很容易被忽略：即使到了21世纪的现在，许多社会机构继续反映着一个类似于后宫的世界。绝大多数的公司、政府机构、高等院校，以及一般的社会组织，都是分层组织，男性主导，通常是一个金字塔形的结构，一小撮男人处于顶端，而直接的高级下属通常也是男人（虽然随着层级的下降，有了越来越多的女性），接着便是无数的下级男性和等同于共妻的人位于最底层。

　　只有把这些和其他的特征（其中大多数都不怎么令人舒服）归之于一夫多妻者过去的鬼魂，我们就有更多的理由追问，我们进化的过去如何跟当前的文化相互配合。我们将在剩下的章节中讨论这一问题。

第八章
龟兔赛跑

猿人高兴地把他的大棒（实际上，就是一根早期哺乳动物的大骨头）扔向空中，当它旋转时，就变成了一个轨道空间站。在电影《2001太空漫游》中，这个让人大吃一惊的场景让数百万影院里的观众看到了人类困境的缩影。我们无疑是动物，然而我们又能以某种超越了动物的方式行动。只要是猿人，无论男女，都是生物进化的产物，这个达尔文式的过程既缓慢又有序。然而同时，我们又融入了我们自身的文化演变。相比之下，文化演变的过程极其迅速，按照自身的规则不断展开。

无论喜欢与否，我们都继承了一系列强制性的生物倾向、偏好或趋向，我们被它们困住了。某些倾向，比如解剖和生理特点使我们的心跳跃，使我们的肺呼吸，使我们的肝解毒，等等，它们能维系生命，因而不会遭受批评（除非它们功能失调）。而另一些倾向，比如我们的多偶制，给人带来了很多麻烦。有时麻烦很大，特别是在它们跟文化生成的规则和期望相互作用时。好消息是，这些行为倾向中的许多不像呼吸或血液循环，也只是倾向罢了。虽然它们并不能被彻底消除，但我们有很好的理由，可以自信地说，它们可以被超越——前提是我们得承认它们存在，这样才能够武装自己，以反抗它们的"暴政"。

但首先，我们得谈一谈智人是如何发现自己的，这个过程很有趣。

当电影中猿人的大棒在空中穿越，最终达到了外太空时，导演斯坦利·库布里克把数百万年的生物和文化演变浓缩成了五秒钟。但我的观点是，这不仅仅是某种电影拍摄的技巧。我们都是时间旅行者，一只脚踏进了文化的现在，而另一只脚则深陷于生物的过去。过去的一个方面，也是本书的一个主题，就是当我们谈及跟其他人的关系时，彼此之间会通过某些跟呼吸空气和血液循环一样重要的东西——繁殖——联系起来。这时，我们就不得不面对自己混乱而让人困惑的生物史。

作为一种纯粹的生物存在，我们跟其他一切有机物一样"特殊"。而作为一种文化的产物，我们的确与众不同。我们制作交响乐，到月球旅行，还探索构成世界的种种亚原子微粒。但同时，在所有现存的生物中，我们又是唯一真正对自己的处境感觉不舒服的成员。这不应该令人惊诧，因为即便我们文化的伟大必然要以某种方式从我们动物的兽性中诞生，这两个过程（生物和文化）也早已没有了关联。结果我们便远离了自己，远离了彼此，也远离了我们真正的自我利益。

在男猿人（ape-man）和女猿人（ape-woman）这样的术语中，那条连字符是可以想象的最长的线，因为它连接了两个完全不同的世界，一个是生物性的，一个是文化性的。试想把两个人连在一起，一个是世界级的短跑名将，另一个则几乎无法走路。现在，假设他们都希望能尽快地跑动。可能的结果就是处处紧张，常常闹别扭。

为什么生物进化和文化演变会经历这样的冲突？事实上，它们都来自同一种生物本身。为了理解这个问题，我们可以考虑一下它们进化速度的极大不同。生物进化不可避免会很慢。毕竟个体是无法进化的。只有种群或世系才会进化。它们还被束缚于遗传和繁殖的现实中，因为有机体进化就是某种基因频率随时间而改变的过程，这是一个持续而又沉重的达尔文式事件，其中新基因或新基因组合根据已有的选项做出评估，最受欢迎的就能最有效地把自己传递到未来。相应地，即便最小的进化步骤都需要很多代的积累。

相比之下，文化演变本质是拉马克式的，有着惊人的速度。获得性特征可以在数小时或数天内"遗传"给其他个体，稍作修改之后，又传递给更多人（也可能不断衰减，传递受阻），一切都可以在远远少于一代人的时间里快速发生。以计算机革命为例，大概十年左右（少于生物进化时间上的一个瞬间），个人计算机就不断发展和激增（也要修改，持续多次）。到现在为止，它们早已成为高科技人类生活中的一大内容。相反，假如计算机通过生物方式"进化"，正如有利的变异需要在一个甚至一小撮个体身上选择出来，到现在为止，也就只有一打左右的计算机用户，而不是数十亿了。

只要随便扫几眼人类历史，你就会发现，跟生物改变的速率相比，文化改变的步伐不只是快，而且这种变化的增长率本身似乎就在不断增长，从而产生了一种对数曲线。今天的世界跟一个世纪以前已有了巨大改变，而跟 5 万年前的世界相比，两者的不同几乎不可想象——不是因为世界本身或人类的生物属性发生了什么改变，而是因为文化的创造，比如火、轮子、金属、文字、印刷、电力、内燃机、电视机以及原子能早已出现，而且以惊人的速度"遗传"下去。

我们来做一个思想实验。试想一下，你可以把更新世中期（比如距今 5 万年前）的一个新生儿更换为一个 21 世纪的新生儿。这两个孩子，一个快进，一个被带回过去。毫无疑问，他们都会成长为他们社会中的普通人，基本上跟自然出生的其他同龄人没什么区别。一个克罗马侬人的婴儿，成长于21世纪的美国，最终可以很好地阅读这本书，也许是在某种电子书或计算机屏幕上阅读。同样，今天享受种种技术便利的现代人后代，也能完美地在一个到处都是乳齿象皮和打磨石斧的世界上长大成人。但如果让一个现代的成人跟一个冰河时代的成人相互替换，就会给双方带来很大麻烦。在上万年的时间里，人类的生物性不会有什么变化，但我们的文化改变则格外剧烈。

诚然，我们的文化能力本身就是我们生物进化的结果，但这并不能保证两者之间一定和谐。说实在的，相反的情形更可能发生，因为文化就像一个偏离正轨的任性孩子（或弗兰肯斯坦发明的怪兽），早已跟它的生物来源中断了关联，而且几乎已发展起了它自己的动力系统，它的运作跟最初产生它的生物过程几乎没什么关系了。这是因为，文化演变有能力自行起飞，发生突变，繁殖和传播。而且因为速度太快，使得它的生物父母无法追上，望尘莫及。在理论上，这两者可能依然指向同一个目的地，但生物进化依然受制于遗传学，因此它只能以乌龟般的速度缓慢移动，每一次都不可能快过一代人的时间，甚至经常比那个速度还慢——而文化演变遵循自身的规则，通常就是疯狂冲刺，像兔子一样速度惊人。[1]我们几乎没什么理由期待，这两个家伙会朝同一个方向前进。

换一个隐喻，两块巨陆早已漂移开来。现在，这些巨大的构造板块——文化和生物，开始相互碰撞。由此导致的结果范围，从近乎琐碎的尖叫和扭曲，比如给我们带来麻烦的爱好甜食或我们的个体瑕疵，到最剧烈的地震，包括核战争、环境污染以及人口过剩。而位于两者之间的则是无数中度的震动，比如个人异化、家庭功能失调，以及其他由我们的生物倾向和文化的强制性期望与约束之间的矛盾引发的冲突。文化与生物之间的冲突，兔子和乌龟之间的独特赛跑，是一个充满了各种矛盾的综合体，包括了从地质到微观，从整个社会（确实，整个星球，包括它的过去、现在和未来）到作为个体的人，以及他们的喜好和厌恶。

在考虑我们的生物进化和文化演变在多偶制、单偶制以及介乎其中的各种婚配体系之间的多重关系之前，让我们简单地考虑一下暴力和侵犯，因为说到底，这就是我们的电影人擅长在电影中描述的我们猿人祖先所做的事情。此外，哪一种结果比我们的人际性行为倾向更严重也更值得担忧，其实是个问题。"文明"的历史，在很大程度上，就是杀戮变得日益有效的过程：杀人越来越容易，在更远的距离进行，杀死更多的敌人。只要想一想所谓的"进步"，从木棒、大刀、长矛、弓箭、鸟铳、步枪、大炮、机关枪、战舰、轰炸机到携带核武器的洲际弹道导弹。同时，创造和操纵这些装置的人本身并没有发生根本变化。作为一种生物存在，智人不太适合杀戮。事实就是，依靠我们微不足道的指甲，并不凸出的下颌，以及可笑的细小牙齿，一个人只靠自己的生物装备很难杀死另一个人，更不用说杀死数百人甚至数百万人了。而文化让这些不但有了可能，还更容易实现了。

能使动物杀死彼此的生物装备，通常都不会被它们使用。老鹰、狼、狮子和鳄鱼，都装备了生物进化而来的致命武器，但并非偶然，它们也具有在面对同一物种的其他成员时不使用这些武器的抑制能力。（这种概括式的说法从前被夸大了。今天，我们知道，致命的争执、杀婴以及诸如此类的事情都在发生，但基本的模式依然不变。比如响尾蛇对彼此的毒液并没有免疫力；然而当它们打斗时，它们尝试把彼此击倒在地，而不是杀死对方。）

生物进化并没有为我们配备致命的武器，因而很少有相应的选择压力要平衡，我们并不存在的结构性整套装备，便缺少了对使用这些工具的行为抑制能力。枪支如此危险的一个原因在于，致命的结果由极细微的运动——用手指扣动扳机，其实也就是几盎司的压力——导致，并借助于高科技而放大，最终造成了致人死命的结局。相反，假如我们不得不依靠纯粹生物性的力量生活和死亡，那么就会有更多的人活着，更少的人死去。

文化与生物的分离在核武器这个领域表现得格外明显。在广岛原子弹爆炸一周年之际，阿尔伯特·爱因斯坦说了一句著名的话："原子的裂变改变了一切，除了我们自己的思维方式；因此，我们在朝着无法想象的灾难前进。"

但他可能一直在谈论麝香牛。这种庞大的巨兽，像北美野牛一样，曾长期占据北极的苔原。很久以来，面对它们唯一的天敌狼时，麝香牛都有格外高效的应对策略。假如有狼袭击，它们就会把小牛围在中央，而成年的野牛则面朝外，就像轮辐一样向四面放射。面对由尖锐的牛角、坚硬的牛头及其背后一千磅重的愤怒牛身构成的一堵墙，即便是最饥饿的狼都会发怵。在无数的世代中，麝香牛的反天敌策略很好地保护了自己。但现在，它们面对的主要危险不再是狼，而是人类的猎手。这些敌人骑着雪地车，携带威力巨大的猎枪。在这种情况下，如果麝香牛分散开来，跑向远方，就再好不过了。但它们还是像好几代之前的祖先一样，形成一个它们信赖的防御圈，最后很容易就被屠杀殆尽了。

雪地车和步枪的发明改变了一切，但没有改变麝香牛的思维方式。因此，它们滑向了无法想象的灾难。虽然文化（我们的文化）改变了某种选择的收益，但它们还是坚持自己的生物学。人类也会坚持他们的生物学，或无意识地受其影响，即便我们的文化也发生了剧变，从而改变了我们自己大多数选择的结果。有一件事，对这个星球的影响不像核武器那么重大，但跟当下大多数人的生活都有直接关联，那就是我们自身的择偶生物学。谈及思考或不思考这件事时，像麝香牛一样的顽固不化就会表现得很明显。

当然，这并不意味着我们的情况就毫无希望。在生物界，人类有个独一无二的特点，那就是我们有能力对我们很多进化而来的倾向说"不"。我们无法随意停止自己的心跳，但可以在某种生物性设置生效之前的很短时间内屏住呼吸。虽然很难，但我们能够拥抱非暴力、无核化，甚至（希望如此）那种晚年的卡尔·萨根（Carl Sagan）称作"基本行星保健"的世界伦理。

谈及多偶制，就像谈及我们行为遗传中许多其他会造成冲突和困扰的方面一样，我们同时是生物的"乌龟"和文化的"兔子"，两者共存于我们体内。我们最艰难的一些挑战来自自身生物学意义上的自然倾向（包括但不限于多偶制）和我们的文化提供的机会与场景之间的不匹配，面对女人想要成为自主的行动者——主体而非客体，西蒙娜·波伏瓦曾中肯地说道[2]——然而被迫要处理某些生物倾向，以及文化规则和角色（还不只是"双重标准"）带来的混乱。同样的道理，男人需要处理的通常是这么一种束缚，它融合了很多社会期望和进化残留，这些残留跟他们作为后宫主人的返祖角色有关，也跟他们作为底层男性需要服从某个"大人物"有关。

有时候，兔子和乌龟非常相似，或者区别不那么明显。这是因为，如果文化没有追随生物学，至少在某种程度上，结果要么就是一种不可能的情况——试想一下，有一种文化传统要求人们彻底不再吃东西——要么就是一种不可能持续的情况，试想贵格会禁止它的会员拥有性生活。无论如何，对人类行为进化研究的基础涉及考虑我们已知的自然选择，然后对我们期待会发生什么做出预测，或（稍微不那么令人印象深刻地）观察某些行为，接着尝试评估这些行为是否跟我们基于进化理解而提出的预测相一致。

在某些情况下，文化习俗（兔子）发展得太快，它们因此给我们的生物性（乌龟）造成了它们尚未准备好应对的情况。一般的暴力技术，特别是核武器的发明，就是一个典型的例子。在其他情况下，文化习俗作用于我们的生物性，因而导致了一种情形，使得我们内在的乌龟倾向被夸大了。一个很好的案例就是女人的"幽禁"，定义是"在女人青春期之前或到了青春期之后，把她们藏在一个容易被她们的血亲或姻亲控制的地方，以防止接触她们可能与之发生性行为的男子，无论是陌生人还是亲戚"。[3] 杰出的人类学家、著名的幽闭研究者米尔德丽德·迪克曼给出了上面的描述。迪克曼继续说道：

> 隔离女人事实上是要驱逐男人……人类社会化的过程，使得幽闭成了一种价值观而非暴力，这种价值观在幽闭发生的背景下成了两性中绝大多数都遵循的信念。成年异性之间的用餐和社交受到禁止，除非在某些情况下，涉及某些亲戚，而公共宗教，特别是在它最正式最有声望的层面，总是局限于男人。这种隔离鼓励为通向女人的公寓而建立某些特别的建筑；它可能包括某些特定的交通方式，把人放在密闭的车辆或轿子里，而且通过守夜人、宦官、年老的男子或女仆来守卫女人的住处。奴隶、仆人或亲属中的男性成员负责各种公共事务，比如买东西或送水，其他的事都由女人负责。

对西方人来说，幽闭最著名的表现就是伊斯兰教的蒙纱，正如迪克曼所说:"遮盖,愈演愈烈,从颈部、头发和面部,到头顶,到下巴,到面孔,最后整个身体从头到脚。最大程度的遮盖,要么发生于公共场合,要么就是在某类男子的面前。"

我们根本不清楚(而且,看起来也很不可能)伊斯兰教的男人是否比信奉其他宗教传统的男人在性事上更贪婪,也不可能是伊斯兰教的女人特别诱人。(这个问题,只能通过实证的跨文化研究予以回答。)为什么如此极端的措施会在某些国家出现,而在其他国家没有?目前还没有人知道答案。同时,一旦女人给身体的某些部位蒙纱的传统变得普遍(无论什么原因),这就开启了一种过程,瞥见被禁止的身体部位就会特别令人激动,因此一个正反馈的环路就开始了。而男人提升的唤起能力就会导致对女人更多的限制,[4] 主要是由男人安排,男人执行——而如前所述,这些男人的女人假如因为跟其他男人(而不是跟自己)接触而怀孕,就会给"他们"带来很大损失。

伊斯兰教对蒙纱的支持主要来自《古兰经》中单独的一章教义(34:59):"哦,先知!告诉你的多位妻子和女儿,还有信徒的女儿,当她们出国时要把斗篷合紧。那会更好,因此她们会被认出来,但又不会受骚扰。"可以说,这样的戒律意图是为了保护女人,为了她们自己的利益,"因此,她们不会被……骚扰"。事实上,我从好几个女人(她们都是从伊斯兰世界来到华盛顿大学的交换生)那里听说,如果她们按照西方人的习惯,穿着相对暴露的衣服,那么她们走在西雅图的街道上就会觉得不安全,也不受人尊重。在家里,她们也会把自己裹得严严实实的。

但不要忘了,早期的《古兰经》提及,蒙纱的目的在于"以便她们能够被认出"。在这种说法中,"被认出"绝对不是指被个人认出来,因为如果蒙纱有什么用的话,就是干扰这种识别作用。相反，这里说的是所谈论的女人必须被认出——即公开承认——作为某些男人的财产，这些女人身处这些男人的保护（或者随你怎么说）之下。毫无疑问，这里的意图和表达谈及的，不外乎就是赤裸裸的父权控制，以及男人之间同性竞争。这方面进一步的证据表明，在伊斯兰教的历史上，蒙纱通常不被要求，还会被明确禁止，假如这个女人是专业的艺人、妓女或奴隶。对女性幽闭程度的关心随着她们社会经济地位（更确切地说，是她们男性亲人的社会经济地位）的变化而改变。

根据英国一位研究伊斯兰和东方女性的学者伊丽莎白·库珀（Elizabeth Cooper）一个世纪前的记载，[5] 在印度北部：

> 有这么一句话，你能根据家里窗户的高度判断这个家庭显贵的程度。排名越高，家里的窗户就越小，位置就越高，女人就藏得越隐蔽。一个普通的女人会走在花园中，听到鸟儿的歌唱，看到各样的鲜花。而高贵的女人就只能从她们的窗户里看到这些，而如果她是一位非常尊贵的女人，那么连这一点甚至都要禁止，因为窗户很高，接近天花板，仅仅墙上有几条缝，以便于房间通风和照明。

古代中国的缠足是一个相似的案例。在这种不再被允许的习俗中，年轻女人的脚被层层包裹，这导致了它们变得畸形怪异，受害者无法独自行走。虽然传统的中国记载描述了丈夫如何欣赏他们妻子这种"纤小、完美、像弯月一样的脚"，但看起来这样的崇拜是一种文化习俗导致的结果，而这种文化习俗又服务于某种生物目的：限制女人的独立，进而限制她们的性生活。

迪克曼指出，正是在这些最严格分层的社会中：

富人和穷人之间有如天壤，官署和宫殿享有难以想象的奢华。而普罗大众却生活在水深火热之中，挣扎于生死之间，他们中有大量的乞丐、被遗弃者、流浪的男人以及底层的单身汉。而在社会的上层是明显的一夫多妻，许多人有两个妻子，有多个妻妾，有自己的后宫。上流社会还有某些最极端的形式，比如幽闭、蒙纱以及残害女人。

我们已经知道，跟男人相比，女人遭受了很多基于生物性的繁殖限制。鉴于此，看起来特别怪异的是，超高地位的家庭居然会对他们女儿的贞操如此关切。请记住，超高地位的男人拥有无数性渠道和繁殖渠道可供选择，包括妓女、临时的情妇、姘头等形式，不一而足。但同时，要成为高地位男人的正妻或最宠爱的女人，想最大程度地获得一个女人（和她的孩子）所能得到的父亲资源，依然要面临激烈的竞争。结果，高地位丈夫的利益和他妻子（或未来妻子）家庭的利益倾向于一致。这样的话，就与世隔绝的女人自身而言，她的繁殖利益也会跟丈夫一致。自然，你可以提出一个有力的看法，即这样一位被特别"照顾"的女人有什么快乐和主观幸福感，那就是另外一回事了。

幽闭和缠足是文化强化生物性的案例，看来以最终对参与者有害的方式进行。自然，这里说的是女人，虽然受害者可能不是她们的家人，甚至她们的基因。在其他情况下，特别是在一夫一妻制跟多配偶制相对立的情况下，情况就被扭转了，文化扮演着刹车的作用，防止我们的生物性制造太多的麻烦。毫无疑问，一夫一妻制并不是"不自然"，或至少人们倾向于多配偶制（一夫多妻或一妻多夫，具体是什么，取决于参与者的性别），但多配偶制通常受到了支持一夫一妻制的文化传统的约束。这样对我们"自然"倾向的抑制可能给人带来麻烦，但我会说，"自然"跟"好"之间有很长的距离。因此，人类的繁荣昌盛有时就来自文化的要求和约束。

或许对这种一般情形最好的解释来自弗洛伊德，他在《文明及其不满》一书中指出，人类配备的本我——一种自我中心、不受限制的内核，通常会导致冒犯性的性行为——需要被抑制，以便文明能够维系。结果他说，就是一系列的神经症，这些"不满"是文明的要求。它们虽然经常给人带来麻烦，但这是人类理应付出的一个代价。毕竟，不加限制的本我将会导致文明行为丧失殆尽，那时人们就要付出更惨痛的代价了。

马丁·路德·金有一句著名的布道词："道德宇宙的弧线很长，但它一直朝正义弯曲。"[6]生物进化和文化演变的弧线也很长，虽然我们不是很清楚它是否向正义弯曲，但它看起来朝向一夫一妻制弯曲，这可能会让某些人失望。虽然博物馆的展示表明，南猿通常会显示为一个雄性跟一个雌性在一起，化石表明有明显的性别二态性，程度要高于现代人的实际情况。南猿中男人和女人相对大小的情况，依然还有争论，而现在的共识是雄性和雌性的身高比大约是1.52（在现代人中这一比值是1.2）。[7]因此，我们的祖先要比我们今天的人类更倾向于多偶制。无疑，文化演变朝向了一夫一妻制，或许我们最终的生物进化也将迎头追上。

这不只是一个虔诚的希望。作为一种持续存在的社会情形，一夫多妻制虽然得到了生物性的支撑，但它不只是某些因素导致的结果（特别是涉及繁殖成功跟孩子之间亲代身份确定性时表现出的男女差异）；它还建立起一种场景，其中一夫多妻的结果不仅得到了维系，还得以强化。比如，男性的暴力、性嫉妒以及他们对多个伴侣的兴趣结合在了一起。另外，一夫一妻制坚持的时间越长——有证据表明，虽然当前的一夫一妻制很盛行，但它是一种相对晚近的社会文化发明——那么自然选择就会青睐那些导致一夫一妻制的生物性状，只要文化体系对那些表现出一夫多妻倾向的男人和一妻多夫倾向的女人不利就行。

我们看到，在一夫多妻制下，男人是主要的输家。话虽如此，女人也在这种情况下遭受了不利影响。唯一的受益者是极少数男人，他们最终成了后宫主人。此外，跟一夫一妻制相比，在一夫多妻制下（以及在性放纵的情况下），男人和女人的利益更可能出现分歧。在一个以果蝇为对象的著名实验室研究中，在许多世代的情况下，这些通常倾向于性放纵的动物被置于一夫一妻的场景中。而在自然情况下，果蝇并不是一夫一妻制；这时候，雄果蝇会向雌果蝇传递一种化学鸡尾酒，以限制她们的存活和交配时间。但经历了多代的一夫一妻制历史，"跟控制组性放纵的同伴相比，雄性的行为和精液蛋白质都朝向提升女性存活的方向演进，而一旦把一夫一妻制雄性的放回他们曾经性放纵的祖先群体中，他们的适应度就会相应下降"。此外，"接受一夫一妻制处理的雌性，若放回她们性放纵的祖先群体中，就会对雄性带来的伤害具有较少的抵抗性"。[8] 这份研究报告描述的这些发现被命名为"危险关系"，谈到的就是女性在缺少一夫一妻制的情况下面临的处境。

虽然果蝇和人类之间的距离很遥远，但这里给出了有益的教训，不只是对昆虫学家和进化遗传学家而言。多偶制，无论是一夫多妻还是一妻多夫，其实只会导致一种"两性战争"，而一夫一妻制则会带来利益共享。虽然在某种意义上，多偶制存在于"我们的基因里"，但并不意味着那样做就好，假如这里的"好"谈到的是伦理的后果，假如我们假设这种结果的弧线弯曲（或道德弯曲）朝向男女之间的平等与相互繁荣。

在本章的前面章节，讨论生物乌龟和文化兔子时，我们也谈到了它们与暴力和战争的关系，文化就好像作为恶棍出现了，它劫持了天真而缺少经验的乌龟，而乌龟对兔子致命的高科技装备缺少任何准备。这样一种观点，虽然在谈及杀人武器时是正确的，但其本身在一个更广阔的背景下就显得很幼稚。这是因为人类已在文化创新的道路上走了那么远，我们实际上没法往回退，这样做也不会令人舒服。一个人没有理智，才会逃离我们的美丽新世界，这个新世界为数百万人提供了抗生素、远离天敌的保护、食物以及庇护所，为自我表达提供了机会，还提供了我们更新世祖先难以想象的个人福祉。

让-雅克·卢梭描绘了"高贵的野蛮人"，说他们独居、健康，有无与伦比的快乐。这种说法是个可怕的错误，却有巨大的影响。他热情拥抱"自然"，认为"自然"等于"好"。在许多方面，卢梭的观点是有用的，是对现代世界的一个矫正：人类的自然环境在日益恶化；食物商品化，掺杂了杀虫剂、除草剂和生长激素；人际关系屈服于"社交媒体"；等等。但是在他对开放、没有承诺、狂热而快乐的性生活的理想化，以及在对社会要为人类的大多数祸害负责的妖魔化中，卢梭不仅犯了错误，还要为后来的许多误解负责。

写完了他开创性的论文《论人类不平等的起源和基础》(*Second Discourse on Human Inequality*)，卢梭复印了一份，送给了伏尔泰，希望得到这位老者的赞许。伏尔泰回信说：

> 我收到了，先生，你的新书反人类……你以非常真实的色调描绘人类的恐怖。还没有谁花费如此惊世的智慧来说服别人，说人类就是野兽。读你的作品时，一个人会抓狂，想要四条腿走

路。然而，鉴于我已丧失了这个习惯六十多年，我感觉，很不幸，我不可能再这样做了。[9]

伏尔泰的讽刺，没起多大作用，人们还是普遍接受了卢梭对人类状况的解读。在某些方面，伏尔泰预测了前面谈及的龟兔赛跑的观点，即便他没有明确指出，文化演变和生物进化是两个过程。然而，涉及人类的人际性行为（在这件事上，自命不凡的文化兔子为持重保守的生物乌龟带来了麻烦）时，情况在很大程度上逆转了。一夫多妻制是我们的乌龟，一夫一妻制是我们的兔子。毫不客气地说，后者是改善前者无节制的一种方式。

有时候，自然母亲本身并不多么友善。

对很多人来说，包括我自己在内，批评自然并不会很自然（换种说法该怎么说呢？）。我自己很喜欢各种休闲活动，比如远足、爬山、潜水、捕鸟，以及骑马，我沉浸在自然中。我自己周围是五花八门的动物，我尝试不使用杀虫剂、除草剂以及抗生素和激素，而我们的工农业早就对它们上瘾了。假如有一家售卖自然食品的超市在距离我们房子1英里之内的地方开张，妻子和我都会很高兴，我们肯定就不去其他地方了。

然而，在抵制很多东西"不自然"——比如核武器、全球变暖、化学污染以及栖息地破坏——同时推崇、尊重、捍卫、验证、支持、欣赏以及近乎崇拜许多自然的东西（有时候仅仅因为它们自然）时，我们很容易丧失理智，忘记了世界上大多数自然的东西并不好，甚至很可恶。想一想伤寒、霍乱、脊髓灰质炎、埃博拉和艾滋病，还有什么会比病毒和细菌更自然吗？它们由蛋白质、核酸、碳水化合物以及类似的东西构成。难道你要反对接种疫苗吗？你恐怕会更反对天花吧。

我回想起了自己曾经有一次在加拿大落基山脉的背包旅行，整个人都浸渍在潮湿、寒冷和凄惨之中，要忍受超过一半时间的低温，这是一段光辉的自然之旅，但天天都是浓雾或薄雾，要么就是交替地下雨、下冰雹和下雪（这是在 8 月份，要小心啊！）。接着，我又想起了 19 世纪英国作家、评论家约翰·罗斯金（John Ruskin）的智慧格言，"从来没有什么坏天气，只有各种不同的好天气"——于是我只能得出结论，罗斯金先生恐怕没有在山区生活过多长时间。同样，我怀疑那些羡慕"天然"纯牛奶的善意人士从来没有经历过弯曲杆菌、致病性大肠杆菌或牛结核病毒的蹂躏，每一种都来自未经高温消毒的牛奶。

即便体育运动界一向推崇"自然"运动，健身客们还是超越了自然，要追求美丽、优雅或令人印象深刻，也完全认识到运动需要努力和实践。因此，有春训，有无休止的"练习"，有表演赛，有教练，还有培训师。盛装舞步（一种古典的马术表演）力图帮助一匹马和一位骑手表现优美，就像它单独时那么自然。要做到这一点，至少需要十年的奋斗，以促进马和骑手努力工作，以不那么自然的方式实现和谐和优雅。同样，攀登高山也不自然。登山很艰难，很费力，要求很好的体质、技能，还要有技术装备。但很多人都跟我一样，认为只要能爬到山顶，体会一下"巅峰感受"，就值得你付出时间，不怕麻烦，承担风险。

简而言之，自然通常很好，但也不尽然。你可能很自然就变成了沙发土豆，很自然就给那个激怒你的家伙狠狠一拳，很自然就生了病，以及作为孩子很自然就抵抗如厕训练。当然，细菌感染、恶劣天气，以及带来麻烦的行为倾向，并不是自然界仅有的令人遗憾的东西。不要忘记了飓风、海啸、地震、干旱，以及火山、雷暴、沙尘暴、暴风雪，还有完全自然的化石燃料造成的种种破坏。

《人性论》（*A Treatise on Human Nature*）这本书出版于1739年到1740年间。作者大卫·休谟讨论了"是与应该问题"，并批评了这种思路——它认为，我们可以从"是"推出"应该"。但休谟问道，我们有任何方式把世界"是"什么（其延伸内容包括我们的行为倾向）跟它"应该"（包括我们应该如何行动）联系起来吗？至少有一位备受尊重的现代哲学家马克斯·布莱克（Max Black）感觉，仅仅通过提出这个问题，休谟就坚决地把"是"跟"应该"切断了。他认为两者之间有区别，一种是描述，一种是规定；或一种是事实，一种是价值。布莱克认为，这种一刀两断的区分就是"休谟的断头台"。休谟的深刻见解在于，从"是"中推断出"应该"，这是错的，犯了"自然主义谬误"，这一术语来自英国哲学家摩尔（G. E. Moore）于1903年出版的一本书，名为《伦理学原理》（*Principia Ethica*）。

1710年，在休谟提出了是与应该这个问题之后，哲学家和数学家戈特弗里德·莱布尼兹努力想要解决一个"自然神学"的问题：在这个被全能全善的神创造的世界上，为什么还会有邪恶和痛苦？当时的神学家都在努力找答案。它曾经是、现在也是一个离谱的要求。莱布尼兹得出结论，因为神必然善良（至少根据犹太教、基督教和伊斯兰教的定义是这样），也必然全能。而且很明显，因为这个神要把世界变成它现在的样子，考虑到它可能存在的一切方式，那么这个世界就必然是"所有可能的世界中最好的世界"。这个著名的短语，很容易被人拿来讽刺别人，最著名的就是伏尔泰在他的小说《憨第德》中，描写了潘格劳斯博士（伏尔泰借此讽刺莱布尼兹）和他学生憨第德的流浪汉式冒险经历。这位博士从来没有经历过什么糟糕的事情，因为他很可笑，总是从快活和乐观的角度看待一切。

伏尔泰对于一桩毁灭性的自然灾难格外愤慨，那就是1755年发生的里斯本大地震，据估计有好几万无辜者死于非命。但他并不害怕描述残忍但同时"自然"的各类坏人的行为，比如谋杀犯、强奸犯以及施虐者。这是一个持续引发回响的主题。到了19世纪，约翰·斯图尔特·密尔在他的论文《自然》中提出："自然并不能成为我们模仿的好榜样。因为自然会杀人，我们就应该杀人；因为自然会折磨，我们就应该折磨；因为自然会破坏和毁灭，我们就应该破坏和毁灭；这是不对的。我们不应该考虑自然做了什么，而应该考虑怎么做才好。"

假如有人读了这本书，就得出结论，说一夫多妻制是自然的，所以很好，这也是犯了同样的错误。

现代进化生物学说得很清楚，"自然"通过自然选择，在我们耳边低语——哄骗、诱惑、恳求，有时甚至威胁和强求——而且，毫无疑问，会让我们向某个方向或另一个方向倾斜。这些倾向其实来自一个相当简单的过程：对生物界的成功自发地奖励。如果某个给定的行为最终为"行动者"带来了更好的繁殖结果（更重要的是，为任何倾向于这一行为的基因带来了更大成功），那么自然选择就会促进这些基因，因而促进基因背后的这一行为。这看起来很自然，其实就是自然。虽说这对相关基因的未来"有好处"，但对于道德或伦理的适应性而言，这种好还远远不够。

自然选择是一个非常有效的方式，能让动物和人做对有机体"有好处"的事，至少是对导致做这些事情倾向的基因"有好处"，那就是快感。世间的活物总是发现，饿了吃食很快乐，渴了喝水很快乐，累了睡觉很快乐，有感觉了获得性满足很快乐，等等。假如有基因诱使作为它们载体的身体，比如说不再滋养自己，那么在进化的历程中，这样的基因就不会得到什么好待遇。因此，饿了吃、渴了喝会让人"感觉好"，因为感觉好了的动物和人会做这些事情，而没有参与这种"做这，因为这感觉好"关联的动物，相比那些参与的动物只能留下较少的后代，参与者的快感基本上跟繁殖成功有了关联，进化论者把后者叫作"适应度"。但按照密尔的观点，这样的事情是否一定在道德或伦理上是"做了好"，则是另外一回事。

重力存在，相当自然。但没有人能从自然界的物理学中获得什么道德指引，除了直立之外，因为它违反了这样的一个普遍规则。我们是否因为热力学第二定律（另一条基本的自然规律）而不再清扫我们的房间，反而声称因为在任何密闭系统中紊乱性会不断增加，所以享受就好了，反对它是错的？超越光速不道德吗，还是仅仅是不可能？如果企图从化学、地质学、天文学、数学等方面试图把伦理"自然化"，就会导致类似的荒谬结论。然而，在谈及进化生物学时，许多人会有另外的想法。

难道没有什么好东西，甚至是伟大的好东西吗？——绚烂的秋叶，歌唱的夜莺，威严的雄象？它们肯定会给人类带来快乐，甚至是喜悦。一只知更鸟母亲喂养她的雏鸟难道不好吗？这样做，对小知更鸟来说当然是好事，因此对于成鸟的进化成功也是好事。更具体地说，对任何促使成鸟的身体喂养它们雏鸟的基因有好处。暂时搁置一下，这种不够健康的影响在蠕虫身上导致了它们生命的缩短，我们很容易假定生物自然——或许，作为跟物理自然、化学自然或地质自然不同的东西——不仅在观察人类智力的水平上值得尊重，而且在道德上有指导意义。

但这种对自然冷静的看法如果带来了什么的话，那就是让人确信，自然主义的谬误的确是错的。问题不在于它否认了基本逻辑，说某物在生物学上自然就一定好。它跟基本逻辑不同，后者的推理是这样的：苏格拉底是个人，所有的人都会死，所以苏格拉底会死。问题在于，自然主义的谬误没有遵循这一点：生物就其本性而言必然是好的,在某种意义上能让我们深入理解道德和伦理。在某种程度上,我们需要麻烦任何一位"自然伦理学家",因为我们所在的世界就是一场零和博弈,其中一个有机体的收益通常意味着其他个体的损失,而你不会发现任何支配一切的道德约束存在的标志,也无法找到对"善"的独立要求。

安妮·迪拉德(Annie Dillard)写了一本书,有很多对自然的奇思妙想,名叫《汀克溪的朝圣者》(Pilgrim at Tinker Creek)。其中有一个令人难忘的故事,说她遇到了一只"很小的青蛙,长着沉闷的宽眼睛"。迪拉德这么描写道:

> 就在我看他的时候,他慢慢地皱了起来,开始放松。好像嗅到了什么,他眼里的灵光消失了。他的皮肤排空了,很消沉。他的脑壳似乎坍塌了,耷拉着,就像被一脚踢倒的帐篷。面对着我的眼睛,他就像一个撒了气的足球,不断缩小。我观察着他紧张而闪亮的皮肤在他的肩膀上起皱,又松弛。不久,他的部分皮肤,仿佛一只刺穿的气球一般萎缩了,滑落在漂浮的褶皱里,像是水上明亮的浮渣:这真是一个怪物似的可怕之物。我感到迷惑和震惊。一个椭圆形的阴影落在水面上,就在那只筋疲力尽的青蛙背后。接着,阴影慢慢消失了。

这个"阴影"刚刚杀死了那只青蛙——在消失之前是如此一气呵成、冷漠无情、自然而然——其实是个又大又重的棕色动物(再次引用迪拉德的文字):

> 吃昆虫,吃蝌蚪,吃鱼,也吃青蛙。它抓握的前腿强而有力,内有倒钩。它就用这些腿抓住受害者,抱紧他,充满恶意地

咬上一口,就把一种酶注入猎物体内,使其瘫痪……通过这种穿刺式的攻击,毒药就扩散到了受害者的身体,变成了果汁。这件事在温暖的淡水中很常见。我见到的青蛙被一只巨大的水蝽吞吃了……我站起来,擦了擦我裤子的膝盖部分,已无法呼吸。

迪拉德很快就继续下去,实现了更为客观和科学的分离:

> 当然,许多食肉动物会生吃它们的猎物。通常的方法似乎是通过摔倒或抓住猎物的方式来征服受害者,这样猎物就没法逃逸,接着就会整个儿吞下,或一块块血腥地撕咬。青蛙会整个儿吞吃一切,用拇指把它们的嘴里塞得满满的。有人看到青蛙的宽嘴里满是活蜻蜓,因为太多,青蛙的嘴都没法合拢。蚂蚁甚至都不用抓捕它们的猎物:春天到了,它们成群结队地进入鸟窝,以刚刚孵出但还没有羽毛的雏鸟为食,一口一口地把它吃掉。

迪拉德带着理解的口吻说道,"情况相当凶险、令人不安","每一个活物都是一种加长版紧急露营活动的幸存者","残酷是个谜",伴随着"痛苦的浪费"。到了最后,她得出了结论,说我们"必须采用某种更为广泛的观点,以看待整个景象,真正看到它,描述发生了什么。接着,我们至少就可以在褴褛的暗影中呼喊出正确的问题,如果事情到了那步田地,那就献上唱诗班的赞美吧"。

在斯蒂芬·桑得海姆的黑暗音乐剧《理发师托德》(*Sweeney Todd*)中,我们知道了"世界的故事,我的甜心,就是谁吃掉谁,谁被谁吃掉"。在我们栖居的非虚构世界中,既有快乐也有疼痛,既有悲惨也有喜悦,既有被人吃掉的也有吃掉别人的,既有生也有死，既有生长也有衰朽，既有路易斯安那州充满了无数自然、光辉生命的盐沼地，也有2010年完全由天然石油的有毒喷发造成的污染和破坏。[10]大家可以说，在这个星球上，没有什么东西不自然，因为任何东西都是由元素周期表中的元素构成，而它们都是"自然"的存在。然而，只要一瞬间的反思，或瞬间非反射的灼见就会告诉我们，某些东西最好还是被留着不动，潘多拉的盒子永远都不要打开；如果愚蠢和贪婪也是这样，那么我们应该以自己所拥有的一切力量和决心，无论自然还是非自然，与之搏斗厮杀。

在他的《人论》一文中，亚历山大·蒲柏附议莱布尼兹，以一种诗意的口吻表达了某种普遍的看法：

> 所有的自然只是艺术，不为你所知；
> 所有的机会，都在你看不到的方向；
> 所有的混乱，都是未被理解的和谐；
> 所有的邪僻，都是普遍意义上的善；
> 而即便有骄傲，即便有思考的错误，
> 有一个真相千真万确：存在即合理。

我根本不同意。

基于自然选择的进化，是一个极其重要的过程，充满了无限魅力。它创造出了你和我，也创造出了其他一切生物。但这不是它的好！这里，我想说的第一点是，自然选择跟牛顿定律、普朗克常量或相对论一样，彻头彻尾的自然，也一样不含有任何道德含义。就像物理学定律一样，生物学定律仅仅描述了事实，而不涉及应该怎样。

我的第二点是，如果有什么的话，进化过程在涉及人文价值时更消极而非中立；它会导致大多数伦理学家想要拒绝，也应该拒绝的结果。注意，我这里说的不是要人拒绝把自然选择或进化当作一种历史的、生物的自然过程；相反，我拒绝的是暗示说自然选择是一种多善良的过程，我们应该使自己的生活符合它的设定。

正如生物学家乔治·威廉斯（George Williams）[11] 所说，我们现在对自然选择的理解在于，它以比率的方式运作，分子反映了基因把它们自身的副本投射到未来的成就，而分母则代表替代基因的成就。因为一个基因（或一个人，一个种群，甚至在理论上也包括一个物种）通过制造这样最大的比率以获得最大的成就，它要么增大分子，要么减小分母。大多数生物，大多数时候，都会发现后者比前者容易做，这就是为什么生物通常会专注于用羽毛装饰自己的巢穴，而不是拔掉其他生物巢穴的羽毛。

就其本身而言，这样的自爱并不是让伦理学家心跳加速的东西。但更糟糕的是，最近多年的动物研究早已表明，生物体会毫不犹豫地采取各种各样的行为，以减小分母，通过践踏别人以追求它们自身的生物利益。我们很早就知道，自然界中充满了掠夺、寄生，是一个恐怖的宇宙，所有这些都来自自然选择。而侵犯者在做这些事情时很少带有道德的不安、良心的谴责。

更为糟糕的是这样的案例，即在同一物种之中，也存在遗传利益上损人利己的自我提升。我们前面谈论了杀婴这种现象，现在它被证明在很多动物中都存在。特别是在倾向于一夫多妻制的动物中，包括狮子以及许多人类之外的灵长类，比如叶猴和黑猩猩。这种现象虽然自然，但也依旧恐怖，即便是冷眼旁观的生物学家也很难接受（直到最近）它的普遍存在，也很难认为它的"自然性"是好东西。但显然，作为一种无心、自动、不带价值观的过程，进化的结果很容易理解，它的驱动原则不只是非道德（根据任何体面的人类标准而言），而且是彻头彻尾的不道德。

"自然选择，"乔治·威廉斯，这位20世纪的进化论巨擘写道，"诚实地说，可以被描述为一种最大化过程，它追求目光短浅的自私自利。"这一过程还包括动物的强奸、欺骗、裙带关系、手足相残以及同类相食。毫无疑义，自然选择是一个盲目的机械过程，能有效地促进自我改善、自我提升，而没有任何的道德考虑。我这样说，是因为充分意识到了最近动物研究中的一个趋势：很多人证明了动物经常和解，捍卫和平，相互合作。然而，清醒的现实是，不光是前面提及的令人道德反感的案例，即便是这些行为也还是反映了进化过程深层的自我中心，目标是增加分子的"适应度比率"，方式则是通过自己的成功或自己亲属的成功。如果某些情况下的结果比直截了当的屠杀要少受谴责，只可能是因为自然选择的运作有时只是减少了分母而已。但一直以来，自然选择评估的唯一结果就是某个策略是否有效，它是否能提升适应度，而不是它是否好，是否对，是否正义，是否可敬，或在任何意义上是否道德。

那么，为什么我们应该在这样的过程里寻找道德指南呢？相反，进化已在我们自身内部制造了种种行为倾向，让人对任何其他的东西都漠不关心，除了关心自我提升和基因传承。此外，进化还把人武装起来，让我们现在能深刻察觉这些倾向的起源。尤为重要的是，如果我们选择，这一能力其实可以克服这些倾向的影响。这样一来，它岂不是一种更好的道德指引，暗示我们可以有意识地反对它们？

在电影《非洲女王号》中，凯瑟琳·赫本扮演的角色生硬地向亨弗莱·鲍嘉表达敬意："奥尔纳特先生，自然就是我们来到地球上要克服的东西。"我强烈怀疑，我们来到地球上要特地做什么，但如果我们想要道德——而不仅仅是"成功"——超越我们的人性，

第八章 龟兔赛跑

恐怕那就是需要的东西。基于自然选择的进化，简而言之，了解起来很精彩，但你若要向它学习就很恐怖了。

到了19世纪末，当时在世的最著名生物学家可能也算托马斯·赫胥黎了。在讲英语的国家中，他以"达尔文的斗牛犬"著称，因为他激烈而坚定地捍卫自然选择。但赫胥黎捍卫的是作为科学解释的进化，而不是作为道德试金石的进化。1893年，赫胥黎办了一场讲座，名为"进化与伦理"，地点是在牛津大学一间挤满了人的屋子里。他说：

> 在伦理上最好的做法也就是我们称为善良或美德的东西，涉及一种在所有方面都反对导致全宇宙生存竞争成功的行为。替代了无情的一意孤行，它要求的是自我克制；替代了把所有对手推到一边，压迫践踏，他要求的是个人不仅应该尊重，还要帮助他的同伴；它的影响是有指向的，不是什么适者生存，而是让尽可能多的生存者尽可能适应下去。

"社会所依赖的道德进步，"根据赫胥黎的说法，"不在于模仿这种宇宙过程（也就是基于自然选择的进化），也不是远离它，而是跟它作斗争。"

看起来，人类想要跟进化"作斗争"是不可能的，因为智人就像所有动物一样，都是进化的一种产物。而且，赫胥黎的劝诫并不现实。比如，也许在某种程度上，随着我们慢慢长大，每个人都经历了一种自私减弱、利他增强的发展轨迹。从婴儿期的信念认为整个世界的存在只是为了我们个人的满足，接着，随着时间的推移，我们经历了更多的智慧和观点的融合，因为我们意识到其他人就生活在我们周围，但他们并不总是为了我们自己。在小说《米德镇的春天》（*Middlemarch*），乔治·艾略特发现："我们都出生于道德的愚蠢之中，把世界当作一个养活自己的乳房。"随着时间的流逝，这种"道德愚蠢"在不同程度上被取代了，代之以道德敏感。这种道德感越敏锐，它就能导致越多的不自私行为和利他行为。

许多清醒而超级聪明的科学家和人文主义者，其实都误解了进化与道德之间的关系，悲观地认为进化的事实很危险，因为它们证明了人类悲惨生活的合理。著名的发展心理学家杰罗姆·凯根（Jerome Kagan）证明了这个盲点。他写道："进化论的主张经常被用来清理贪婪、滥交和虐待继子女的道德污点。"[12]事实上，类似的主张也曾以这样的方式，在社会达尔文主义无人惋惜的时代被滥用。但现在没有谁再这么做了。

此外，我们现在可以论证这样一个观点，即某些文化习俗——比如那些鼓励一夫一妻制，或至少不怎么鼓励过度的多偶制的做法——可能有助于清除我们古老的多偶制乌龟身上某些棘手的倾向。作为男猿人或女猿人，我们也是地球上唯一的有机体，有能力评估我们自身的天性，接着考虑需要为此做点什么。

第九章
抛弃幻想

进化生物学是一门基础科学，能帮人理解生物如何变成它们现在的模样，以及跟它们有关的一切。正如哲学家丹尼尔·丹尼特（Daniel Dennett）所说，基于自然选择的进化是"人类所能想到的最伟大的思想"。[1]其实，对很多人而言，也是最困难的思想。这不是说进化很难理解，即便它至少比看起来更棘手。这里，我们可以化用温斯顿·丘吉尔的一句话；在不列颠之战期间，他赞美英国皇家空军，说从来没有人写这么多书，说这么多话，却对他们所要谈论的东西了解得如此之少。理解进化的微妙之处，比如进化会最大限度地促进个体的遗传成功，而不是为了"整个物种的利益"，这并不是很有挑战性；真正的困难在于，进化生物学会迫使我们重新思考对自己而言极为珍贵的一些幻觉。

最重要的是，进化要求我们克服人类中心主义的幻觉。许多人依然坚持那种特别给人安慰的神话，说我们这一物种是一种特殊创造，是神根据自己的形象设计出来的。即便对那些不受宗教原教旨主义影响的民众来说，他们也很容易就保留如下的观点：在某种初级意义上，我们依然特殊——倘若不是上帝眼中的宠儿，至少也在生物学上跟其他生物有别。

这是一种可称为布拉赫谬误的新版本，其名称来自16世纪伟大的天文学家第谷·布拉赫。他的计算表明，他那个时代的行星——水星、金星、火星、木星和土星——围绕着太阳旋转。布拉赫被迫接受这些经验真相，但依然对《圣经》所说的世界观极为忠诚，即地球是宇宙的中心。他把自己的发现硬塞进一个更可接受的系统。布拉赫认为，太阳和作为其扈从的五大行星依然围绕着一个中心，它就是地球！我在这里要指出，许多人犯了一个现代版的布拉赫谬误。他们接受基于自然选择的进化是科学事实（的确是啊），然而，他们在自己的内心最深处依然保留着一大幻觉，即我们并非"真的"是动物，就像其他动物一样。

但我们是动物。来自进化的信息中最能引发共鸣的就是，所有生物之间都存在连续性，这不仅体现在它们通过化石记录有共同的历史关联，还反映为某种基本的连贯性把所有生命联系在了一起。可以肯定的是，这种"共同性"充满了无数的区别；毕竟，这也是确定任何物种（包括我们自己）跟其他物种不同的基础。[2] 但不管它对好心人有多麻烦，现实就是，在我们的生物学跟其他有机体之间不存在本质上的不连续。理解我们多偶制的本质，而又不否认我们自己有自我决定的前途，是许多停留之处中的一个。这时的我们超越了宇宙中心、精神独特的童话式幻觉，在更深层次上了解了自己。

"没有什么事，"达尔文写道，

> 比用言语承认普遍的生存斗争是真相更容易了，或比经常在心里牢记这种斗争更难，至少我发现是这样。然而，除非彻底铭刻在心灵之中，否则自然的整体经济，以及每一个分布、稀有、充盈、灭绝和变异的事实，都会被忽视或误解。

上面这一段出自《物种起源》，这本书特别避免了对人类的任何讨论。这里，就像在许多其他地方一样，达尔文的观察异常敏锐，即便它局限于人类之外的生物世界。但无疑，对智人来说也同样真实。我想起了亚历山大·蒲柏为艾萨克·牛顿写的墓志铭："自然与自然规律隐没在黑暗中；上帝说，让牛顿去吧！万物遂成光明。"没有基于自然选择的进化，我们自身的许多秘密都会被藏起来，而我们也将长久地身处黑暗之中。而有了它，翳障就从我们眼里落了下来。

同时，虽然关于我们自身天性的真理的确给了我们自由，但它并没有承诺说同样的真相将没有痛苦，容易吞咽。说到底，我们是一种矛盾的生物，特别是在涉及我们生命中最隐秘的细节时。早些时候，我引用了蒲柏的《人论》，借用了这位诗人对我们困惑和混乱本质的觉察。就在同一篇文章中，在那句著名的宣言"对人类的合适研究是人"之后，蒲柏描述了我们这一物种：

> 在这一中间状态的地峡上，
> 身处黑暗的智慧中，粗鲁的伟大：
> 对于怀疑者来说，知识太多，
> 就像在无知之中，他的理由，
> 无论他想得太少，还是太多：
> 思想与激情的混沌，令人困惑；
> 他自己依然受伤害，或已醒悟。

诗人对人类理智与激情之间的二元冲突做了特别的思考：

> 人类的超级部分

未挑选就会上升，从艺术上升到艺术；

但当他自己的伟大工作正要开始，

理性编织的一切，由激情消解。

    一边是配对绑定的一夫一妻，另一边是多偶制，而两者同时对人有吸引力。蒲柏可能也会为此而感到惋惜。我们是复杂的动物，配备了许多相互冲突的倾向，当"理智"（加上爱）冲着一只耳朵呼呼婚姻忠诚时，"激情"（加上诱惑）就会在另一只耳朵边窃窃私语。

    进化强有力地预测了这些倾向，它给了我们很有用的指引，告诉我们自己为什么会这么做。它是一个独特的智能镜片，既是放大镜，使我们能贴近看到诸多细微的倾向；又是望远镜，帮助我们发现那些难以发现的遥远趋势。"我们进化出了神经系统，它们服务于我们腺体的利益，"迈克尔·盖斯林（Michael Ghiselin）如是写道[3]，"而且适应了繁殖竞争的要求。如果笨蛋比聪明人生得多，那么笨蛋就会在这个意义上获得自然选择的青睐。而如果无知有助于获得伴侣，那么男人和女人都会倾向于无知。"

    这令人遗憾，但却是真的。同样的情形适用于暴力（在某些情况下）、性贪婪（同前），对自己伴侣犯错误不宽容，却放任自己做同样的事，等等。同时，这样的无知似乎不够明智。在谈及我们自己的倾向以及我们在乎的他人的倾向时，或某些人的行为影响我们自己和我们所爱的人时，我们就会被忠告以智慧取代无知，或至少深入地了解我们共同的人性中有哪些深层的内容。但即便我们拥抱了对人类行为的生物学解释，依然会面临一种危险，即过于热情地这么做，因而恰恰把我们真正的人类调整和改变的潜能排除在外。虽然我们有共同的多偶制历史，而且在所有人内心深处的某个地方，潜伏着我们过去组建后宫（男人）或隐藏后宫（女人）的鬼魂。通过成为人，我们也有了能力（我们也应该这么做）做出有意识、深思熟虑的自主决策，拒绝多偶制带来的种种倾向。这些倾向在我们耳边低语，但它们从不大声呼喊；它们产生的是意向和影响，而非刻板的要求。

或许智人最显著的特征就是，即便跟其他有机体一样具有"生物性"，我们依然具有一种独特的能力，就是通过选择过什么样的生活来界定自己，因为我们有能力决定在内心的耳语中，哪些我们要追随，而哪些要抑制或转向。简而言之，在本章中，我将提出这样的观点，即我们可以反对自己的多偶制遗产，前提是：第一，我们充分地理解了它对我们的影响；第二，我们做了明智的决定，打算抗拒它。

在《米德镇的春天》中，乔治·艾略特写道："没有任何生物的内在是如此强大，以至于通常来说，它不是由它之外的某些东西决定的。"对人类来说也是如此，虽然在这里，更合适的说法是把"决定"改成"影响"。在第四章中，我们留意到，在其他动物中，冈尼森的土拨鼠会根据可用资源的多寡，而在一夫多妻制和一夫一妻制之间改变它们的交配体系。如果它们能做到，为什么我们做不到呢？确实，我们能做到，而且不单纯是资源分配的结果。只要简单看一眼人类的多姿多彩，你就会明白，我们从来没有深陷于一种生活方式而不能自拔。

人们很容易就误解生物学对复杂人类行为的真正贡献是什么，部分是因为这种贡献通常朦胧不清。但这并不意味着它就不真实。假设生物学会带来绝对真理，这时的误解最容易发生。而事实上，特别是在多偶制和一夫一妻制的情况下，生物学通常只会带来某种倾向而非刻板的决定论。斯蒂芬妮·孔茨（Stephanie Coontz）在现代婚姻领域可算是杰出的历史学家和社会学家了，也犯了这样的错误。当时，她写了下面这种谈论人类择偶体系多样性的内容：

> 掌控谁跟谁结婚的规则，在不同的群体之间差别很大。某些社会禁止堂表兄妹结婚，而另一些则鼓励这样的婚姻。某些社会鼓励多偶制，而另一些严格限制它。社会规则如矛盾的大杂烩，不可能产生于某些普遍的生物因素。[4]

它们确实不可能。但某种生物倾向——不同于"普遍的生物指令"——完全跟这样的多样性或"大杂烩"相一致。特别一致的地方就在于存在明显的统计偏向，正如我们在一夫一妻制中看到的那样，它跟一系列的其他特征，无论是结构还是行为，都极为吻合，令人印象深刻。我们也在前面讨论过了。可以肯定，人类跟其他动物相比独一无二的地方就在于，我们经常在社会关系和性生活中谈判，而不是根据某种预定的脚本行事。雌性倭黑猩猩，虽然有不少社会权力，但不会评估她们女儿潜在的男朋友，而是催促她们选了一个又一个。黑猩猩（在这种动物中，雌性通常会从她们出生的群体中迁徙出去，最终跟某个陌生的雄性交配）也不会精心安排她们女儿的交往，以实现她们自身社会资本的最大化。

在谈及我们需要抛弃的幻想时，一个主要的候选项就是这样一种谬误，认为生物性决定了我们的行为，包括复杂的社会类型以及性行为模式。然而，生物性所做的是影响它们，而这种影响并不会只明显地表现在广度上（某种模式在多大程度上具有跨文化的普遍性），还表现在深度上：它在多大程度上影响每一个人，而无论他们有怎样的社会情况、文化背景，甚至个人偏好。

在这方面，关于对人类之外的灵长类亲戚的理解，我们有很多话要说。科学研究能够提供惊人的真知灼见，把一般原理像用于其他动物身上一样用在人类身上：双成熟性，行为以及结构上的性别二态性，等等。但从一个物种天真地外推到另一个物种时，我们就需要怀疑了。因此，人类参与雄性与雄性之间的绑定（如黑猩猩），雌性与雌性之间的绑定（如倭黑猩猩），还会以很高的频率构成核心家庭（在任何大猿中都不存在）。我们并不像大猩猩那样实行一夫多妻制，也不像长臂猿那样实行一夫一妻制，肯定也不会像"要做爱，不要作战"的倭黑猩猩那样沉迷于性爱狂欢，更不会像黑猩猩那样经常做出暴力的性行为而毫无节制。我们也不会参与猩猩那种扩大的多配偶制，其中孤僻而相互对立的雄性领地，通常在范围上包括好几个雌性。虽然我们跟其他所有灵长类相比，有更高的父亲投资，但我们在亲代投资上，同样是父亲逊于母亲。我们就是我们自己——很容易说，但绝非很容易就能确定。

　　成为人类有多少种不同的方式？如果我们不得不再做一次，接着一次又一次，我们能够过多少种不同的生活？一百种？还是一百万种？肯定非常多，但这种可能性也不是无限的。人类文化传统的多样性令人印象深刻，以至于文化人类学家不停地忙碌了几十年，忙着为这些变异编制目录。然而，本书的观点则是，这么多的变异遵循着有限数量的主题。举个例子。假如有一家人打算选择一棵圣诞树，他们会聚焦于彼此的不同（这个比较高，那个有更多分权或形状更对称），人类行为的观察者倾向于聚焦彼此间的差异，比如新几内亚高地人跟纽约的出租车司机有什么不同。但一位客观的火星人科学家，第一次来到圣诞树农场时，几乎肯定会立马大吃一惊，不是因为树之间的差异，而是因为它们彼此的相似性。同样的道理，一个客观的、基于生物学的观点，谈及人类的社会安排不会不留意基本的相似性，包括和一夫多妻制有关的共同性，它们是截然不同的文化差异的基础。

简而言之，有一种东西叫作人类的天性，如同鬣狗的天性，如同大比目鱼的天性，就这一点而言，也如同山核桃树的天性。考虑这样一个简单的事实，我们这一物种经常跟社会环境冲突，特别是跟强制的一夫一妻制闹别扭，但更多的则是跟强制的独身主义相抵触。在世界上，大多数伟大的哲学家都描述过个人与他们所在社会相冲突的情形。倘若我们只是社会教养消极被动的产物，这样的冲突不可能发生，因为我们将会被磨光擦亮，跟我们的经验完全吻合。但是不：我们是不安定又难相处的生物，粗糙多刺，或——换一种隐喻——像方形钉一样，却经常要被塞入圆形孔里。相反，假如我们是泥土构成的腻子，处理随意，容易拿捏，被动地接受环境塑造，那么人类和他们所在的社会将不会发生冲突。

我还认为，说大多数男人有意识、有计划地压迫女人也不可能。即便我也承认，女性长期以来都备受压迫。对性别差异的理解导致了一个结论，比如男人更可能采用侵犯模式，这种进化遗产主要来自跟史前时代成功的男性竞争有关的回报。具有这种"模式"，同时在某种程度上被这种模式"掌控"，看起来男人这种动物相当爱出风头，其侵犯倾向如同压路机一样滚动，压扁路上的一切东西：其他男人、女人、小狗、雨林，等等。谈及压迫女性，毫无疑问涉及某些厌女倾向，至少在特定情形下；但在大多数时候，跟压迫女人相比，男人更多的是考虑如何压迫、镇压或约束任何在他们路上挡道的人。

法国哲学家、历史学家、社会批评家米歇尔·福柯在他令人困惑的《性史》(*The History of Sexuality*)一书中一开始就声称，西方世界遭受"压迫假设"的困扰，而从17世纪到20世纪中叶，日常生活中的性行为在各个方面都受到了压迫，而事实上——他认为——各种对传统婚内性生活的偏离被报告、被检验，影响力很大。我相信，恰恰相反，压迫假设比福柯意识到的更准确。可以肯定的是，既有粗俗的小说、肮脏的笑话和诗歌，情妇和婚外恋人，也有卖淫的小屋。而现在，在21世纪的西方，性普遍存在，无处不有：在互联网上，在广告中，在我们的脸上，也在我们头脑发热的幻想中。

然而，谈及现代生活中万花筒一般令人目眩的性行为背后最广泛的假设时，大多数人依然继续跟"压迫假设"保持着很近的距离，而且就像电影《北非谍影》中的法国局长一样，很可能会被"震惊、震惊"，意识到一夫一妻制并不是人类"自然"的状态。据说西方人心态开放，但在西方社会，还是有许多人跟福柯一样，继续相信我们共同的人类状况是一种"维多利亚式中产阶级的单调夜晚"，其中性生活被"小心地限制""转移到家中"。下面是福柯的说法，更详细：

> 夫妇式家庭监管了它（性生活），并把它吸收进严肃的繁殖功能中。关于性的话题，沉默变成了规则。合法的生育夫妇制定了法律。这对夫妇把它树立为一种样板，强化了规范；为了真相，保留了发言权，同时坚持了私密的原则。性生活的一个单独位点获得了承认，在社会空间以及每个家庭的核心，它都能带来好处和丰产：父母的卧室。而其余的则保持模糊；合适的举止要避免与其他身体的接触，个人言论经过消毒而变得言语得体。而不育行为则带有异常的污点；如果它坚持让自己过于招摇，那么它就会被人指出来，不得不接受惩处。[5]

谈到"不育行为"，福柯的意思是同性恋，当然也包括儿童性行为，以及任何其他的"变态"，被强大而礼貌的社会公众认为不合适，富有颠覆性，很危险。他很少这样写一夫多妻制。人类多偶制倾向背后的现实——颇具讽刺意味的是，由进化所推动，因而远离"不育"——要比同性恋、儿童性行为以及任何福柯所能想象或参与的反常行为之和都要更为广泛，也更有社会破坏性。而他的想象力，以及他自己的生活，可以说是格外多彩。

现在要特地谈一谈多偶制了。有两个特别的幻觉最需要丢掉，其中一个是高估了我们多偶制进化史的影响；另一个则是低估了这一点。如果你朝目标开火，第一次向左偏离了40度，接着第二次尝试，又向右偏离了40度，那么你就击中了靶心……在统计上可以这么说。事实上呢？并非如此。在谈及人类和多偶制时，现实把这两个同样错误和极端的观点区分得极为精细。

首先，高估者声称，多偶制是如此自然，如此正常，因而也是健康的、合适的；而一夫一妻制是一种邪恶的人为设计，社会借此抑制人类泛滥的性行为，否则它很容易就会出现。这种观点在自由性爱的社群中特别流行，他们中许多人坚持对性嫉妒的强大逆流轻描淡写，而没有意识到，嫉妒跟多偶制本身完全一样自然和正常，也同样难以通过意识形态的法令予以废除。最近，这种幻觉的典型表现可以在一本书中找到，那就是《性在黎明》[6]。这本书实在令人憎恶，因为它歪曲了生物学和人类学的事实，为了增加销售量，欺骗了无数读者。这样做，也服务于作者的欲望，他们想要把自己选择的生活方式合理化。

《性在黎明》有如此奇葩的缺陷，以至于需要有人专门写一本书，以反驳它对进化的无数曲解，以及它对灵长类学、心理学和人类学公然的事实误导——简而言之，它极大地误导了对相关科学领域不熟悉的读者。幸运的是，这样的一本书已然问世，名叫《性在黄昏》(*Sex at Dusk*)，作者是林恩·萨克森（Lynn Saxon）。[7] 在这本书中，萨克森指出，黎明"不断让我想起大卫·洛奇的一本小说《好工作》(*Nice Work*，1988) 中的一句话：'文学主要是关于做爱而不是关于生小孩；生活则相反'"。萨克森女士继续谈她的观察，说《性在黎明》"几乎全都在谈性，而没怎么谈孩子，而进化恰恰格外关心繁殖——繁殖成就上的变化就是进化"。[8]

《性在黎明》对父母之爱给了很短的"临终忏悔"（事实上，根本就没什么"忏悔"）；这并不令人奇怪，因为在这本书所虚构的性政体（sexual regime）之下，极少或根本就没有父母之爱和亲情。但父母之爱和奉献都是真实的，恰是因为有性嫉妒，它受到了选择，作为一种提升遗传关联的手段，出现于某些后代发育缓慢的物种中，这些后代需要所有它们所能得到的父母的照料和关注。而在明显多偶制的物种中，后宫主人很少有时间或有机会为他个人的孩子投资。而在性放纵的关系中，因为父亲无法确信自己是否是孩子的亲生父亲，也没有多少雄性有机会、有时间照顾后代。相反，在一夫一妻制的动物中，时间和机会都有。事实上，正如我们看到的那样，这似乎是一个主要原因（很可能是主要原因），能解释为什么一夫一妻制本身的进化会适时发生。

《性在黎明》固执地迷恋于提出这样一个观点：人类自然而然地喜欢性放纵。为了这个目的，书中报告的大部分所谓"群交"事实上就是轮奸，既用来征服女人，又可以借此减少男人之间的性紧张和性竞争。它关于史前人类公共性行为的说法，只不过是扶手椅上的人类学和一厢情愿的幻想，通过淫乱而兴致勃勃地为某一议题服务，但根本站不住脚，一直以来不断遭到反驳，包括人类生殖器和精子结构方面的细节都不支持这种说法。在一篇对灵长类（包括人在内）繁殖解剖学和生理学的非常详尽的综述中，灵长类学家艾伦·迪克森得出结论说："智人极不可能直接来自这样一种祖先，他们拥有多雄多雌的交配体系（也就是《性在黎明》的作者允诺的那种自由性爱、淫荡放纵的体系）。他们的祖先要么实行一夫多妻制，要么实行一夫一妻制，这两种可能性是最大的。"

《性在黎明》谈及了某一群人独特的性习俗，他们被称为摩梭人，也叫纳西人，住在中国。这些人的确看起来格外"开放"，特别是其中的女人：可能比其他任何人群中的女人都开放。[9][1] 然而，她们的独特性——也就是她们的"走婚"习俗，即一个男人可以在一个女人的住处睡上一夜，彼此对于"丈夫"或"妻子"都不会有任何内疚或义务——事实上强有力地驳斥了作者的观点，认为人性天生就倾向于没有内疚感的性放纵，因为摩梭人极不寻常，根本不能代表普遍的人类状况。

这有一种比较类似的情形。在委内瑞拉的亚马孙雨林中，有一群亚诺玛米人，他们因作为"暴烈之人"而著称于世，而他们也的确有非同寻常的暴力倾向。但从亚诺玛米人的情况概括作为整体的"人性"在暴力领域如何就具有误导性了，特别是在谈及原始"战争"的情况下，因为还有很多其他传统的人类群体，他们都爱和平。同样的道理，把摩梭人的情况概括作为人类这一物种的代表，也具有误导性。事实上，把摩梭人的情况外推，跟亚诺玛米人的暴力情形相比更不合理，因为虽然有其他的人类群体（除了亚诺玛米人之外）同样有好战而暴力的倾向，但还没有其他的人群采用跟摩梭人一样的性习俗。取这个单独的案例（科学家称之为"n 个之中的 1 个"——虽然在这种情况下指代的是群体）接着声称，它指出

---

[1] 读者有必要留意，即便在摩梭人中，男女之间也并不是乱交或放纵状态。这段话的意思是，摩梭人走婚的罕见案例并不能证明人类社会的通常状况，恰恰说明了相反情形的普遍，即有婚姻、有家庭、有约束。

了真正的人类本性是什么的，就类似于取波士顿凯尔特人篮球队员的身高，接着声称这代表了人类的平均身高一样。在他们寻找任何能支持他们观点的东西时，《性在黎明》的作者也把很大笔墨花费在倭黑猩猩夸张的性行为上，而在这一过程中倭黑猩猩的性行为本身又被夸大了，呈现时也错误百出。这样，在倭黑猩猩中，性势不可当地被用来转向侵犯，以建立和强化支配地位，而不是通过泛性式的乌托邦来实现社会绑定。[10] 此外，跟黑猩猩相比，倭黑猩猩跟我们亲缘关系更近，无论是在基因上还是在进化上，而前者则更容易出现性嫉妒。

不计其数的证据都表明，没有任何一个人类社会把性放纵作为常态。而且，我们已观察到的基本解剖证据也令人信服地说明，我们并不是从一个多夫多妻的性爱聚宝盆中进化而来。我们不是倭黑猩猩，从来不像它们，可以肯定以后也绝不会像它们。借用多罗茜·帕克（Dorothy Parker）的一句话，忽视科学而代之以"黎明"的垃圾，这样的书不应该被轻抛在一边：它们应该被狠狠地撕碎。

现在轮到讨论另一阶段了，同样误导人的幻觉，认为一夫一妻制不只是合宜的（它可能是吧），还是自然的，而这肯定不对。这种观点带来了好几种危险。其一，由于低估了一夫多妻和一妻多夫的能量，它让自己的追随者很容易傻眼，因为多偶制抬起了它多才多艺的脑袋，无论是否在他们之中还是在他们所关心的人之中，特别是他们的"重要他人"。一旦有人信奉了这样的神话，即一夫一妻制是正常的、自然的，那么背离一夫一妻制——无论是在现实中还是仅仅在"某个人的心里"——将令人极为震惊。最好是有所准备，两边都看，了解到多偶制的倾向，至少跟一夫一妻制同样正常，也同样自然。

这并不意味着，这种倾向就需要被遵循，或应该被遵循；这是每个人需要自己解决的问题。但它不意味着，每个人都应该意识到这样的前景——事实上，大多数情况下，肯定会——存在性诱惑，就像我们也应该意识到美味食物施加的诱惑，或偷逃个人所得税的前景一样。此外，这些诱惑的产生并不意味着一个人就脆弱，就有罪，或跟某个错误的人结合了；相反，它仅仅意味着他或她是一个健康的灵长类！

让我们说得更明白：一夫一妻制并不自然。[1] 但正如前面章节中强调的那样，我们所做的某些最好的事并不是"自然而然"，而是涉及辛勤工作，常常要专门对抗我们自身的倾向。偷奸耍滑要比努力工作更容易。不学第二语言，不练习演奏小提琴，都更容易；不做运动员而当沙发马铃薯也更容易。我们很容易自然而然就能做到：当我们的二氧化碳达到某一水平时呼吸，劳累后睡觉，饥饿时吃东西，口渴时喝水，当然也包括兴致勃勃时做爱。然而这些事情，并不只有人才会做。所有这些都带有深层的生物性，没有一个令人钦佩。为了最大程度的有用，"性教育"因而必须不仅仅是传授基本的性知识，以及所有男女管道的细节；它需要教育人们，告诉他们自己的性本质，包括为多偶制的诱惑做好准备。亲爱的，这反而更容易抗拒它？或许是，或许不是。但无论如何，最好还是为这些曲棍球做好准备，我们的生物学肯定会把它们扔出去。

低估多偶制的万有引力也会带来另一个缺点，即可能（并非不常见）在洗澡水散发出多偶制的气味时，就把多偶制的婴儿扔出

---

[1] 准确说来，一夫多妻制和一夫一妻制都很自然，都是进化的产物。作者在本书中阐述了这样的观点：过去的人类拥有漫长的一夫多妻制历史，但在随后的进化过程中，不少一夫一妻制的支撑要素进化而来，使得这一倾向得以加强。换句话说，无论是一夫一妻还是一夫多妻并不纯粹是文化的发明，而是文化在进化基础上的进一步发挥，是双方的合作或合谋。

去。你很容易就假定，一旦你把你自己界定为一个一夫一妻者，跟你所希望的人生伴侣结合，那么你就永远不会感受到多偶制的倾向，更不会有所行动。你也很容易假定，同样的情形也适用于你的伴侣。而问题就在于，这种天真的期望被证明是错的，某些人因而慌不择路，冲向了走廊的另一边，确信"我不合适一夫一妻制"；或许那个人的伴侣也有同样的缺陷。

真相就是，没有人适合于一夫一妻。一方面，DNA 和我们的进化遗产并不是一个饼干模子。在人类中存在无限的人际多样性，每一个人被"切出来"都是不同的，特别是一旦考虑了经验的变化莫测。此外，千差万别不只存在于个体之间。即便是每个人自身，也会在不同时期表现得迥然有别。人们参与各种各样人际性行为方面的安排，包括独身（男女都可以），一夫多妻，一妻多夫，以及一夫一妻——有通奸或没通奸，甚至对极少数人来说，还包括自由性爱。因而，问题不在于某些人是否倾向于一夫一妻，而是在何种程度上他们追求一夫一妻（或一夫多妻，或一妻多夫，或独身终老，或别的什么），以及他们有多努力去实现它。

像往常一样，达尔文也回答正确。在《性选择和人类的由来》中，他写道：

> 我们必须承认，具有所有高贵品质的人，会对最卑贱的人怀有同情心，把仁慈不仅延伸到其他人，还延伸到其他生物，而他的神性智慧也会渗透到太阳系的运动和构成之中。即便带有这些所有的崇高力量，但在他的身体框架里，人依然带有他卑微起源的不可磨灭的标记。

达尔文这里没说的话（但在他的另一本书《人类和动物的表情》

中，他详细阐述了那个观点，表达得令人信服）就是，我们的行为也反映了我们卑贱起源的这个标记，虽然并非那么不可"磨灭"。

考古学家利用很多古代的遗物——骨骼残片，陶器碎块，石头碎片——以追踪人类的历史。另外一处古代智人的宝藏，通常会被忽视，但比让考古学家迷恋的文物更丰富，那就是今天的人类本身。其中一些是重要的解剖特点：残留的结构，比如我们的阑尾，或许还包括扁桃体。另一些则是生理特点，镶嵌在各种化学事件和生物电事件的起落变化之中。最令我们感兴趣的则是行为，我们作为动物的过去的瘢痕，即便是高科技的现代人冲向21世纪时也照样携带着它们。而这种进化的行李中较为突出的，便是我们有过漫长的多偶制历史，也酝酿了一夫一妻制。

早些时候，我留意到，简单地看一眼我们的生物学，人类是相当普通的哺乳动物。声称人类很特殊，则来自我们惊人的脑力，其程度则取决于人类的行为剧目包括的内容，比如认知、文化、象征、语言以及其他东西。因此，我们跟其他动物相比，受到的生物性约束肯定比其他动物要少。杰出的英国生物学家朱利安·赫胥黎敦促人们避免那种"不过就是"的谬误——有人认为，因为人类是动物，所以他们不过就是动物。他的忠告说得很好。但同样也适用相反的情形，有人错误地以为我们不过就是社会学习和文化传统的产物。

任何人，假如想做任何"自然而然"之外的事情，就需要了解什么会自然而然地到来，其实就是构成人性和性行为的基本素材。某些人可能特别想要避免做某些自然而然的事，而其他人则可能特别想要为其鼓掌欢呼。

误解了我们生物学的行为倾向，可能会造成惨痛的伤害，无论是假设并不存在的倾向，还是拒绝业已存在的倾向。谈到另一种情形的危险，芭芭拉·金索沃（Barbara Kingsolver）警告说：

> 我们人类必须承认某些过去适应装置的存在，即便它们是不可原谅的极端，哪怕仅仅是为了承认它们是我们不得不导航于其中的溪流里的永恒的岩石。一千种时代错误从我们 DNA 链条的一个隐秘部位跳了出来……倘若我们不满意被这些绳索束缚，最好的希望就是把它们像蛇一样抓起来，抓住喉咙，看着它们的眼睛，挤出它们的毒液。[11]

现代进化生物学清楚地表明，"自然"通过自然选择而行动，在我们的耳边低语——哄骗、诱惑、怂恿，有时甚至威胁或强求——无疑会使我们朝一个或另一个方向行走。无论我们是否选择追随，如果是，走多远也取决于我们自己。

后　记

我很乐意感谢我的代理人，霍华德·莫汉（Howard Morhaim），以及我在牛津大学出版社的编辑，杰里米·刘易斯（Jeremy Lewis），感谢他们的耐心，扎实的工作，以及良好的建议。我对家人——特别是朱迪丝·伊夫·利普顿——的"债务"依然巨大，还在不断增加；而我格外感谢许多进化论、心理学和人类学的学者，他们做了细致的研究，为这本书提供了所需的理论架构，也提供了覆盖在这些架构上的实证发现。

在过去的四十多年里，我一直在研究和撰写这些相关的主题。虽然这本书大多数内容是新的，但某些地方还是重新利用了我以前写过的东西，尽管是在不同的背景下，有不同的重点和焦点。因此，时不时地，我要重新改编某些页面，其实也就是适当修改我以前在《高等教育评论年鉴》上的各种文章，以及其他的章节。它们出现在我以前写的好几本书中，包括《奇怪的同伴：性、进化和一夫一妻的惊人关联》，这本书由我跟我的妻子合写，最初由贝尔维尤文学社出版，也包括《性别鸿沟》（Gender Gap）和《兔与龟》（The Hare and the Tortoise）中的一些段落，前者由事务出版社

（Transaction Publishers）出版，后者由企鹅出版社出版。我要向之前的读者道歉，因为我偶尔会重写以前的材料，也会"掠夺"以前的成果；他们会发现自己又一次碰上了熟悉的东西。但我相信，即便在这种情况下，无论是组织还是思路，对于我这本新书来说，还是够新的。

我想感谢华盛顿大学学术研讨班上的学生，他们阅读了这本书的初稿，还帮我澄清了一些观点。我总是想在我写的书里，像大家一样承认，作者要为书里所有的错误负全责……但很明显，相反的情形才是真相！

注　释

第一章

1. 说白了，就是随处分享一些有趣的假设。
2. Barath, D. P., & Lipton, J. E. (2001). *The Myth of Monogamy: Fidelity and Infidelity in Animals and People.* New York: W. H. Freeman. [Also available in paperback: New York: Henry Holt, 2002.]
3. 在一定程度上，写书就是在锻炼厚脸皮。
4. Hrdy, S. (1986). Empathy, polyandry, and the myth of the coy female. In R. Bleier (Ed.), *Feminist approaches to science.* New York: Pergamon Press.
5. 变异是一个统计学术语。但就本书而言，你可以简单地把变异等同于变化，也就是由许多个体构成的群体分散程度有多大。如果任何一个雌性都有同样数量的后代，那么雌性繁殖结果的变化就是零。如果某个雄性有100个后代，而另外99个雄性一无所有，那么雄性繁殖结果的变化就相当大了。

6. 当然，在一定意义上，这不是真的，因为雄性和雌性的总体回报由所有适应考量的总体结果决定，而它们涉及生态效率和择偶竞争。这是因为，涉及雄性的适应度时，择偶竞争变得格外激烈，它们的身体尺寸倾向于增大；而雌性不会参与明显激烈的同性竞争，因而受自然选择的强烈影响，更容易达到它们这一物种生态最优水平的状态。

7. Hrdy, S. B. (1981). *The woman that never evolved.* Cambridge, MA: Harvard University Press.

8. Plavcan, J. M. (2012). Sexual size dimorphism, canine dimorphism, and male-male competition in primates: Where do humans fit in? *Human Nature, 23,* 45–67.

9. Lovejoy, C. O. (2009). Reexamining human origins in light of Ardipethecus. *Science, 326,* 74–77.

10. Clarys, J. P., Martin, A. D., & Drinkwater, D. T. (1984). Gross tissue weights in the human body by cadaver dissection. *Human Biology, 56,* 459–473.

11. Puts, D. (2010). Beauty and the beast: Mechanisms of sexual selection in humans. *Evolution and Human Behavior, 31,* 157–175.

12. Dixson, A. F. (2009). *Sexual Selection and the Origins of Human Mating Systems.* Oxford, England: Oxford University Press.

13. Wilson, E. O. (1978). *On human nature.* Cambridge, MA: Harvard University Press.

14. Short, R. V. (1994). Why sex? In R. V. Short and E. Balaban (Eds.), *The differences between the sexes.* Cambridge, MA: Cambridge University Press.

15. 科学哲学家卡尔·波普尔认为，科学假设从来不会被证实，只会被证伪，而可以被证伪便是一个假设之所以能成为科学假设的定义特征。根据波普尔式的逻辑，我们就能得到这样的结论：到目前为止，人类有轻微却真实存在的多偶制倾向，这一假设经受住了各种证据的检验。

16. Nelson, E. C., Rolian, L., Cashmore, L., & Shultz, S. (2011). Digit ratios predict polygyny in early apes, Ardipethecus, Neanderthals and early modern humans but not in Australopithecus. *Proceedings of the Royal Society of London, B 278,* 1556–1563.

17. 同上。

18. 从进化角度探讨人类行为，有时候被指责为可能是甚至就是种族主义，因为它关心的是基因的角色。但我要说，真相恰恰相反：也就是说，进化视角是种族主义的解毒剂，因为"人类社会生物学"寻找跨文化的普遍性，即所有人都共有的特点，而不管他们有什么样的传统、肤色，等等。这是因为，他们是同一物种的不同成员，也就是肤色各异的兄弟姐妹。

19. 例如，Hill, K., & Hurtado, A. M. (1996). *Ache life history.* New York: Aldine.

20. 同上。

21. Jenni, D., & Collier, G. (1972). Polyandry in the American jacana (Jacana spinosa). *The Auk, 89,* 743–765.

22. 这里，我必须指出一个问题。人类学家对婚姻规则的了解比实际择偶行为的了解多得多，因此，当某个社会被确定为"一夫一妻制"或"一夫多妻制"时，理应引发相当大的不确定性，甚至是彻头彻尾的怀疑。也就是说，一个被称作一夫一妻制的社会完全有可能实行的是隐蔽的一夫多妻制，而实行一夫多妻制的人们不太可能是秘密的一夫一妻制者。因此，假如有什么可能的话，多偶制更可能被低估，而一夫一妻制更容易被高估。

23. La Barre, W. (1954). *The human animal.* Chicago: University of Chicago Press.
24. 恰好，这些比例也跟灵长类中发现的一模一样：在人类之外的灵长类中，大概 15% 是一夫一妻制，各种各样的多偶制占了几乎 85% 的份额，而一妻多夫制则几乎没发现过。
25. Murdock, G. P. (1967). *The ethnographic atlas.* Pittsburg, PA: University of Pittsburg Press.
26. Salzano, F. M., Neel, J. V., & Maybury-Lewis, D. (1967). I. Demographic data on two additional villages: Genetic structure of the tribe. *American Journal of Human Genetics, 19,* 463–489.
27. Dupanloup, I., Pereira, L., Bertorelle, G., Calafell, F., Prata, M. J., Amorim, A., & Barbujani, G. (2003). A recent shift from polygyny to monogamy in humans is suggested by the analysis of worldwide Y-chromosome diversity. *Journal of Molecular Evolution, 57,* 85–97.
28. Byers, J. (1998). *American pronghorn: Social adaptations and the ghosts of predators past.* Chicago: University of Chicago Press.
29. Chamie, J., & Nsuly, S. (1981). Sex differences in remarriage and spouse selection. *Demography, 18,* 335–348.
30. Acton, W. (1862). *The functions and disorders of the reproductive organs in childhood, youth, adult age, and advanced life: Considered in their physiological, social, and moral relations* (3rd ed.) London: Churchill Publishers.
31. Starkweather, K. E., & Hames, R. (2012). A survey of non-classical polyandry. *Human Nature, 23,* 149–172.
32. 同上。

33. Le Boeuf, B. J., & Reiter, J. (1988). Lifetime reproductive success in northern elephant seals. In T. G. Clutton-Brock (Ed.), *Reproductive success*. Chicago: University of Chicago Press.
34. Maccoby, E. E., & Jacklin, C. N. (1974). *The psychology of sex differences*. Stanford, CA: Stanford University Press.
35. Diamond, J. (2013). *The world until yesterday: What can we learn from traditional societies?* New York: Penguin.
36. Henrich, J., Heine, S. J., & Norenzayan, A. (2010). Beyond WEIRD: Towards a broad-based behavioral science. *Behavioral and Brain Sciences, 33*(2–3), 111–135.

第二章

1. James, W. (1891). *The principles of psychology*. London: Macmillan.
2. Courtiol, A., Raymond, M., Godelle, B., & Ferdy, J. B. (2010). Mate choice and human stature: Homogamy as a unified framework for understanding mating preferences. *Evolution, 64,* 2189–2203.
3. Toma, C. L., Hancock, J. T., & Ellison, N. B. (2008). Separating fact from fiction: An examination of deceptive self-presentation in online dating profiles. *Personality and Social Psychology Bulletin, 34,* 1023–1036.
4. Buss, D. M., Abbott, M., Angleitner, A., Asherian, A., Biaggio, A., Blanco-Villasenor, A., . . . Yang, K.-S. (1990). International preferences in selecting mates: A study of 37 cultures. *Journal of Cross-Cultural Psychology, 21,* 5–47.
5. Wilson, M., & Daly, M. (1985). Competitiveness, risk taking, and

violence: The young male syndrome. *Ethology and Sociobiology, 6,* 59–73.

6. Ryan, C., & Jetha, C. (2011). *Sex at dawn.* New York: Harper.
7. 黑猩猩和倭黑猩猩的社群可能构成了"部落"，也可能不是，但没有理由认为它们"原始"。人类既不是从黑猩猩进化而来，也不是从倭黑猩猩进化而来，而我们对自己跟这两种近亲的共同祖先采取的婚配制度几乎一无所知，唯一确定的就是，作为一种哺乳动物，它们表现出典型的哺乳动物倾向，即明显的一夫多妻制，同时伴随着隐蔽的一妻多夫制。
8. de Waal, F. B. M. (2001). Apes from Venus: bonobos and human social organization. In F. B. M. de Waal (Ed.), *Tree of origin: What primate behavior can tell us about human social evolution.* Cambridge, MA: Harvard University Press.
9. Emlen, D. (2014). *Animal weapons: The evolution of battle.* New York: Henry Holt.
10. Daly, M., Wilson, M., & Weghorst, S. (1982). Male sexual jealousy. *Ethology and Sociobiology, 3,* 11–27.
11. Weinstein J. D. (1986). *Adultery, law, and the state: A history.* Hastings Law Journal. San Francisco: University of California.
12. Bakken, G. M. (Ed.). (2000). *Law in the Western United States.* Norman: University of Oklahoma Press.
13. 同上。
14. "丈夫被指控杀死了妻子的情夫；妻子遭到控告."ABC NEWS. http:// abcnews.go.com/GMA/ LegalCenter/ story?id=2998744.
15. Barash, D. P., & Lipton, J. E. (2002). *Gender gap: The biology of male-female differences.* New Brunswick, NJ: Transaction

Publishers.

16. Buss, D. M. (1994). *The evolution of desire: Strategies of human mating.* New York: Basic Books.
17. Daly, M., Wilson, M., & Vasdev, N. (2001). Income inequality and homicide rates in Canada and the United States. *Canadian Journal of Criminology, 43,* 219–236
18. Chagnon, N. (1979). Is reproductive success equal in egalitarian societies? In N. Chagnon & W. Irons (Eds.), *Evolutionary biology and human social behavior.* North Scituate, MA: Duxbury Press.
19. Betzig, L. (2008). *Despotism and differential reproduction.* New Brunswick, NJ: Aldine Transaction.
20. Betzig, L. (2012). Means, variances, and ranges in reproductive success: Comparative evidence. *Evolution and Human Behavior, 33,* 309–317.
21. Chagnon, N. (1988). Life histories, blood revenge and warfare in a tribal population. *Science, 239,* 985–992.
22. McElvaine, R. S. (2001). *Eve's seed: Biology, the sexes and the course of history.* New York: McGraw-Hill.
23. 有趣的是,"征服"这个词不仅被用于描述战争的成就,也被用在了性事上。我的猜测(尚待检验)是,这种用法仅仅局限于男人。
24. Betzig, *Despotism and differential reproduction.*
25. Zerjal, T., Xue, Y., Bertorelle, G., Wells, R. S., Bao, W., Zhu, S., . . . Tyler-Smith, C. (2003). The genetic legacy of the Mongols. *The American Journal of Human Genetics, 72,* 717–721.
26. Rodzinski, W. (1979). *A. History of China.* Oxford, England:

Pergamon.
27. Wade, N. (2006). *Before the dawn: Recovering the lost history of our ancestors.* New York: Penguin.
28. Jarvis, P. (2006). "Rough and tumble" play: Lessons in life. *Evolutionary Psychology, 4,* 330–346.
29. Maccoby, E. E., & Jacklin, C. N. (1974). *The psychology of sex differences.* Stanford, CA: Stanford University Press; Maccoby, E. E., & Jacklin, C. N. (1980). Sex differences in aggression: A rejoinder and reprise. *Child Development, 51,* 964–980.
30. Huck, M. G., & Fernandez-Duque, E. (2011). Building babies when dads help: Infant development of owl monkeys and other primates with allo-maternal care. In K. Clancy, K. Hinde, & J. Rutherford (Eds.), *Building babies: Proximate and ultimate perspectives of primate developmental trajectories.* New York: Springer Verlag.
31. Alexander, G. M., & Hines, M. (2002). Sex differences in response to children's toys in nonhuman primates (Cercopithecus aethiops sabaeus). *Evolution and Human Behavior, 23,* 467–479.
32. Chau, M. J., Stone, A. I., Mendoza, S. P., & Bales, K. L. (2008). Is play behavior sexually dimorphic in monogamous species? *Ethology, 114,* 989–998.
33. Geary, D. C. (2010). *Male, female: The evolution of human sex differences.* Washington, D. C.: American Psychological Association.
34. Patterson, G. R., Littman, R. A., & Bricker, W. (1967). Assertive behavior in children: A step toward a theory of aggression. *Monographs of the Society for Research in Child Development, 32,* 1–43.

35. Bjerke, T. (1992). Sex differences in aggression. In J. M. G. van der Dennen (Ed.), *The nature of the sexes*. Groningen, Holland: Origen Press.
36. Freedman, D. G. (1975). *Human infancy*. New York: John Wiley & Co.
37. Konner, M. (2010). *The evolution of childhood*. Cambridge, MA: Harvard University Press.
38. Archer, J. (2004). Sex differences in aggression in real-world settings: A meta-analytic review. *Review of General Psychology, 8,* 291–322.
39. Whiting, B. B., & Whiting, J. W. (1975). *Children of six cultures: A psycho-cultural analysis*. Cambridge, MA: Harvard University Press.
40. Konner, M. (2015). *Women after all*. New York: W. W. Norton.
41. Sapolsky, R. M. (1998). *The trouble with testosterone*. New York: Scribner's.
42. Mead, M. (1949). *Male and female*. New York: Morrow.
43. Williams, J. E., & Best, D. (1982). *Measuring sex stereotypes: A thirty nation study*. London: Sage.
44. Pfaff, D. W. (2010). *Man and woman: An inside story*. New York: Oxford University Press.
45. Clutton-Brock, T. H., & Isvaran, K. (2007). Sex differences in ageing in natural populations of vertebrates. *Proceedings of the Royal Society of London, B 274,* 3097–3104.
46. Kruger, D. J., & Nesse, R. M. (2006). An evolutionary life-history framework for understanding sex differences in human mortality

rates. *Human Nature, 17,* 74–97.
47. Wilson, C. G. (2008). Male genital mutilation: An adaptation to sexual conflict. *Evolution and Human Behavior, 29,* 149–164.
48. Davis, A. J. (1970). Sexual assaults in the Philadelphia prison system. In J. H. Gagnon and W. Simon (Eds.), *The sexual scene.* Chicago: Aldine.
49. Manson, J., & Wrangham, R. W. (1991). Intergroup aggression in chimpanzees and humans. *Current Anthropology, 32,* 369–390.
50. Bruce, N., & Gladstone, R. (2014, December 11). More people die from homicide than in wars, U.N. *says. New York Times,* p. A11.
51. Daly, M., & Wilson, M. (1988). *Homicide.* Chicago: Aldine Transaction.
52. Wolfgang, M. (1958). *Patterns in criminal homicide.* Philadelphia: University of Pennsylvania Press.
53. Matthiessen, P. (2012). *Under the mountain wall.* New York: Random House.
54. Lewis, O. (1961). *The children of Sanchez: Autobiography of a Mexican family.* New York: Random House.
55. Hrdy, S. B. (1980). *The langurs of Abu: Female and male strategies of reproduction.* Cambridge, Mass.: Harvard University Press.
56. Hrdy, S. B. (1977). Infanticide as a primate reproductive strategy. *American Scientist, 65,* 40–49.
57. van Schaik, C. P., & Janson, C. H. (2000). *Infanticide by males and its implications.* Cambridge, England: Cambridge University Press.
58. Daly, M., & Wilson, M. (1985). Child abuse and other risks of not living with both parents. *Ethology and Sociobiology, 6,* 155–176.

59. Daly, M., & Wilson, M. (1996). Violence against step-children. *Current Directions in Psychological Science, 5,* 77–81.
60. Hrdy, S. B. (1981). *The woman that never evolved.* Cambridge, MA: Harvard University Press.
61. Benenson, J. F., Hodgson, L., Heath, S., & Welch, P. J. (2008). Human sexual differences in the use of social ostracism as a competitive tactic. *International Journal of Primatology, 29,* 1019–1035.
62. Vaillancourt, T. (2013). Do human females use indirect aggression as an intrasexual competition strategy? *Philosophical Transactions of the Royal Society B: Biological Sciences, 368,* 20130080.
63. Buss, D. M., & Schmitt, D. P. (1993). Sexual strategies theory: An evolutionary perspective on human mating. *Psychological review, 100,* 204.
64. Schmitt, D. P., & Buss, D. M. (1996). Strategic self-promotion and competitor derogation: Sex and context effects on the perceived effectiveness of mate attraction tactics. *Journal of Personality and Social Psychology, 70,* 1185.

第三章

1. Kinsey, A. C., Pomeroy, W. B., Martin, C. E., & Gebhard, P. H. (1953). *Sexual behavior in the human female.* Philadelphia: W. B. Saunders.
2. Platek, S., & Shackelford, T. K. (Eds.). (2006). *Female infidelity and paternal uncertainty.* Cambridge, England: Cambridge University Press.
3. 对年龄不超过四十岁的年轻读者而言，（"复写件"）这个术语指的是一种平常的技术——现在已过时了，它能在复印机和计算机发明之前制作副本。我这么说是为了提醒那些健忘的人。

4. Whitfield, J. (2004). Everything you always wanted to know about sexes. *PLoS Biology, 2(6),* e183.

5. 即便日益清楚的是，女性事实上的确比男性更挑剔，但我们现在也知道，贝特曼把女性的性行为风格描述为"被动"并不准确。

6. Newport, K. G. C. (2006). *The Branch Davidians of Waco: The history and beliefs of an apocalyptic sect.* New York: Oxford University Press.

7. Garcia, H. A. (2015). *Alpha God: The psychology of religious violence and oppression.* Amherst, NY: Prometheus Books.

8. Pizzari, T., Cornwallis, C., K., Lølie, H., Jakobsson, S., & Birkhead, T. R. (2003). Sophisticated sperm allocation in male fowl. *Nature, 426* (6962), 70–74.

9. Pound, N. (2002). Male interest in visual cues of sperm competition risk. *Evolution and Human Behavior, 23,* 443–466.

10. Geher, G., & Kaufman, S. B. (2013). *Mating intelligence unleashed: The role of the mind in sex, dating and love.* New York: Oxford University Press.

11. Kennair, L. E. O., Schmitt, D. P., Fjeldavli, Y. L., & Harlem, S. K. (2009). Sex differences in sexual desires and attitudes in Norwegian samples. *Interpersona, 3* (Supp. 1), 1–32.

12. Marlow, F. W. (2004). Male preferences among Hadza hunter-gatherers. *Human Nature, 4,* 365–376.

13. Escasa, M., Gray, P. B., & Patton, J. Q. (2010). Male traits

associated with attractiveness in Conambo, Ecuador. *Evolution and Human Behavior, 31,* 193–200.

14. Buss, D. (1989). Sex differences in human mate preferences: Evolutionary hypotheses tested in 37 cultures. *Behavioral and Brain Sciences, 12,* 1–49.

15. Bokek-Cohen, Y., Peres, Y., & Kanazawa, S. (2008). Rational choice and evolutionary psychology as explanations for mate selectivity. *Journal of Social, Evolutionary, and Cultural Psychology, 2,* 42.

16. Townsend, J. M. (1995). Sex without emotional involvement: An evolutionary interpretation of sex differences. *Archive of Sexual Behavior, 24,* 171–204.

17. Gustavsson, L., & Johnsson, J. (2008). Mixed support for sexual selection theories of mate preferences in the Swedish population. *Evolutionary Psychology, 6,* 575–585.

18. Jonason, P. K., Li, N. P., & Madson, L. (2012). It is not all about the Benjamins: Understanding preferences for mates with resources. *Personality and Individual Differences, 52,* 306–310.

19. Malinowski, B. (1929). *The sexual life of savages in north-western Melanesia.* London: Routledge.

20. Pérusse, D. (1993). Cultural and reproductive success in industrial societies: Testing the relationship at proximate and ultimate levels. *Behavioral and Brain Sciences 16,* 267–322.

21. Orwell, G. (1933). *Down and out in Paris and London.* London: Victor Gollancz.

22. Pérusse, D. (1994). Mate choice in modern societies: Testing evolutionary hypotheses with behavioral data. *Human Nature,*

5, 255–278; Kanazawa, S. (2003). Can evolutionary psychology explain reproductive behavior in the contemporary United States? *Sociological Quarterly, 44,* 291–302.
23. Barash, D. P. (1981). *The whisperings within: Evolution and the origins of human nature.* New York: Penguin.
24. Miller, G., Tybur, J. M., & Jordan, B. D. (2007). Ovulatory cycle effects on tip earnings by lap dancers: Economic evidence for human estrus? *Evolution and Human Behavior, 28,* 375–381.
25. Tracy, J. L., & Beall, A. T. (2014). The impact of weather on women's tendency to wear red or pink when at high risk for conception. *PLoS One, 9(2),* e88852; Beall, A. T., & Tracy, J. L. (2013). Women are more likely to wear red or pink at peak fertility. *Psychological Science, 24,* 1837–1841.
26. Thornhill, R., & Gangestad, S. W. (2008). *The evolutionary biology of human female sexuality.* New York: Oxford University Press.
27. Barash, D., & Lipton, J. E. (2010). *How women got their curves, and other just-so stories.* New York: Columbia University Press.
28. Hrdy, S. B. (2000). *Mother nature.* New York: Ballantine.
29. Lévi-Strauss, C. (1969). *The elementary structures of kinship.* Oxford, England: Alden Press.
30. In a rather subtle permutation on the double standard, only rarely is childlessness attributed to "failure" on the part of the husband.
31. Ford, C. S. (1951). Control of contraception in cross-cultural perspective. *Annals of the New York Academy of Sciences, 54,* 763–768.
32. Wrangham, R. W. (1993). The evolution of sexuality in chimpanzees

and bonobos. *Human Nature, 4,* 47–79.

33. Stolting, K. N., & Wilson, A. B. (2007). Male pregnancy in seahorses and pipefish: Beyond the mammalian model. *Bioessays, 29,* 884–896.

34. Anderson, M. J., & Dixson, A. F. (2005). Sperm competition and the evolution of sperm midpiece volume in mammals. *Journal of the Zoological Society of London, 267,* 135–142.

35. Nunn, C. L., Gittleman, J. L., & Antonovics, J. (2000). Promiscuity and the primate immune system. *Science, 290,* 1168–1170.

36. Gallup, Jr., G. G., Burch, R. L., Zappieri, M. L., Parvez, R. A., Stockwell, M. L., & Davis, J. A. (2003). The human penis as a semen displacement device. *Evolution and Human Behavior, 24,* 277–289.

37. Kenrick, D. T., Sadalla, E. K., Groth, G., & Trost, M. R. (1990). Evolution, traits, and the stages of human courtship: Qualifying the parental investment model. *Journal of Personality, 58,* 97–116.

38. Zahavi, A., & Zahavi, A. (1987). *The handicap principle: A missing piece of Darwin's puzzle.* London: Oxford University Press.

39. Tanner, N., & Zihlman, A. (1976). Women in evolution. Part I: Innovation and selection in human origins. *Signs, 1,* 585–608.

40. Maslow, A. H., Rand, H., & Newman, S. (1960). Some parallels between sexual and dominance behavior of infra-human primates and the fantasies of patients in psychotherapy. *Journal of Nervous and Mental Diseases, 131,* 202–212.

41. Griffin, S. (1971). Rape: the all-American crime. *Ramparts, 9,* 24–35. 42. Dewsbury, D. A., Estep, D. Q., & Lanier, D. L. (1977).

Estrous cycles of nine species of muroid rodents. *Journal of Mammalogy, 58,* 89–92.

42. Dewsbury, D. A., Estep, D. Q., & Lanier, D. L. (1977). Estrous cycles of nine species of murid rodents. Vournal of Mammalogy, *58,* 89–92.

第四章

1. 注意，这里并没有暗示说这种确信需要有意识。任何在男人身上基于遗传的倾向，若使得他们投资于别人的后代，都会受到自然选择的抵制。相反，把父性投资集中于自身后代的倾向则会得到青睐。

2. Low, B. (1992). Men, women, resources and politics. In J. M. G. van der Denned (Ed.), *The Nature of the sexes.* Groningen, Holland: Origin Press.

3. Daly, M., & Wilson, M. (1978). *Sex, evolution, and behavior.* North Scituate, MA: Duxbury Press.

4. Ralls, K. (1976). Mammals in which females are larger than males. *Quarterly Review of Biology, 51,* 181–225.

5. Marlowe, F. (2000). Paternal investment and the human mating system. *Behavioral Processes, 51,* 45–61.

6. Ehrenreich, B. (1987). *The hearts of men: American dreams and the flight from commitment.* New York: Doubleday Anchor.

7. Sear, R., & Mace, R. (2008). Who keeps children alive? A review of the effects of kin on child survival. *Evolution and human behavior, 29,* 1–18.

8. Orians, G. H. (1969). On the evolution of mating systems in birds and mammals. *American Naturalist, 103,* 589–603.
9. Barash, D. P. (1976). Some evolutionary aspects of parental behavior in animals and man. *American Journal of Psychology, 89,* 195–217.
10. 在这种情况下,"选择"这个词有两个含义,既指某一雌性个体的选择,也指自然选择本身的行动。
11. Alatalo, R. V., Lundberg, A., & Glynn, C. (1986). Female pied flycatchers choose territory quality and not male characteristics. *Nature, 323,* 152–153.
12. Lenington, S. (1980). Female choice and polygyny in red-winged blackbirds. *Animal Behaviour, 28,* 347–351.
13. Pleszczynska, W. K. (1978). Microgeographic prediction of polygyny in the lark bunting. *Science, 201,* 935–937.
14. Travis, S. E., Slobodchikoff, C. N., & Keim, P. (1995). Ecological and demographic effectson intraspecific variation in the social system of prairie dogs. *Ecology, 76,* 1794–1803.
15. Downhower, J., & Armitage, K. B. (1971). The yellow-bellied marmot and the evolution of polygyny. *American Naturalist, 105,* 355–370.
16. Irons, W. (1979). Cultural and biological success. In N. A. Chagnon & W. Irons (Eds.), *Natural selection and social behavior.* North Scituate, MA: Duxbury.
17. Flinn, M. V. (1986). Correlates of reproductive success in a Caribbean village. *Human Ecology, 14,* 225–243.
18. Turke, P. W., & Betzig, L. (1985). Those who can do: Wealth, status, and reproductive success on Ifaluk. *Ethology and Sociobiology, 6,*

79–87.

19. Hill, J. (1984). Prestige and reproductive success in man. *Ethology and Sociobiology, 5,* 77–95.

20. Kempenaers, B., Everding, S., Bishop, C., Boag, P., & Robertson, R. J. (2001). Extra-pair paternity and the reproductive role of male floaters in the tree swallow *(Tachycineta bicolor). Behavioral Ecology and Sociobiology, 49,* 251–259.

21. Lee, R. (1979). Politics, sexual and nonsexual, in an egalitarian society. In E. Leacock & R. Lee (Eds.), *Politics and history in band societies.* Cambridge, England: Cambridge University Press.

22. Quoted in Hrdy, S. (1999). *Mother nature: Maternal instincts and how they shape the human species.* New York: Ballantine Books.

23. 例如，Strassman, B. (1997). Polygyny as a risk factor for child mortality among the Dogon. *Current Anthropology, 38,* 688–695.

24. 这一程序（普遍被认为可怕，还带有医学危险）的各种变式，存在于非洲和中东的二三十个国家里。

25. Hrdy, *Mother Nature.*

26. Isaac, B. L. (1980). Female fertility and marital form among the Mende of rural upper Bambara chiefdom, Sierra Leone. *Ethnology, 19,* 297–313.

27. Strassman, B. (2003). Social monogamy in a human society: Marriage and reproductive success among the Dogon. In B. Reichard & C. Boesch (Eds.), *Monogamy: Mating strategies and partnerships in birds, humans and other mammals.* Cambridge, England: Cambridge University Press.

28. Flinn, M. V., & England, B. (1995). Childhood stress and family

environment. *Current Anthropology, 36,* 854–866.

29. Dorjahn, V. R. (1958). Fertility, polygyny and their interrelations in Temne society. *American Anthropologist, 60,* 838–860.
30. Borgerhoff Mulder, M. (1990). Kipsigis women's preference for wealthy men: Evidence for female choice in mammals? *Behavioral Ecology and Sociobiology, 17,* 255–264.
31. Bove, R., & Valeggia, C. (2009). Polygyny and women's health in sub-Saharan Africa. *Social Science and Medicine, 68,* 21–29.
32. Jankowiak, W., Sudakov, M., & Wilreker, B. C. (2005). Co-wife conflict and cooperation. *Ethnology, 44,* 81–98.
33. Ridpath, M. G. (1972). The Tasmanian native hen, *Tribonyx mortierii. CSIRO Wildlife Research, 17,* 1–118.
34. Chisholm, J. S., & Burbank, V. (1991). Monogamy and polygyny in southeast Arnhem Land: Male coercion and female choice. *Ethology and Sociobiology, 12,* 291–313.
35. Egboh, E. O. (1972). Polygamy in Iboland. *Civilizations, 22,* 431–444.
36. Eagly, A. H., & Wood, W. (1999). The origins of sex differences in human behavior: Evolved dispositions or social roles? *American Psychologist, 54,* 408–423.
37. Schmitt, D. P., Youn, G., Bond, B., Brooks, S., Frye, H., Johnson, S., ... & Stoka, C. (2009). When will I feel love? The effects of culture, personality, and gender on the psychological tendency to love. *Journal of Research in Personality, 43,* 830–846; Lippa, R. A. (2009). Sex differences in sex drive, sociosexuality, and height across 53 nations: Testing evolutionary and social structural theories.

Archives of Sexual Behavior, 38, 631–651.

38. Tadinac, M., & Hromatko, I. (2007). Own mate value and relative importance of a potential mate's qualities. *Studia Psychologica, 49,* 251–264; Buss, D. M., & Shackelford, T. K. (2008). Attractive women want it all: Good genes, economic investment, parenting proclivities, and emotional commitment. *Evolutionary Psychology, 6,* 134–146.

39. 比如，假如在我们的案例中，性别比发生了变化，男性的数量超过了50%，那么作为男性的平均收益就会下降，以平衡这一趋势；随后，自然选择就会制造出更多女性。多少呢？恰好能使性别比恢复平衡。

40. Trivers, R. L., & Willard, D. E. (1973). Natural selection of parental ability to vary the sex ratio of offspring. *Science, 179*(4068), 90–92.

41. Proffitt, K. M., Garrott, R. A., & Rotella, J. J. (2008). Variation in offspring sex ratio among individual Weddell seal *(Leptonychotes weddellii)* females of different quality. *Behavioral Ecology and Sociobiology, 62,* 1679–1687.

42. Holand, Ø., Mysterud, A., Røed, K. H., Coulson, T., Gjøstein, H., Weladji, R. B., & Nieminen, M. (2006). Adaptive adjustment of offspring sex ratio and maternal reproductive effort in an iteroparous mammal. *Proceedings of the Royal Society B: Biological Sciences, 273*(1584), 293–299.

43. Roche, J. R., Lee, J. M., & Berry, D. P. (2006). Pre-conception energy balance and secondary sex ratio—Partial support for the Trivers-Willard hypothesis in dairy cows. *Journal of Dairy Science, 89,* 2119–2125.

44. Brown, G. R. (2001). Sex-biased investment in nonhuman primates: Can Trivers & Willard's theory be tested? *Animal Behaviour, 61,* 683–694.
45. Dickemann, M. (1979). Female infanticide, reproductive strategies and social stratification: A preliminary model. In N. Chagnon & W. Irons (Eds.), *Evolutionary biology and human social behavior.* North Scituate, MA: Duxbury Press.
46. Autor, D., Figlio, D., Karbownik, K., Roth, J., & Wasserman, M. (2015). Family disadvantage and the gender gap in behavioral and educational outcomes. http:// www.ipr. northwestern.edu/ publications/ papers/ 2015/ ipr-wp-15-16.html.
47. Kanazawa, S. (2005). Big and tall parents have more sons: Further generalizations of the Trivers–Willard hypothesis. *Journal of Theoretical Biology, 235,* 583–590.
48. Murdoch, G. P. (1976). *Ethnographic Atlas.* Pittsburg, PA: University of Pittsburg Press.
49. Murdoch, G. P., & White, D. (1969). Standard cross-cultural sample. *Ethnology, 8,* 329–369.
50. 虽然标准跨文化样本较小，但因为尽可能地描述了各种各样的社会，它们在地理上和语言上彼此间有很大差别，因而更可能构成研究者眼中真正的"数据集"。
51. Borgerhoff Mulder, M., & Turke, P. (1988). Kipsigis bridewealth payments. In L. Betzig, M. Borgerhoff Mulder, & P. Turke (Eds.), *Human reproductive behaviour: A Darwinian perspective.* Cambridge, England: Cambridge University Press.
52. Gaulin, S. J. C., & Boster, J. S. (1990). Dowry as female

competition. *American Anthropologist, 92,* 994–1005.
53. 同上。
54. Cronk, L. (1989). Low socioeconomic status and female-biased parental investment: The Mukogodo example. *American Anthropologist, 91,* 414–429.
55. Jankowiak, W., Sudakov, M., & Wilreker, B. C. (2005). Co-wife conflict and cooperation. *Ethnology, 44,* 81–98.
56. Hrdy, S. B. (2009). *Mothers and others: The evolutionary origins of mutual understanding.* Cambridge, MA: Harvard University Press.
57. 同上。
58. Hill, K., & Hurtado, A. M. (1996). *The ecology and demography of a foraging people.* New York: Aldyne de Gruyer; Beckerman, S., & Valentine, P. (2002). *The theory and practice of partible paternity in South America.* Gainesville: University Press of Florida.
59. 反之亦然。
60. Emlen, S., & Oring, L. (1977). Ecology, sexual selection, and the evolution of mating systems. *Science, 197,* 215–223.
61. Spinage, C. A. (1969). Territoriality and social organization of the Uganda defassa waterbuck, *Kobus defassa ugandae. Journal of Zoology, 159,* 329–361.
62. Gosling, L. M. (1991). The alternative mating strategies of male topi, *Damaliscus lunatus. Applied Animal Behaviour Science,* 29, 107–119.
63. Byers, J. A. (1997). *American pronghorn: Social adaptations and the ghosts of predators past.* Chicago: University of Chicago Press.
64. Barash, D. P. (1989). *Marmots: Social behavior and ecology.* Stanford, C. A.: Stanford University Press.

65. Dixson, A. F. (2009). *Sexual selection and the origins of human mating systems.* Oxford, England: Oxford University Press.
66. Daly, M. & Wilson, M. (1982). Whom are newborn babies said to resemble? *Ethology and Sociobiology, 3,* 69–78.
67. Regalski, J. M., & Gaulin, S. J. C. (1993). Whom are Mexican infants said to resemble? Monitoring and fostering paternal confidence in the Yucatan. *Ethology and Sociobiology, 14,* 97–113.
68. Goldstein, M. C. (1971). Stratification, polyandry, and family structure in central Tibet. *Southwestern Journal of Anthropology, 27,* 64–74.
69. Barash, D. P., & Lipton, J. E. (2009). *How women got their curves, and other just-so stories.* New York: Columbia University Press; Barash, D. P. (2012). *Homo mysterious: Evolutionary puzzles of human nature.* New York: Oxford University Press.
70. Voland, E., Chasiotis, A., & Schiefenhövel, W. (Eds.). (2005). *Grandmotherhood: The evolutionary significance of the second half of female life.* New Brunswick, NJ: Rutgers University Press.
71. Hawkes, K. (2004). Human longevity: The grandmother effect. *Nature, 428*(6979): 128–129.
72. Essock-Vitale, S., & McGuire, M. T. (1988). What 70 million years hath wrought: Sexual histories and reproductive success of a random sample of American women. In L. Betzig, M. Borgerhoff-Mulder, & P. Turke (Eds.), *Human reproductive behavior: A Darwinian perspective.* Cambridge, England: Cambridge University Press.
73. Konner, M. (2015). *Women after all.* New York: W. W. Norton.
74. Mencken, H. L. (1927). *In Defense of Women.* New York: A. A. Knopf.
75. 注意，这里不是在说伦理上的"应该"，而仅仅是表述一种演绎推测的方式。

76. Low, B. (1989). Cross-cultural patterns in the training of children: An evolutionary perspective. *Journal of Comparative Psychology, 103,* 311–319.

77. 另外一种同样可信的观点是，因为男人不像女人那样确信自己跟孩子之间的亲缘关系，他们被踢出了照料自家婴儿的伊甸园；但这么一来，也使得这一最坏的处境柳暗花明，男人发现，他们自己现在有机会寻找额外的配偶了。

78. Cllutton-Brock, T. H. (1991). *The evolution of parental care.* Princeton, NJ: Princeton University Press.

第五章

1. Lukas, D., & Clutton-Brock, T. H. (2013). The evolution of social monogamy in mammals. *Science, 341*(6145), 526–530.
2. Reichard, U. (1995). Extra-pair copulations in a monogamous gibbon *(Hylobates lar). Ethology, 100,* 99–112.
3. Lukas and Clutton-Brock, "Evolution of Social Monogamy."
4. Opie, C., Atkinson, Q. D., Dunbar, R. I. M., & Shultz, S. (2013). Male infanticide leads to social monogamy in primates. *Proceedings of the National Academy of Sciences, 110,* 13328–13332.
5. Betzig, L. (1992). Roman polygyny. *Ethology and Sociobiology, 13,* 309–349.
6. 格尔茨博士竭力反对人类行为的生物学解释，这一立场导致了我们在多个难忘场合下唇枪舌剑的争论。
7. 这让人想到了"单一主神教"的说法，这是由德国哲学家弗里德里希·谢林发明的概念,用以描述印度教的习俗:每次只崇拜一个神。

8. Lenski, G. E., & Lenski, J. (1978). *Human societies: An introduction to macrosociology* (3rd ed.). New York: McGraw-Hill.
9. Hrdy, S. B. (2011). *Mothers and others.* Cambridge, MA: Harvard University Press.
10. Jones, J. S., & Wynne-Edwards, K. E. (2000). Paternal hamsters mechanically assist the delivery, consume amniotic fluid and placenta, remove fetal membranes, and provide parental care during the birth process. *Hormones and Behavior, 37,* 116–125.
11. Wynne-Edwards, K. E. (1987). Evidence for obligate monogamy in the Djungarian hamster, *Phodopus campbelli:* Pup survival under different parenting conditions. *Behavioral Ecology and Sociobiology, 20,* 427–437.
12. Fernandez-Duque, E. (2007). The Aotinae: Social monogamy in the only nocturnal haplothines. In C. Campbell, A. Fuentes, K. C. MacKinnon, M. Panger, & S. K. Bearder (Eds.), *Primates in perspective.* New York: Oxford University Press.
13. Barash, D. P., & Lipton, J. E. (2002). *The myth of monogamy: Fidelity and infidelity in animals and people.* New York: Henry Holt.
14. Verner, J. (1964). Evolution of polygyny in the long-billed marsh wren. *Evolution, 18,* 252–261.
15. Alatalo, R. V., Carlson, A., Lundberg, A., & Ulfstrand, S. (1981). The conflict between male polygamy and female monogamy: The case of the pied flycatcher *Ficedula hypoleuca. American Naturalist, 117,* 738–753.
16. Smuts, B. (1985). *Sex and friendship in baboons.* New York: Aldine.

17. van Schaik, C. P., & Dunbar, R. I. M. (1990). The evolution of monogamy in large primates: A new hypothesis and some crucial tests. *Behaviour, 115,* 30–62.
18. de Waal, F. B. M. (2003). Apes from Venus: Bonobos and human social evolution. In F. B. M. de Waal (Ed.), *Tree of origin.* Cambridge, MA: Harvard University Press.
19. Fisher, H. E. (1989). Evolution of human serial pair-bonding. *American Journal of Physical Anthropology, 78,* 331–354.
20. Low, B. S. (2003). Ecological and social complexities in human monogamy. In B. Reichard & C. Boesch (Eds.), *Monogamy: Mating strategies and partnerships in birds, humans, and other mammals.* Cambridge, England: Cambridge University Press.
21. Marlowe, F. W. (2003). The mating system of foragers in the standard cross-cultural sample. *Cross-Cultural Research, 37,* 282–306.
22. Engels, F. (2010). *The origin and history of the family, private property and the state.* New York: Penguin Classics.
23. Knodel, J., Low, B., Saengtienchai, C., & Lucas, R. (1997). An evolutionary perspective on Thai sexual attitudes and behavior. *Journal of Sex Research, 34,* 292–303.
24. Slagsvold, T., Amundsen, T., Dale, S., & Lampe, H. (1992). Female-female aggression explains polyterritoriality in male pied flycatchers. *Animal Behaviour, 43,* 397–407.
25. Sandell, M. I., & Smith, H. G. (1996). Already mated females constrain male mating success in the European starling. *Proceedings of the Royal Society of London. Series B: Biological Sciences, 263*(1371), 743–747.

26. Alexander, R. D. (1987). *The biology of moral systems.* New York: Aldine de Gruyter.

27. 谈及人类天性，有很多这样明显的"咄咄"怪事。另一个就是，大多数社会都很容易接受有一个执照的需要，以证实自己拥有基本能力能够驾车，但养孩子显然比驾车更复杂，更有挑战性，却不存在这样的要求。

28. Chapais, B. (2008). *Primeval kinship: How pair-bonding gave birth to human society.* Cambridge, MA: Harvard University Press.

29. Hudson, V., & den Boer, A. M. (2005). *Bare branches: The security implications of Asia's surplus male population.* Cambridge, M. A.: MIT Press.

30. 济慈使用了"壮丽"（awful）一词，的确暗示着使人产生敬畏，而非让人感觉糟糕！

31. Jankowiak, W. (Ed.). (2008). *Intimacies: Love and sex across cultures.* New York: Columbia University Press.

32. Doctoral dissertation by H. Harris, cited in Pillsworth, E. G., & Haselton, M. G. (2006). Women's sexual strategies: The evolution of long-term bonds and extrapair sex. *Annual Review of Sex Research, 17,* 59–100.

33. Jankowiak, W., & Fischer, E. F. (1992). A cross-cultural perspective on romantic love. *Ethnology, 31,* 149–166.

34. De Rougemont, D. (1940). *Love in the western world.* New York: Pantheon.

35. Fisher, H. (2004). *Why we love: The nature and chemistry of romantic love.* New York: Henry Holt.

36. Hatfield, E., & Rapson, R. L. (2005). *Love and sex: Cross-cultural perspectives.* Lanham, MD: University Press of America.

37. Barash, D. P., & Lipton, J. E. (2009). *Strange bedfellows: The*

surprising connection between sex, monogamy and evolution. New York: Bellevue Literary Press.
38. 任何一种行为都需要一个当前的"如何"以便发生；但同时也需要一个进化的"为何"，以便让"如何"首先得到自然选择的青睐。
39. Bowlby, J. 1988. *A secure base.* Basic Books: New York.
40. Gaser, C., & Schlaug, G. (2003). Brain structures differ between musicians and nonmusicians. *Journal of Neuroscience, 23,* 9240–9245.
41. Iacoboni, M., Woods, R. P., Brass, M., Bekkering, H., Mazziotta, J. C., & Rizzolatti, G. (1999). Cortical mechanisms of human imitation. *Science, 286,* 2526–2528.
42. Hickok, G. (2009). Eight problems for the mirror neuron theory of action understanding in monkeys and humans. *Journal of Cognitive Neuroscience, 21,* 1229–1243.
43. Dunbar, R. I. M., & Shultz, S. (2007). Evolution in the social brain. *Science, 317,* 1344–1347.
44. Carter, C. S. (1998). Neuroendocrine perspectives on social attachment and love. *Psychoneuroendocrinology, 23,* 779–818.
45. Cushing, B. S., & Carter, C. S. (1999). Prior exposure to oxytocin mimics the effects of social contact and facilitates sexual behavior in females. *Journal of Neuroendocrinology, 11,* 765–769.
46. Goodson, J. L., & Bass, A. H. (2001). Social behavior functions and related anatomical characteristics of vasotocin/ vasopressin systems in vertebrates. *Brain Research Reviews, 35,* 246–265.
47. Young, L. J., Nilsen, R., Waymire, K. G., MacGregor, G. R., & Insel, T. R. (1999). Increased affiliative response to vasopressin in mice expressing the

V1a receptor from a monogamous vole. *Nature, 400,* 766–768.
48. Young, L. J., & Wang, Z. (2004). The neurobiology of pair bonding. *Nature Neuroscience, 7,* 1048–1054.
49. Young, L., & Wang, Z. (2004). The neurobiology of pair bonding. *Nature Neuroscience, 7,* 1048–1054.
50. Donaldson, Z. R., & Young, L. J. (2008). Oxytocin, vasopressin, and the neurogenetics of sociality. *Science, 322,* 900–904.
51. Broad, K. D., Curley, J. P., & Kaverne, E. B. (2006). Infant bonding and the evolution of mammalian social relationships. *Philosophical Transactions of the Royal Society B: Biological Sciences, 361,* 2199–2214.
52. 假如你必须知道的话，这个变异就处于等位基因RS3344 AVPR1A的5'侧翼区。
53. Walum, H., Westberg, L., Henningsson, S., Neiderhiser, J. M., Reiss, D., Igl, W., ... Lichtenstein, P. (2008). Genetic variation in the vasopressin receptor 1a gene (*AVPR1A*) associates with pair-bonding behavior in humans. *Proceedings of the National Academy of Sciences, 105,* 14153–14156.
54. Komisaruk, B. R., Beyer-Flores, C., & Whipple, B. (2006). *The science of orgasm.* Baltimore, MD: Johns Hopkins University Press.
55. Milan Kundera, *The Unbearable Lightness of Being.* New York: Harper Perennial, reprint edition.

第六章

1. Chesterton, G. K. (1911). *Alarms and discursions.* New York: Dodd, Mead and Co.

2. 事实上，这个经常被引用的论调在一篇令人惬意的散文中被扔到一边了，切斯特顿在那篇文章中谈论了一块林地的迷人变化，从他家里可以看到那片林地：在我们家花园一角的外面，是一片林地。一年三百六十五天，它从来都不一样。有时候，它看起来像是篱笆那么近；有时候，它又像是夜晚缥缈而热烈的火烧云那么远。同样的原则，顺便说一句，也适用于拥有三妻四妾这样的难题。

3. Kinsey, A., Martin, C., & Pomeroy, W. (1948). *Sexual behavior in the human male.* Philadelphia: W. B. Saunders.

4. Moran, R. (2015). *Paid for: My journey through prostitution.* New York: W. W. Norton & Co.

5. Barash, D. P., & Lipton, J. E. (2002). *The myth of monogamy: Fidelity and infidelity in animals and people.* New York: Henry Holt.

6. 同上。

7. Richardson, P. R. K., & Coetzee, M. (1988). Mate desertion in response to female promiscuity in the socially monogamous aardwolf, *Proteles cristatus. South African Journal of Zoology, 23,* 306–308.

8. Cezilly, F., & Nager, R. G. (1995). Comparative evidence for a positive association between divorce and extra-pair paternity in birds. *Proceedings of the Royal Society of London Series B: Biological Sciences, 262*(1363), 7–12.

9. Simmons, L. W., Firman, R. C., Rhodes, G., & Peters, M. (2004). Human sperm competition: Testis size, sperm production and rates of extrapair copulations. *Animal Behaviour, 68,* 297–302.

10. Schmitt, D. (2003). Universal sex differences in the desire for sexual variety: Tests from 52 nations 6 continents, and 13 islands. *Journal

of Personality and Social Psychology, 85, 85–104.

11. Gaulin, S., & Schlegel, A. (1980). Paternal confidence and paternal investment: A crosscultural test of a sociobiological hypothesis. *Ethology and Sociobiology, 1,* 301–309; Flinn, M. V., & Low, B. S. (1986). Resource distribution, social competition, and mating patterns in human societies. In D. Rubenstein & R. Wrangham (Eds.), *Ecological aspects of social behavior.* New York: Plenum Press.

12. Smith, S. M. (1988). Extra-pair copulations in black-capped chickadees: The role of the female. *Behaviour, 107,* 15–23.

13. Zhang, N., Parish, W. L., Huang, U. Y., & Pan, S. (2012). Sexual infidelity in China: Prevalence and gender-specific correlates. Archives of Sexual Behavior, 41, 861–873.

14. Ford, C. S., & Beach, F. A. (1951). *Patterns of sexual behavior.* New York: Ace Books.

15. Gangestad, S. W., Thornhill, R., & Garver-Apgar, C. E. (2005). Adaptations to ovulation. In D. M. Buss (Ed.), *The handbook of evolutionary psychology.* Hoboken, NJ: Wiley.

16. Gildersleeve, K., DeBruine, L., Haselton, M. G., Frederick, D. A., Penton-Voak, I. S., Jones, B. C., & Perrett, D. I. (2013). Shifts in women's mate preferences across the ovulatory cycle: A critique of Harris (2011) and Harris (2012). *Sex Roles, 69,* 516–524.

17. Robillard, P. Y., Dekker, G. A., & Hulsey, T. C. (2002). Evolutionary adaptations to preeclampsia/eclampsia in humans: Low fecundability rate, loss of oestrus, prohibitions of incest and systematic polyandry. *American Journal of Reproductive Immunology, 47,* 104–111.

18. Walker, R. S., Flinn, M. V., & Hill, K. R. (2010). Evolutionary

history of partible paternity in lowland South America. *Proceedings of the National Academy of Sciences, 107,* 19195–19200.
19. von Sommers, P. (1988). *Jealousy: What it is and who feels it?* New York: Penguin.
20. Toohey, P. (2014). *Jealousy.* New Haven, CT: Yale University Press.
21. Garcia, J. R., MacKillop, J., Aller, E. L., Merriwether, A., Wilson, D. S., & Lum, J. K. (2010). Associations between dopamine D4 receptor gene variation with both infidelity and sexual promiscuity. *PloS ONE, 5,* e14162.
22. Schmitt, D. P., & Buss, D. M. (2001). Humane mate poaching: Tactics and temptations for infiltrating existing mateships. *Journal of Personal and Social Psychology, 80,* 894–917.
23. Jankowiak, W., & Hardgrave, M. D. (2007). Individual and societal responses to sexual betrayal: A view from around the world. *Electronic Journal of Human Sexuality, 10.*
24. Lukas, D., & Huchard, E. (2014). The evolution of infanticide by males in mammalian societies. *Science, 346*(6211), 841–844.
25. Betzig, L. (1989). Causes of conjugal dissolution: A cross-cultural study. *Current Anthropology, 30,* 654–676.
26. Freeman, D. (1983). *Margaret Mead and Samoa: The making and unmaking of an anthropological myth.* Cambridge, MA: Harvard University Press.
27. Witte, J., & Kindgdon, R. (2005). *Sex, marriage, and family in John Calvin's Geneva.* New York: Wm. B. Eerdmans.
28. Kinsey, A. C., Pomeroy, W. B., & Martin, C. E. (1948). *Sexual behavior in the human male.* Philadelphia: W. B. Saunders.

29. Møller, A. P. (2003). The evolution of monogamy: Mating relationships, parental care and sexual selection. In U. H. Reichard & C. Boesch (Eds.), *Monogamy: Mating strategies and partnerships in birds, humans, and other mammals.* Cambridge, England: Cambridge University Press.
30. Konner, M. (2015). *Women after all.* New York: W. W. Norton.
31. Wroblewski, E. E., Murray, C. M., Keele, B. F., Schumacher-Stankey, J. C., Hahn, B. H., & Pusey, A. E. (2009). Male dominance rank and reproductive success in chimpanzees, *Pan troglodytes schweinfurthii. Animal Behaviour, 77,* 873–885.

第七章

1. Oscar Wilde, quoted in Montagu, A. (1953). *The natural superiority of women.* New York: Macmillan.
2. 这一点，顺便说一下，也是为什么说进化心理学（或者是它以前耳熟能详的绰号"社会生物学"）绝不是某些批评家所声称的种族主义，事实上，它是科学针对种族主义最强大的解毒剂。
3. Konner, M. (2015). *Women after all.* New York: W. W. Norton.
4. Miller, G. (2001). *The mating mind.* New York: Anchor.
5. Brooks, R. (2011). *Sex, genes & rock 'n' roll: How evolution has shaped the modern world.* Sydney, Australia: University of New South Wales Press.
6. Hawkes, K. (1990). Why do men hunt? Benefits for risky choices. In E. Cashdan (Ed.), *Risk and uncertainty in tribal and peasant economies.* Boulder, CO: Westview Press.
7. Stanford, C. B. (2001). *The hunting apes: Meat eating and the*

origin of human behavior. Princeton, NJ: Princeton University Press.

8. de Waal, F. (1989). *Peacemaking among primates.* Cambridge, MA: Harvard University Press.

9. de Waal, F. (1984). Sex differences in the formation of coalitions among chimpanzees. *Ethology and Sociobiology, 5,* 239–255.

10. Allen, A. (2014). Chess grandmastery: Nature, gender, and the genius of Judit Polgár. JSTOR Daily. http://daily.jstor.org/chess-grandmastery-nature-gender-genius-juditpolgar/?utm_source=internalhouse&utm_medium=email&utm_campaign=jstordaily_10292014&%E2%80%A6.

11. Barash, D. P. (2013). *Homo mysterious: Evolutionary puzzles of human nature.* New York: Oxford University Press.

12. Kelly, D. (2005, June 13). Lost to the only life they knew. *LA Times,* p. A1.

13. 非常感谢塞巴斯蒂安·多诺万（Sebastian Donovan），他告诉了我这一点。

14. Alexander, R. D. (1971). The search for an evolutionary philosophy of man. *Proceedings of the Royal Society of Victoria, 84,* 99–120.

15. Wilson, D. S., & Wilson, E. O. (2007). Rethinking the theoretical foundation of sociobiology. *Quarterly Review of Biology, 82,* 327–348.

16. Glass, J. D. (2007). *The power of faith: Mother nature's gift.* Corona del Mar, CA: Donington Press.

17. Garcia, H. A. (2015) *Alpha God: The psychology of religious violence and oppression.* Amherst, NY: Prometheus.

18. 再一次，我要感谢赫克托·加西亚那本精彩的书，它让我觉察到了这一素材。

第八章

1. Barash, D. P. (1987). *The hare and the tortoise: Culture, biology and human nature.* New York: Penguin.
2. de Beauvoir, S. (1961). *The second sex.* New York: Bantam Books.
3. Dickemann, M. (1981). Paternal confidence and dowry competition: A biocultural analysis of purdah. In R. D. Alexander & D. W. Tinkle (Eds.), *Natural selection and social behavior.* New York: Chiron Press.
4. 同样,尽管在某种程度上,女性的乳房在几乎所有人类文化中都带有色情意味,但在乳房经常被掩盖的社会里,这一点尤为明显。相比之下,在某些热带国家,裸胸很正常,因此很少会让人性欲勃发。
5. Cooper, E. (1917). *The harem and the purdah: Studies of Oriental women.* New York: Century.
6. King, M. L., Jr. (2002). *A call to conscience: The landmark speeches of Dr. Martin Luther King, Jr.* New York: Grand Central Publishing.
7. Collard, M. (2002). Grades and transitions in human evolution. In T. J. Crow (Ed.), *Proceedings of the British Academy: Vol. 106. The speciation of modern homo sapiens.* Oxford, England: Oxford University Press.
8. Rice, W. R. (2000). Dangerous liaisons. *Proceedings of the National Academy of Sciences, 97,* 12953–12955.
9. Arouet de Voltaire, F. M. (2009). *The works of Voltaire: A contemporary version with notes.* Ithaca, NY: Cornell University Press.
10. 石油主要是大量的海洋浮游生物(主要是硅藻)沉积的结果,它们跟很多陆地植被一起被埋藏了数百万年;这完全是自然的,却依然会不可思议地让人不快。

11. Williams, G. C. (1988). Huxley's *Evolution and Ethics* in sociobiological perspective. *Zygon, 4,* 385–400.
12. Clark, M. E. (2002). *In search of human nature.* London: Routledge.

第九章

1. Dennett, D. (1996). *Darwin's dangerous idea.* New York: Simon & Schuster.
2. 从学术上说，生物学家通过其所属成员彼此交换基因（交配）的能力来界定某一物种。然而，在实践中，识别物种时，人们通常依据的是它们某些方面的独特性，这些特点把它们跟其他物种区别开来。
3. Ghiselin, M. (1974). *The economy of nature and the evolution of sex.* Berkeley: University of California Press.
4. Coontz, S. (2005). *Marriage, a history.* New York: Viking.
5. Foucault, M. (1978). *The history of sexuality, Vol. I.* New York: Random House.
6. Ryan, C., & Jetha, C. (2010). *Sex at dawn.* New York: Harper.
7. Saxon, L. (2012). *Sex at dusk.* New York: CreateSpace.
8. Dixson, A. F. (2009). *Sexual selection and the origins of human mating systems.* Oxford, England: Oxford University Press.
9. Hua, C. (2001). *A society without fathers or husbands: The Na of China.* New York: Zone.
10. Boesch, C. (2002). *Behavioural diversity in chimpanzees and bonobos.* Cambridge, England: Cambridge University Press.
11. Kingsolver, B. (2003). *High tide in Tucson.* New York: Harper.

新知文库

01 《证据：历史上最具争议的法医学案例》［美］科林·埃文斯 著　毕小青 译
02 《香料传奇：一部由诱惑衍生的历史》［澳］杰克·特纳 著　周子平 译
03 《查理曼大帝的桌布：一部开胃的宴会史》［英］尼科拉·弗莱彻 著　李响 译
04 《改变西方世界的 26 个字母》［英］约翰·曼 著　江正文 译
05 《破解古埃及：一场激烈的智力竞争》［英］莱斯利·罗伊·亚京斯 著　黄中宪 译
06 《狗智慧：它们在想什么》［加］斯坦利·科伦 著　江天帆、马云霏 译
07 《狗故事：人类历史上狗的爪印》［加］斯坦利·科伦 著　江天帆 译
08 《血液的故事》［美］比尔·海斯 著　郎可华 译　张铁梅 校
09 《君主制的历史》［美］布伦达·拉尔夫·刘易斯 著　荣予、方力维 译
10 《人类基因的历史地图》［美］史蒂夫·奥尔森 著　霍达文 译
11 《隐疾：名人与人格障碍》［德］博尔温·班德洛 著　麦湛雄 译
12 《逼近的瘟疫》［美］劳里·加勒特 著　杨岐鸣、杨宁 译
13 《颜色的故事》［英］维多利亚·芬利 著　姚芸竹 译
14 《我不是杀人犯》［法］弗雷德里克·肖索依 著　孟晖 译
15 《说谎：揭穿商业、政治与婚姻中的骗局》［美］保罗·埃克曼 著　邓伯宸 译　徐国强 校
16 《蛛丝马迹：犯罪现场专家讲述的故事》［美］康妮·弗莱彻 著　毕小青 译
17 《战争的果实：军事冲突如何加速科技创新》［美］迈克尔·怀特 著　卢欣渝 译
18 《最早发现北美洲的中国移民》［加］保罗·夏亚松 著　暴永宁 译
19 《私密的神话：梦之解析》［英］安东尼·史蒂文斯 著　薛绚 译
20 《生物武器：从国家赞助的研制计划到当代生物恐怖活动》［美］珍妮·吉耶曼 著　周子平 译
21 《疯狂实验史》［瑞士］雷托·U. 施奈德 著　许阳 译
22 《智商测试：一段闪光的历史，一个失色的点子》［美］斯蒂芬·默多克 著　卢欣渝 译
23 《第三帝国的艺术博物馆：希特勒与"林茨特别任务"》［德］哈恩斯 – 克里斯蒂安·罗尔 著　孙书柱、刘英兰 译
24 《茶：嗜好、开拓与帝国》［英］罗伊·莫克塞姆 著　毕小青 译
25 《路西法效应：好人是如何变成恶魔的》［美］菲利普·津巴多 著　孙佩妏、陈雅馨 译
26 《阿司匹林传奇》［英］迪尔米德·杰弗里斯 著　暴永宁、王惠 译

27 《美味欺诈：食品造假与打假的历史》[英]比·威尔逊 著　周继岚 译
28 《英国人的言行潜规则》[英]凯特·福克斯 著　姚芸竹 译
29 《战争的文化》[以]马丁·范克勒韦尔德 著　李阳 译
30 《大背叛：科学中的欺诈》[美]霍勒斯·弗里兰·贾德森 著　张铁梅、徐国强 译
31 《多重宇宙：一个世界太少了？》[德]托比阿斯·胡阿特、马克斯·劳讷 著　车云 译
32 《现代医学的偶然发现》[美]默顿·迈耶斯 著　周子平 译
33 《咖啡机中的间谍：个人隐私的终结》[英]吉隆·奥哈拉、奈杰尔·沙德博尔特 著　毕小青 译
34 《洞穴奇案》[美]彼得·萨伯 著　陈福勇、张世泰 译
35 《权力的餐桌：从古希腊宴会到爱丽舍宫》[法]让－马克·阿尔贝 著　刘可有、刘惠杰 译
36 《致命元素：毒药的历史》[英]约翰·埃姆斯利 著　毕小青 译
37 《神祇、陵墓与学者：考古学传奇》[德]C. W. 策拉姆 著　张芸、孟薇 译
38 《谋杀手段：用刑侦科学破解致命罪案》[德]马克·贝内克 著　李响 译
39 《为什么不杀光？种族大屠杀的反思》[美]丹尼尔·希罗、克拉克·麦考利 著　薛绚 译
40 《伊索尔德的魔汤：春药的文化史》[德]克劳迪娅·米勒－埃贝林、克里斯蒂安·拉奇 著
　　王泰智、沈惠珠 译
41 《错引耶稣：〈圣经〉传抄、更改的内幕》[美]巴特·埃尔曼 著　黄恩邻 译
42 《百变小红帽：一则童话中的性、道德及演变》[美]凯瑟琳·奥兰丝汀 著　杨淑智 译
43 《穆斯林发现欧洲：天下大国的视野转换》[英]伯纳德·刘易斯 著　李中文 译
44 《烟火撩人：香烟的历史》[法]迪迪埃·努里松 著　陈睿、李欣 译
45 《菜单中的秘密：爱丽舍宫的飨宴》[日]西川惠 著　尤可欣 译
46 《气候创造历史》[瑞士]许靖华 著　甘锡安 译
47 《特权：哈佛与统治阶层的教育》[美]罗斯·格雷戈里·多塞特 著　珍栎 译
48 《死亡晚餐派对：真实医学探案故事集》[美]乔纳森·埃德罗 著　江孟蓉 译
49 《重返人类演化现场》[美]奇普·沃尔特　蔡承志 译
50 《破窗效应：失序世界的关键影响力》[美]乔治·凯林、凯瑟琳·科尔斯 著　陈智文 译
51 《违童之愿：冷战时期美国儿童医学实验秘史》[美]艾伦·M. 霍恩布鲁姆、朱迪斯·L. 纽曼、
　　格雷戈里·J. 多贝尔 著　丁立松 译
52 《活着有多久：关于死亡的科学和哲学》[加]理查德·贝利沃、丹尼斯·金格拉斯 著　白紫阳 译
53 《疯狂实验史Ⅱ》[瑞士]雷托·U. 施奈德 著　郭鑫、姚敏多 译
54 《猿形毕露：从猩猩看人类的权力、暴力、爱与性》[美]弗朗斯·德瓦尔 著　陈信宏 译
55 《正常的另一面：美貌、信任与养育的生物学》[美]乔丹·斯莫勒 著　郑嬿 译

56	《奇妙的尘埃》[美]汉娜·霍姆斯 著　陈芝仪 译	
57	《卡路里与束身衣：跨越两千年的节食史》[英]路易丝·福克斯克罗夫特 著　王以勤 译	
58	《哈希的故事：世界上最具暴利的毒品业内幕》[英]温斯利·克拉克森 著　珍栎 译	
59	《黑色盛宴：嗜血动物的奇异生活》[美]比尔·舒特 著　帕特里曼·J.温 绘图　赵越 译	
60	《城市的故事》[美]约翰·里德 著　郝笑丛 译	
61	《树荫的温柔：亘古人类激情之源》[法]阿兰·科尔班 著　苜蓿 译	
62	《水果猎人：关于自然、冒险、商业与痴迷的故事》[加]亚当·李斯·格尔纳 著　于是 译	
63	《囚徒、情人与间谍：古今隐形墨水的故事》[美]克里斯蒂·马克拉奇斯 著　张哲、师小涵 译	
64	《欧洲王室另类史》[美]迈克尔·法夸尔 著　康怡 译	
65	《致命药瘾：让人沉迷的食品和药物》[美]辛西娅·库恩等 著　林慧珍、关莹 译	
66	《拉丁文帝国》[法]弗朗索瓦·瓦克 著　陈绮文 译	
67	《欲望之石：权力、谎言与爱情交织的钻石梦》[美]汤姆·佐尔纳 著　麦慧芬 译	
68	《女人的起源》[英]伊莲·摩根 著　刘筠 译	
69	《蒙娜丽莎传奇：新发现破解终极谜团》[美]让-皮埃尔·伊斯鲍茨、克里斯托弗·希斯·布朗 著　陈薇薇 译	
70	《无人读过的书：哥白尼〈天体运行论〉追寻记》[美]欧文·金格里奇 著　王今、徐国强 译	
71	《人类时代：被我们改变的世界》[美]黛安娜·阿克曼 著　伍秋玉、澄影、王丹 译	
72	《大气：万物的起源》[英]加布里埃尔·沃克 著　蔡承志 译	
73	《碳时代：文明与毁灭》[美]埃里克·罗斯顿 著　吴妍仪 译	
74	《一念之差：关于风险的故事与数字》[英]迈克尔·布拉斯兰德、戴维·施皮格哈尔特 著　威治 译	
75	《脂肪：文化与物质性》[美]克里斯托弗·E.福思、艾莉森·利奇 编著　李黎、丁立松 译	
76	《笑的科学：解开笑与幽默感背后的大脑谜团》[美]斯科特·威姆斯 著　刘书维 译	
77	《黑丝路：从里海到伦敦的石油溯源之旅》[英]詹姆斯·马里奥特、米卡·米尼奥-帕卢埃洛 著　黄煜文 译	
78	《通向世界尽头：跨西伯利亚大铁路的故事》[英]克里斯蒂安·沃尔玛 著　李阳 译	
79	《生命的关键决定：从医生做主到患者赋权》[美]彼得·于贝尔 著　张琼懿 译	
80	《艺术侦探：找寻失踪艺术瑰宝的故事》[英]菲利普·莫尔德 著　李欣 译	
81	《共病时代：动物疾病与人类健康的惊人联系》[美]芭芭拉·纳特森-霍洛威茨、凯瑟琳·鲍尔斯 著　陈筱婉 译	
82	《巴黎浪漫吗？——关于法国人的传闻与真相》[英]皮乌·玛丽·伊特韦尔 著　李阳 译	

83 《时尚与恋物主义：紧身褡、束腰术及其他体形塑造法》[美]戴维·孔兹 著　珍栎 译

84 《上穷碧落：热气球的故事》[英]理查德·霍姆斯 著　暴永宁 译

85 《贵族：历史与传承》[法]埃里克·芒雄–里高 著　彭禄娴 译

86 《纸影寻踪：旷世发明的传奇之旅》[英]亚历山大·门罗 著　史先涛 译

87 《吃的大冒险：烹饪猎人笔记》[美]罗布·沃乐什 著　薛绚 译

88 《南极洲：一片神秘的大陆》[英]加布里埃尔·沃克 著　蒋功艳、岳玉庆 译

89 《民间传说与日本人的心灵》[日]河合隼雄 著　范作申 译

90 《象牙维京人：刘易斯棋中的北欧历史与神话》[美]南希·玛丽·布朗 著　赵越 译

91 《食物的心机：过敏的历史》[英]马修·史密斯 著　伊玉岩 译

92 《当世界又老又穷：全球老龄化大冲击》[美]泰德·菲什曼 著　黄煜文 译

93 《神话与日本人的心灵》[日]河合隼雄 著　王华 译

94 《度量世界：探索绝对度量衡体系的历史》[美]罗伯特·P.克里斯 著　卢欣渝 译

95 《绿色宝藏：英国皇家植物园史话》[英]凯茜·威利斯、卡罗琳·弗里 著　珍栎 译

96 《牛顿与伪币制造者：科学巨匠鲜为人知的侦探生涯》[美]托马斯·利文森 著　周子平 译

97 《音乐如何可能？》[法]弗朗西斯·沃尔夫 著　白紫阳 译

98 《改变世界的七种花》[英]詹妮弗·波特 著　赵丽洁、刘佳 译

99 《伦敦的崛起：五个人重塑一座城》[英]利奥·霍利斯 著　宋美莹 译

100 《来自中国的礼物：大熊猫与人类相遇的一百年》[英]亨利·尼科尔斯 著　黄建强 译

101 《筷子：饮食与文化》[美]王晴佳 著　汪精玲 译

102 《天生恶魔？：纽伦堡审判与罗夏墨迹测验》[美]乔尔·迪姆斯代尔 著　史先涛 译

103 《告别伊甸园：多偶制怎样改变了我们的生活》[美]戴维·巴拉什 著　吴宝沛 译